大数据智能教学评价

高校教学评价与过程考核一体化系统研究

杨兆廷◎著

本书为2023年度河北金融学院学术著作出版基金项目(编号:JYCJ202306)成果。

本书为河北省教育科学规划课题“高校课堂教学评价体系、智能测度模型和数字化实施路径研究”(编号:2202039)成果。

中国财经出版传媒集团
中国财政经济出版社
北京

图书在版编目（CIP）数据

大数据智能教学评价：高校教学评价与过程考核一体化系统研究 / 杨兆廷著. --北京：中国财政经济出版社，2024.2

ISBN 978 -7 -5223 -2675 -7

Ⅰ.①大… Ⅱ.①杨… Ⅲ.①高等学校 - 教学评估 - 研究 - 中国 Ⅳ.①G649.21

中国国家版本馆 CIP 数据核字（2024）第 033576 号

责任编辑：温彦君　　　　责任印制：史大鹏
封面设计：智点创意　　　　责任校对：张　凡

大数据智能教学评价——高校教学评价与过程考核一体化系统研究
DASHUJU ZHINENG JIAOXUE PINGJIA
GAOXIAO JIAOXUE PINGJIA YU GUOCHENG KAOHE YITIHUA XITONG YANJIU

中国财政经济出版社 出版

URL：http：//www.cfeph.cn
E - mail：cfeph@cfeph.cn

社址：北京市海淀区阜成路甲 28 号　邮政编码：100142
营销中心电话：010 - 88191522
天猫网店：中国财政经济出版社旗舰店
网址：https：//zgczjjcbs.tmall.com
北京鑫海金澳胶印有限公司印刷　各地新华书店经销
成品尺寸：170mm×240mm　16 开　15.75 印张　244 000 字
2024 年 2 月第 1 版　2024 年 2 月北京第 1 次印刷
定价：69.00 元
ISBN 978 - 7 - 5223 - 2675 - 7
（图书出现印装问题，本社负责调换，电话：010 - 88190548）
本社质量投诉电话：010 - 88190744
打击盗版举报热线：010 - 88191661　QQ：2242791300

前　言

本书立足新时代高校“立德树人”根本任务及“全面育人”指导思想，根据《深化新时代教育评价改革总体方案》《教育信息化2.0行动计划》等文件精神，分析当前高校教育教学评价研究和实践现状，将科技赋能作为教育评价变革的内生变量，推动教育评价理念更新，搭建“教学评价与过程考核一体化”模式，完成该模式下的评价指标体系设计以及智能评测模型和区块链应用系统研发。

第一章至第五章以阐释新时代高等教育指导思想和新时代教育教学评价相关论述为背景，分析中外高等教育教学评价研究的现状、趋势和新时代高等教育教学评价研究的意义、目标和方向，在“评价”“测评”“评定”等中外教育教学评价理论关键词的对比中，综合论述教学评价与过程考核一体化思想和创新点，并设计一体化指标体系。

第六章至第七章重点对应高校教学评价与过程考核一体化指标，设计日常评价所用一体化测评卷，提出测评原则、阐释测评原理、设计测评卷日常观测点和阶段性观测点，解读测评数据去向，论述智能评测数据模型体系。

第八章借用区块链技术，组织高校教学评价与过程考核一体化应用系统的研发和测试，论述应用系统的基础支撑功能开发和测度数据模型对接、可视化操作功能开发等。

本书由河北金融学院的教师科研团队共同完成。杨兆廷教授负责本书结构和总体内容设计。杨兆廷、李苗苗负责总纂定稿。本书各章的撰写人员分工如下：第一章至第四章，李苗苗；第五章，赵晓明；第六章，王晓波、秦响应；第七章，袁国强；第八章，刘冲、陈刚、申晨。

书中存在的不足之处，欢迎读者批评指正。

作者

目 录

第一章
绪 论

2021 年 3 月全国两会期间，习近平总书记提出“以教育评价改革为牵引建设高质量教育体系”①，为在教育改革中充分发挥教育评价的指挥棒作用指明了努力方向。

2022 年 10 月，习近平总书记在党的二十大报告中指出：“教育、科技、人才是全面建设社会主义现代化国家的基础性、战略性支撑。育人的根本在于立德。全面贯彻党的教育方针，落实立德树人根本任务，培养德智体美劳全面发展的社会主义建设者和接班人。”②

本研究立足新时代高校“立德树人”根本任务及“全面育人”指导思想，根据《深化新时代教育评价改革总体方案》《教育信息化 2.0 行动计划》等文件精神，分析当前高校教育教学评价研究和实践现状，将科技赋能作为教育评价变革的内生变量，推动教育评价理念更新，搭建“教学评价与过程考核一体化”模式，完成该模式下的评价指标体系设计、智能评测模型和区块链应用系统研发。

本研究是对我国高等教育教学研究和应用实践探索领域的有力尝试，将为国内高校教育教学评价实践带来突破性成果，为国内外高校在教育教学评价、过程考核、教学管理及科技赋能教学方面提供有益参考。

---

① 引自《中国教育报》2021 年 03 月 10 日第 2 版。网页：https：//baijiahao. baidu. com/s? id = 1693852959764799104&wfr = spider&for = pc。

② 引自《光明日报》2022 年 10 月 26 日第 1 版。网页：https：//baijiahao. baidu. com/s? id = 1747765358691438651&wfr = spider&for = pc。

一、研究背景与基础

（一）国内外相关研究现状和未来研究方向

1. 国外研究现状

高等学校教育教学评价是提升教师教学水平，提高学校教学质量的重要保证。国外教育教学评价的研究可追溯到17世纪，作为教育学和教育心理学研究的重要实践场域，与理论发展相伴而生。至20世纪90年代，美国高等教育研究领域对课堂评价技巧、模式、方法的论述初具规模，形成了课堂教学评价传统研究，以实践研究专著《课堂评价技巧》（Thomas A. Angelo 和 K. Patricia Cross，1993）为代表成果，重点关注课堂教学目标达成度评价。至21世纪，传统研究与先进科技、数据分析技术联合，将指标和数据模型带入高校课堂教学评价研究中，形成了更关注过程性效果的新模式，以CIPP模型（D. L. Stufflebeam，2003）为代表。但其中的突出问题是缺乏价值判断和价值引领。

近年来，国外关于高校教育教学评价的研究集中于对既有成果和模式的反思上，尤其是对评价效果和目标达成度的反思。如美国学者 F. 汉蒙兹（Frank. Hammonds）认为，美国高校教学评价现有模式对结果缺乏及时反馈，且对学生下一步学习的指导作用甚微（2016）。又如，英国学者E. 琼斯（Elinor. Jones）和 T. 帕尔默（Tom. Palmer）发文认为，目前英国大部分高校的教学评价无法客观记录课堂教学全过程，导致教学创新在教学评价中无法被合理呈现（2021）。

2. 国内研究现状

目前，国内高校多采用“学生评教”模式，对教学过程和教学效果进行监控和检测，已经积累了丰富的经验。近年来，相关学者展开了大量研究，重点总结了当前学生评教存在的一些突出问题：

第一，评价理念陈旧。评价标准以经验先行，以教师为主体，缺乏先进的理念指导。目前各高校的评教工作多面临着高关注度与低美誉度的问题（李冲，2017）。

第二，评价主体失语。传统的学生评教制度及评价指标一般由评教主管部门提出初步方案，然后在一定范围内征求教师、学生（主要是学生教学信息员）和督导专家等教学质量评价主体的意见。这种方式虽然在一定程度上吸纳了学生的意见，但学生的覆盖面以及对学生意见的采纳存在片面性和局限性。

第三，评价指标失当。现行的学生评教多采用量化评教，以可量化的课堂教学质量评价表作为测量工具。大多数学生对指标内容缺乏全面和统一的理解（李盼道，2020）。

第四，评教反馈失效。绝大多数评教反馈缺乏实效，无益于改进和提高。评教结果只是作为一种教师教学的参考，至多与其年终考核、职称晋升等进行一定程度的关联。至于为何学生评教结果是优秀或是合格，学生在哪个评价要素偏低等，往往会被选择性剔除（李贞刚，2019）。

综上可知，传统学生评教模式在评价方法方面缺乏客观性和完整性，评价作用流于空泛；在评价共识达成方面，缺乏科学、有效的共识机制；在评价指标方面，缺乏符合学理、完整的观测设计，评价指标模糊单一。

3. 未来研究方向

2018 年，在教育部《关于加快建设高水平本科教育全面提高人才培养能力的意见》影响带动下，高校在教育教学评价领域开始突出“学生中心”趋势，将学生评教制度作为高校教学质量管理的一项重要制度和内部质量保障体系的重要环节。但当前国内高校的学生评教组织管理方式比较粗放，实时评价和即时评价技术没有得到很好的推广和运用，评教过程缺少对参评学生必要的引导和监督，以学生为中心、以产出为导向等教育理念在评教工作中仍然显得零散，不成体系，且学生在参与评教过程中的参与感、收获感欠缺，评价结果空泛，对学生的学习过程本身也缺乏记录。

2018 年，教育部《教育信息化 2.0 行动计划》将充分激发信息技术革命性影响作为改革教育评价的关键举措，但经过近年来的探索实践，信息技术对教育的革命性影响虽已初步显现，却仍与新时代的要求存在较大差距，信息技术与高校教学评价深度融合不够。

这些问题已被教育研究领域关注，急需重新设计评价模式和方案，对现行的教学评价和学生学习过程考核在质量文化培育、指标优化、过程管理、手段创新以及结果运用上作出相应变革。

未来研究的重要方向集中于如下方面：

第一，在教育教学评价理论方面，深入研究教与学全过程基本规律，基于教与学过程的不可分割性，构建认知度高、指向师生共同发展的评价指标体系，激活师生双主体间性互动；

第二，在教育教学评价实践方面，借用科技创新来填补传统教育教学评价弊端，注重科技和教育的深度融合，设计测度数据模型并开发应用系统，突出科技支撑下的评价过程定量性、可操作性特点，科学观测共识点、平衡点，确保观测数据科学、规范、连续、全面。

（二）基本理念与研究价值

1. 基本理念

针对上述研究背景，本研究引入马克思主义“实践说”及其价值论，作为理论基础引领教学评价与过程考核一体化创新。

第一，一体化评价的出发点，即以师生双主体各自的职责为出发点，重新审视教与学全过程。

教学过程中包含的教与学是两个实践活动，它们同时构成一个不可分割的整体。教师和学生就是这个实践整体里的双主体，教师是教的主体，学生是学的主体。双主体同时承担教与学过程中的职责和义务，共同完成教学目标。因此，明确统一教学目标指引下的师生双主体各自职责是教学评价与过程考核一体化理念的出发点。

第二，一体化评价的原理是教与学活动中师生双主体各自履行责任而达成的“隐性的‘契约’”。

在教学活动中，教的主体和学的主体承担着各自的主体职责和义务。而教与学过程中，教师教的目标是“教会”，学生学的目标是“学会”，教与学活动的目标是共同的、一体的——双主体同时规范自身行为、实现自身职责，是一体化的履责。这在具体教学实践中呈现为师生双主体的“隐性的‘契约’”。

首先，教学是教师履行“认真地教”和学生承担“认真地学”职责的过程。其次，教学活动中的师生共同承担着课堂场域的构建和教学目标的达成任务。由此，教学评价与过程考核一体化思想创新地用一套系统同时评价教师的教与学生的学的全过程，让教师明确自己天然的“教学职责”，让学生明确自己天然的“学习职责”，从而引导师生共同“履约”，实现课堂教学共同的价值目标。

第三，一体化评价的对象是基于师生互动的课堂教学“场域”。“场域”既是一体化评价的对象，又是课堂教学目标效果的主要载体。将依据教与学过程中双主体的各自职责而形成的理想的课堂“场域”定义为应然状态；将实际教学过程中形成的实际课堂“场域”定义为实然状态。利用智能系统采集、储存和分析教与学过程产生的系列伴随数据，实现对实然状态和应然状态的比对分析，同时完成对教师的教学评价和对学生学习过程的考核。

第四，一体化评价的标准围绕“立德树人”根本任务。在具体评价过程中，以教学相长和课堂共鸣为基点构建既能评价教的效果，又能评价学的过程及效果的一体化指标体系，作为对应然状态和价值标准的描述。开发教学评价与过程考核一体化智能系统，重点围绕教与学两个对象化关系中的师生双主体关系，将双主体各自的责权履行情况和教学目标达成情况进行统一观测。在系统中利用区块链技术的“去中心化”和“共识机制”，为课堂“场域”进行持续镜像反馈，从而跟踪、监管教学全过程，引导其向理想课堂逼近，引导促进师生“群体进化”，实现共同受益、共同发展，最终导向“学生会学”“老师会教”的可持续进化格局。

2. 研究价值

本研究的理论研究价值在于：在新时代背景下，以教学评价与过程考核“一体化”体系构建为契机，促进高校教育教学评价理论创新。

首先，“一体化”是“评”和“鉴”的一体化。认同教育理论中的“学习目标分类”，将让学生成为课堂的“评鉴者”作为学生听课和学习的目标，引导培养学生学会听课、学会学习。同时，认同课堂教学过程中师生双主体有着各自的责任和义务，共同为课堂效果作出贡献，师生共同的目标是教学目标的达成。于是，学生学会评课、鉴课，也就是学会评价自身的学习效果和教师的教学效果。在教与学过程中让学生从“鉴赏者”角度形成对教与学双主体的整体评价，实现由期末单次评教向课程学业全程评教转化、由单一主客体向双主体交互转化、由主观评判标准向客观共识标准转化、由单向静态评价向循环互促优化转化。

其次，“一体化”是教学评价与过程考核的一体化。用同一套系统可以同时测评学生的听课、学习和教师的授课、教学，引导其共同进步。以科学性、实操性、可测性、交互性为目标，将学生学习目标、学习规律、学习成果及教师教学目标、教学规律、教学效果等集中整合，形成量化、客观、共识的教学评价与过程考核一体化指标体系，用于“一体化”模式下的循环反馈和检验，由此丰富和发展高校“师生共同体”理论，促成“学生会学，教师会教”的师生共同发展格局。

本研究的实践应用价值在于：在新时代高校教育教学评价理论创新基础上，构建教学评价与过程考核一体化智能评测模型、研发区块链系统，投入一线教学实践，探索高校教学评价与教育科技深度融合。

二、研究内容

（一）研究的目标、思路和方法

1. 研究目标

本研究旨在优化现有高校教学评价指标和系统，解决评价主体失语、评价指标陈旧、评价反馈不及时等问题，完成教学评价与过程考核一体化体系和区块链应用系统研发。

首先，在理论研究上，完成教学评价与过程考核一体化指标体系构建及思想阐释。充分发挥“一体化”模式下的师生主体性释放、实现“督学督教”作用。探索一套教与学、师与生一体式、成长性评价指标，同时测度教师的教学和学生的学习效果，指向师生共同发展目标。同时以“评”启“思”，以“鉴”启“悟”，提升课堂思想性，辅助实现课程思政教学目标。

其次，在实践研究上，探索前沿科技和一线教学评价的深度融合，构建、研发教学评价与过程考核一体化模型和区块链应用系统。利用指标的全面性、定量性和可共识性特点，全面跟踪课程教与学过程中的教师教学情况和学生学习状况。主要应用区块链技术，把握共识机制，形成真实客观的共识画像。并通过多轮运转、反馈、测试，实现配套应用系统的迭代升级，实现科技和教学评价、过程考核实践的深度融合。

2. 研究思路和方法

本研究根据《深化新时代教育评价改革总体方案》《教育信息化 2.0 行动计划》等相关文件精神，分析当前高校教学评价现状，探索云计算、区块链、大数据等技术与高校教学评价和过程考核的深度融合。研究思路如图 1－1 所示。

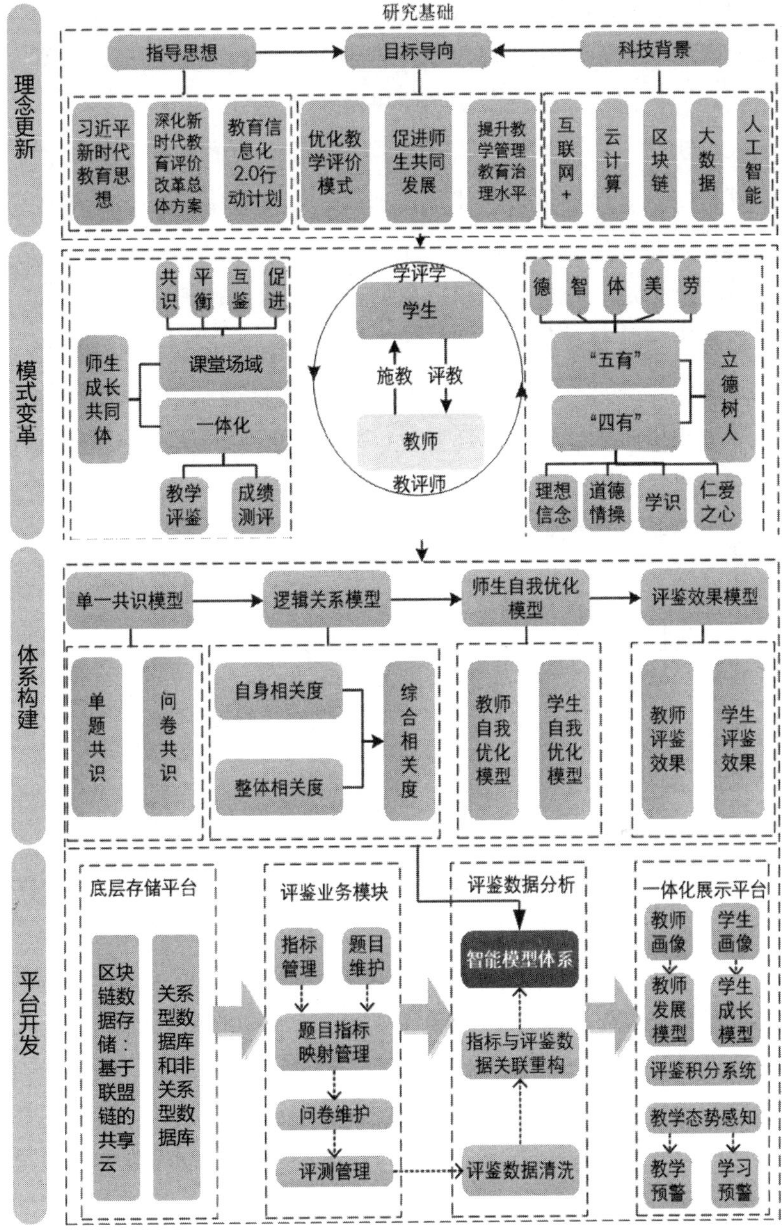

图1－1　研究思路

在研究方法方面，本研究以“科技赋能教育实践”为核心理念，采用文献法、调研法、分析法、比较法等基础科学研究方法，在跨学科视野下，用系统性、科学性、辩证性思维整合文、理、工多学科进行系统研究。主要研究方法列举如下：

文献资料法：从研究目标出发，整理大量所需文献资料，为研究奠定理论依据和分析思路，探索分析和解决难点问题的途径。

比较分析法：将教学评价模式、教学评价和过程考核一体化指标与传统教学评价模式、指标进行对比，探求符合教育教学理论和新时代高校教学实际的优化路径。

大数据分析法：将语义引擎、数据挖掘算法、预测性分析能力、可视化分析应用于一体化模型构建和应用系统研发。

仿真模拟与项目开发相结合：区分项目实现的一般问题和关键问题，关键问题运用仿真模拟的方式探寻最优解决方案，一般问题采用成熟的技术以工程项目开发的方式完成。

（二）各部分主要研究内容

本研究的主要内容包括高校教学评价和过程考核一体化指标体系设计、智能评测模型体系构建和区块链应用系统研发三个部分。

第一章至第四章为第一部分，以阐释新时代高等教育指导思想和新时代教育教学评价相关论述为背景，分析中外高等教育教学评价研究的现状、趋势和新时代高等教育教学评价研究的意义、目标和方向，在与“评价”“测评”“评定”等中外教育教学评价理论关键词的对比中，综合论述教学评价与过程考核一体化思想和创新点，并设计一体化指标体系。

第五章至第六章为第二部分，重点对应高校教学评价与过程考核一体化指标，设计日常评价所用一体化测评卷，提出测评原则、阐释测评原理、设计测评卷日常观测点和阶段性观测点，解读测评数据去向，论述智能评测数据模型体系。

第七章为第三部分，借用区块链技术，组织高校教学评价与过程考核一体化应用系统的研发和测试，论述应用系统的基础支撑功能开发和测度数据模型对接、可视化操作功能开发等。

三、研究创新点

（一）评价体系创新

本研究围绕上述内容，研究教学评价与过程考核一体化评价体系，综合大数据、区块链、人工智能技术应用，实现了“成长性”“统一性”“共识性”三点创新与突破。

第一，一体化评价体系的成长性。

一体化评价体系用同一套指标体系和应用系统引领双主体共同成长，实现师生群体进化。一体化评价体系的终极目标是实现教学活动的效果提升，而教学效果则取决于多维因素，一是学的努力程度和方法，二是教的努力程度和方法，三是教与学相适度、匹配度及课堂场域、效度。一体化评价过程是师生双主体的成长过程。一体化评价指标体系将课堂教学全过程的亲身参与者学生和教师作为教与学活动及评价的双主体，以双主体全程交互、及时反馈形成的一种师生思想与精神力动态交互的高效场域为评价对象，以促进双主体进步和课堂场域的递进式发展为目标。

一体化评价体系把课堂教与学的“应然”状态作为“价值标准”即评价的依据。确定“直观评价”“专业评价”“效果评价”“感悟评价”四个有序的基本层次，总体呈现出由基础、单一、直观、低阶，向复合、整体、高阶成长和发展的态势，既符合教与学双主体成长的规律，也符合事物发展和认识论规律，呈现出一种科学的有机结构特征。评价指标体系从评价主体、评价内容、评价方法、评价工具、评价反馈等方面突出教育评价的成长性导向，充分发挥评价的激励、导向和促进成长的功能，使评价过程成为引领、促进师生双主体成长与发展的过程。

第二，一体化评价体系的统一性。

一体化评价体系将教与学过程作为一个不可分割的整体，用一套体系同时实现对教师的教学评价和对学生学习过程的考核。一体化意味着将传统分立的单一评价构建成统一的评价体系。这种统一不是两方面的简单加总，而是更加符合课堂教与学过程不可分割的本质特征，并呈现出科学的内在联系，这样既简化了评价形式，又增加了评价的科学性。同时对教师、学生、课程进行评价可以互相印证，通过去中心化、非预设的标准进行基于客观共识的科学评价。

一体化评价体系实现了对师生教学行为成长发展的一体化考评。一体化评价体系通过基于客观事实的去中心化大数据采集与分析来具体实现，数据通过一体化评价指标体系构建的模型，以雷达图、词云图等方式对教师、学生进行多维度阶段性、全程性镜像反馈，以此直观反馈使教学双主体及时掌握自己的教学行为、效果等信息，作为不断激励、调整、优化自身教与学行为、方法、习惯的科学依据，最终不断逼近教与学的“应然”状态。

第三，一体化评价体系的共识性。

一体化评价体系摒弃先验标准，突出去中心化共识机制，保证评价结果的信度和效度，引导实现教与学的共同精进。

传统教学评价以既定的、先验的评价标准为中心，一体化评价体系采取双主体模式，通过“去中心化”，以教学及评价全过程亲身参与的师生双主体的共识为基础，系统自创新的评价标准，即一个全新的、内生的“共识中心”。这种内生的“共识中心”与传统外在的、既定的评价中心不同，是基于教学现场真实场域情况形成的一种共识标准而非最终的结果，这个标准是产生最终结果的非先验的基础。内生性和非先验性是一体化评价指标体系科学性的有力保障。

在基于共识机制的双向循环教学评价理念下，以学生和教师为评价主体，以教师教和学生学的效果构成的课堂场域为评价客体，以此得到对课堂教学及学生、教师的客观、真实评价。此外，教师评价环节也可与学生评价结果进行互证，进一步体现了一体化评价体系的科学性与共识性。交互性还意味着反馈更加即时，不仅利于教师、学生即时了解自身存在问题并及时修正改善，还利于通过即时反馈和量化方式强化评价正向效果。

（二）评价技术创新

本研究的最终成果——教学评价与过程考核一体化系统，已经获批国家发明专利，并投入数所高校一线教学质量监控应用。其主要技术创新有以下方面：

第一，全量数据采集，全面跟踪教与学全过程。

通过微信、App 和网页等多种客户端，系统可以实现对教学评鉴问卷数据的实时收集。此外，应用智能芯片、计算集群、智能传感器等智能设备和数据监测分析技术，搭建数据采集所需的物理环境，可以实现从课前、课中、课后全过程，覆盖教学活动各个环节的海量数据的伴随式采集和汇聚，并最终建立基于教学全过程的全量数据采集系统。

全量数据具有连续性、真实性和动态性的特点。通过对全量数据的不断积累，可以为后续的数据分析打下更加坚实的基础，实现数据的全过程关联性智能化分析，同时提高数据分析的准确性和可靠性。

第二，智能模型伴随数据深度分析，实现对教与学双主体的客观评价。

融合教学评价理论和智能分析技术，可以构建智能模型对采集的伴随式数据进行深度分析。这一模型可以充分获取教学双主体在教学活动全过程中多个维度的信息，并进一步基于多维证据实施评价活动。具体应用数据融合和数据分析两大关键技术。数据融合技术在挖掘全量数据的基础上，融合不同的模态数据进行分析，旨在通过多模态数据间的互补学习提取复杂数据中的有用特征，从而提升模型性能，为决策者提供更多的信息，从而提升决策结果的准确率。数据分析技术充分发挥智能技术优势，使用机器学习算法，对文本、语音、图像、视频等不同数据进行分析，实现对学习者特征要素的准确表征。将此两项技术融汇于智能模型中，最终实现对课堂教与学双主体的客观评价。

第三，应用区块链共识机制，实现对学生、教师和课堂教学效果的综合评价。

在本系统中，通过采集课堂教学过程的伴随式数据，利用智能评价模型和共识机制的思想形成对同一课堂和教师的授课效果的共识。这一共识不是事先确定的，更没有绝对的优劣之分，而是由参与教学活动的双主体根据教学评价与过程考核指标体系进行共识决策而得到的结果。因此这一共识具有客观性、权威性和有效性。同时，本系统可以根据全体学生对课堂和教师达成的共识与每一名学生对课堂和教师的评价结果之间的差异性，对每一位学生的学习过程进行考核。同样，这一评价结果也具有客观性、权威性和有效性。

本书在撰写过程中，重点围绕上述创新点，论述教学评价与过程考核一体化系统的研发指导思想、理论渊源和应用实践。

第二章
高校教学评价与过程考核一体化研究背景

本章立足高校教育评价改革的指导思想和研究现状，综述高校教学评价与过程考核一体化研究的背景。首先明确新时代赋予高等教育的时代任务、育人目标和实践要求，然后解读新时代高等教育指导思想和新时代教育教学评价相关论述，为高校教育教学评价发展、改革和新时代中国特色社会主义高校教育评价体系构建指明方向。

第一节　新时代高等教育指导思想

本节围绕高校教学和育人主题，综述新时代高等教育指导思想，明确新时代高校教学育人的根本任务、目标和实践路径，明确高校教育教学评价改革是新时代高等教育发展的重要组成部分，也是新时代高校教育教学改革的必然之举。

一、“立德树人”根本任务

新时代高校教学育人的根本任务在于立德树人。只有培养出国家需要的人才，才是高校教育的价值所在。新时代高校教育教学发展要将立德树人理念落实到各个环节，为学生成人成才创造良好环境。

2019 年，习近平总书记基于高校思政课程建设情况发表讲话，指出现代教育不仅是要培养具备专业知识的青年，更是要培养有良好思想道德品质的社会主义接班人，只有心往一处想、力往一处使，坚定走社会主义道路，才能实现民族振兴的理想。所以一定要加强对大学生的思政教育，培养一心向党、服从党的指挥和领导，能够为社会主义建设添砖加瓦的优秀人才。

（一）"立德树人"根本任务的提出

党的十八大以来，习近平总书记围绕"培养社会主义建设者和接班人"作出一系列重要论述，深刻回答了"培养什么人、怎样培养人、为谁培养人"这一根本性问题。

党的十八大提出，要把立德树人作为教育的根本任务，培养德智体美劳全面发展的社会主义建设者和接班人。这为中国特色社会主义高等教育事业发展指明了方向，为新时代我国高等教育的改革发展提供了根本遵循。

2016 年 9 月 9 日，习近平总书记莅临北京市八一学校进行指导时曾多次明确提出学校要落实思政教学工作，重视对学生道德素质的培养，帮助学生树立正确的价值观，让其成为对社会有用的人才，与此同时，高校也能完成立德树人目标①。这是"立德树人"首次作为新时代教育事业的根本任务被正式提出。通过习近平总书记的讲话，我们清楚地认识到基础教育对富国强民的意义，只有做好基础教育工作，认真落实立德树人目标，学校的价值才能得到体现，学生才能成人成才。

2016 年，习近平总书记针对高校的思政教学开展工作发表讲话，明确提出高校要合理规划思政教学工作，激发学生的民族意识，培养学生养成积极乐观、艰苦朴素的习惯作风，提高我国学生的素质水平②，将"立德树人"作为高校教学育人根本任务被正式提出。

2017 年党的十九大，习近平总书记基于我国教育现状发表讲话，强调只有教育才能兴国、才能强国，我国的社会主义建设事业要依靠下一代才能完成，必须将教育作为我国发展的重中之重，不断完善教育结构、革新教育理念、扩大教育覆盖范围，让适龄学生有书可读。同时要充分发挥思政课程对学生思想道德素质的提升作用，培养符合社会主义发展需要，能

---

① 引自新华网 2016 年 9 月 10 日。网页：http：//www. xinhuanet. com/politics/2016 - 09/10/c_1119542690. htm。

② 引自新华网 2016 年 12 月 8 日。网页：http：//news. cctv. com/2016/12/08/ARTIDajATUy6TXqJPWq19Fj6161208. shtml。

服从党的指挥和调度的新时代接班人。[①] 这里明确提出“落实立德树人根本任务”，并且将其和“发展素质教育”并进提出，即指明了“立德树人”是教育培养目标和全民素质提升的根本任务。

教育的目标及高等教育的育人目标，是根据不同时代背景下的社会发展及社会主要矛盾解决路径而设定的。无论是国家或部门还是学校在开展任何一项教育活动前，都必须首先针对教育目的和培养目标从理论上确定一个逻辑起点并以此为出发点构建为实现教育目的及培养目标的宏观政策和策略及微观内容和方法。所有教育活动都是为了实现既定的教育目的和培养目标开展的。

习近平总书记关于“立德树人”根本任务的重要论述，深深扎根于新时代环境和中华民族伟大复兴千秋伟业，为新时代高等教育各领域、全过程、全方位工作提供了方向引领。2018 年 5 月 2 日，在北京大学师生座谈会上，习近平总书记将新时代高等教育的逻辑起点进一步概括为“大学是学生习得知识，提高个人能力的地方，是学生展现自己的优势充实自己的绝佳机会，在此，我想和在座的老师、同学们探讨高校应培养何种人以及如何培养的问题”[②]。

2019 年 3 月 18 日，习近平总书记在学校思想政治理论课教师座谈会上进一步强调，我们党立志于中华民族千秋伟业，必须培养一代又一代拥护中国共产党领导和我国社会主义制度、立志为中国特色社会主义事业奋斗终身的有用人才。

教育是兴国之本，在我国社会主义建设过程中起到非常关键的作用。高校有职责和使命为国家、为社会输送合格人才，通过教育培养具有坚定社会主义理念和正确价值观的下一代。

（二）“立德树人”两点核心内涵

习近平总书记曾多次强调高校要主动承担教书育人的职责，合理安排课程内容，对学生进行查漏补缺，为社会主义建设提供源源不断的动力支持。

---

① 引自党的十九大报告。

② 引自新华网2018 年5 月3 日。网页：https：//baijiahao. baidu. com/s？ id = 1599374074905316534&wfr = spider&for = pc。

2016年，习近平总书记在全国高校思想政治工作会议上发表讲话，指出现代高校要以立德树人为办学理念，并围绕这一目标安排教学工作，不断改进教学方式和教学理念，培养出符合国家需要的人才。只有如此，高校的价值才能得到体现。[①] 评判一所大学好坏的依据，并不是教学资源足够丰富或者学校规模足够庞大，而是从其培养出的学生素质高低来判定，看毕业后的学生能否为社会、为国家、为人民作出贡献。中国近现代史上诞生了不少著名大学，在延安的“山沟沟”里创办的陕北公学及其后来的华北联合大学、华北大学、中国人民大学在我国高等院校中是赫赫有名，为国家输送了无数有用人才。中国人民大学建校八十周年之际，曾收到习近平总书记的贺信，中国人民大学“在我国人文社会科学领域成就十分突出，为我国革命、建设、改革事业培养输送了一批又一批优秀人才”[②]。这是对中国人民大学厚重历史和育人成就的高度肯定，也为全国高等学校人才培养和建设发展明确了任务。

1. “立德树人”的第一点核心内涵是“立德”

高等教育要以培养和塑造青年学生的人生境界、品德修养、道德情操为教学重点。“以立德树人的标准为参考，考核高校教学工作，并以此为改进教育的依据，优化教育理念，改进教学方法，全面提升学生的素质，坚定学生的社会正义信念。”[③] 具体来说，这里的“德”根植于几千年传承的中华优秀传统文化，同时以社会主义核心价值观为基本。在此两点基础上，中国特色社会主义事业的合格建设者和接班人所应该具备的思想品德，这是“立德”之“德”的关键内涵。

高校在规划教学内容时，要将对学生“德行”的培养作为重点，提升学生的道德品质，激发学生的政治觉悟，加快实现民族复兴的步伐。

青年学生接受过良好的教育，有思想有梦想，同时还肩负着民族振兴的使命。但当代大学生的价值观尚未完全确立，且极易发生动摇，这就需要高校以及老师发挥引导作用，通过有意识的教育和训练提高学生明辨是

① 引自新华网2016年12月8日。网页：http：//news. cctv. com/2016/12/08/ARTIDajATUy6TXqJPWq19Fj6161208. shtml。

② 引自央广网2017年10月3日。网页：https：//baijiahao. baidu. com/s? id = 1580239333150847284&wfr = spider&for = pc。

③ 出自《习近平在北京大学师生座谈会上的讲话》。引自新华网2018年5月3日。网页：https：//baijiahao. baidu. com/s? id = 1599374074905316534&wfr = spider&for = pc。

非的能力，坚定社会主义信念，充分发挥主观能动性，投身于社会主义建设当中。同时，青年学生也要对自己所承担的历史使命有一个清晰的认识，明白自己是社会主义的接班人，要为社会发展和国家富强作贡献，并以此激励自己成为更好的人。高校可以将自己拥有的教育资源充分利用起来，用来提高学生的专业知识和道德素质，利用思政课教学指引他们“扣好人生第一粒扣子”，深刻理解社会主义核心价值观的含义及其正确性。

“立德树人”根本任务要求高校的教书育人工作必须要围绕以下四个“坚持”。

（1）坚持党的领导。高校教育工作要坚持党的领导，坚持以马克思主义基本原理为指导，保证高校教育工作的开展在党的领导下，服从党的安排，培养出对国家发展有用的，能对社会主义建设起推动作用的人才。坚持党的领导才是坚持社会主义办学方向的根本保证。

（2）坚持马克思主义立场。马克思主义是被实践证明了的科学的世界观和方法论，是中国共产党的指导思想。我国高校是中国共产党领导下的高校，必须以马克思主义中国化时代化的思想、方法为指导。

习近平总书记多次指出要充分发挥马克思主义的思想教育作用，将其用在高校的思政课程建设上。① 所以，高校要站在全局角度对高校思政课程进行规划，更加明确马克思主义的指导地位，推动高校思政课程的改革和发展。高校想要完成立德树人的教育目标，就不能忽视思政理论课的优化和完善。将思政课的作用发挥到最大，尤其需要我们的教师理直气壮地信仰马克思主义、研究马克思主义、传播马克思主义、讲授马克思主义，引导青年学生真学、真懂、真信、真用。

真学是基础，只有全面学、系统学、深入学，才能去领会、坚持、运用。在学习方法上，在校园内倡导深入扎实的学风，精读马克思主义经典著作，深刻理解马克思主义的科学内涵。在学习内容上，要将马克思主义的精髓展开来讲，并结合中国发展的实际情况进行分析，保证理论和实践相统一。

“不深思则不能造于道，不深思而得者，其得易失。”只有懂得马克思

---

① 出自《习近平在全国高校思想政治工作会议上强调 把思想政治工作贯穿教育教学全过程 开创我国高等教育事业发展新局面》。引自《人民日报》2016 年 12 月 9 日。网页：http：//myy. cssn. cn/sxzzjy/201704/t20170405_3476605. shtml。

主义的精髓要义，才能把马克思主义内化于心、外化于行。要把马克思主义的立场、观点和方法贯穿高校思想政治工作的各个环节和各个方面，使青年学生深入了解马克思主义发展史、了解马克思主义中国化最新理论成果与已有成果之间既一脉相承又与时俱进的关系，分清马克思主义与非马克思主义特别是反马克思主义思潮的根本界限。

对马克思主义的信仰，要建立在对马克思主义理论体系内在逻辑的深刻把握之上。必须在深刻认识马克思主义的科学性和真理性上持续用力，通过深入探讨马克思主义为何能够深刻揭示自然界、人类社会、人类思维发展的普遍规律，为何能够产生前所未有的巨大影响，帮助师生树立坚定的道路自信、理论自信、制度自信、文化自信。

无论是真学、真懂还是真信，最终的着眼点都是真用。把马克思主义运用到实践之中，就要引导青年学子既“读万卷书”，也“行万里路”，深入乡村社区、深入基层一线，紧密结合我国改革发展实际，深刻理解马克思主义中国化的历史进程与辉煌成就，不断提升运用理论武器解决实际问题的能力。

（3）坚持以习近平新时代中国特色社会主义思想武装头脑。习近平总书记在党的二十大报告中指出：“一个国家的高等教育体系需要有一流大学群体的有力支撑，一流大学群体的水平和质量决定了高等教育体系的水平和质量。”① 高等教育体系在教育体系中具有引领性和先导性作用，在加快建设高质量教育体系中应走在时代前列。

高校教学育人工作应紧紧围绕习近平新时代中国特色社会主义思想，同时清醒认识和适应我国高质量高等教育体系呈现出新的时代特征。在目标格局上，要主动适应中国式现代化的新使命，聚焦科技第一生产力、人才第一资源、创新第一动力相结合，全面提升服务科教兴国战略、人才强国战略和创新驱动发展战略的能力。在体系结构上，要全面匹配时代新人培养的新任务，落实“全面提高人才自主培养质量，着力造就拔尖创新人才”的要求，坚持为党育人、为国育才。在效能职责上，要充分发挥基础研究主力军和科技创新生力军作用，在关键核心技术攻坚战中勇挑重担，

---

① 出自《习近平：高举中国特色社会主义伟大旗帜 为全面建设社会主义现代化国家而团结奋斗——在中国共产党第二十次全国代表大会上的报告》。引自共产党员网。网页 https：//www.12371.cn/2022/10/25/ARTI1666705047474465.shtml。

开辟发展新领域新赛道，为科技自立自强夯实基础。在内涵动力上，要以高水平人才引领高质量发展，加快建设世界重要人才中心和创新高地，构建高质量的人才评价机制、发展环境、服务保障，为高质量高等教育体系建设提供动能和保障。

党的二十大报告指出："育人的根本在于立德。"这里的"德"，是全面贯彻党的教育方针，培养德智体美劳全面发展的社会主义建设者和接班人目标任务下的思想品德教育。高校教学育人，应该加强理想信念教育，引领广大青年学生把个人理想融入党和国家事业之中。

高校教育工作者应该胸怀"国之大者"。深入学习领悟习近平新时代中国特色社会主义思想，不断深化红色根脉强基行动，打造有特色、有温度的大思政课品牌，引导学生在扎根祖国大地中，增强"把服务国家作为最高追求"的意识，培养奉献家国、服务人民的真挚情怀。

（4）坚持文化自信。树立文化自信是"立德树人"的必然要求。习近平总书记指出，全党一定要坚定道路自信、理论自信、制度自信、文化自信。同时他又强调："文化自信，是更基础、更广泛、更深厚的自信。"① 文化自信不仅来源于党带领人民进行的近 30 年的新民主主义革命实践和近 70 年的社会主义革命与建设实践，而且来源于中华民族绵延五千年的文明发展史。因此，将这份深厚的文化"底色"传递给青年学生，正是新时代赋予高校立德树人根本任务的题中之意。

要树立文化自信就需要有"底气"，那么这个"底气"到底来自哪里呢？它就来自深厚的民族文化底蕴。习近平总书记指出："中华文明经历了 5000 多年的历史变迁，但始终一脉相承，积淀着中华民族最深层次的精神追求，代表着中华民族独特的精神标识，为中华民族生生不息、发展壮大提供了丰富滋养。"② 中国优秀的传统思想文化是我们民族的精神命脉，也是中华文化之所以能在世界文化激荡中站稳脚跟的坚实基础。高等教育完成立德树人使命，在育人工作中建构文化自信，首先就要打好"底子"，进一步弘扬中华优秀传统文化。

另外，高校育人"立德"的关键是在文化"底气"基础上，继承和发

① 习近平．在庆祝中国共产党成立 95 周年庆祝大会上的讲话［N］．人民日报，2016－07－02.
② 习近平谈治国理政［M］．北京：外文出版社，2014：260.

展社会主义先进文化。社会主义先进文化是新中国成立以来尤其是改革开放以来，中国共产党带领全国人民在社会主义现代化建设过程中所创造的，以马克思主义为指导，以培养“四有新人”为目标，以“实现中国特色社会主义共同理想”为主题，以“面向现代化、面向世界、面向未来”为方针的、民族的、科学的、大众的社会主义文化。社会主义先进文化反映了当代中国先进生产力的本质要求，是推动中国经济社会走向繁荣进步的强大精神动力。高校教学育人工作要持续推进社会主义核心价值观教育、爱国情怀培育，让青年学生体悟到以爱国主义为核心的民族精神是凝心聚力的兴国之魂、强国之魄。

2. “立德树人”的第二点核心内涵是“树人”

高等教育中的“树人”即通过适洽的育人方式来提高学生的素质和能力，使其符合社会主义建设的需要，能为国家发展起推动作用。

“树人”首先要求高校教育培育学生“成人”。立德是树人的前提和基础。成人是指成为对社会有用的人，理想信念指引着人生的前进方向，决定着事业的兴衰成败。党的十九大报告对新时代青年需具备的品质提出要求，“作为新时代青年，最重要的是要具备爱国主义精神，从维护国家利益角度出发，提升自己的专业知识和道德素养，一步一个脚印，建设共同的家园”①。我国不仅在朝着建设社会主义和实现民族振兴的方向努力，还在为推动世界发展作出尝试。高校在确定教学目标时要以此为参考，所培养出的人才既要拥有爱国主义精神，坚定社会主义建设信念，又要有大格局和国际眼光，为国际交往和经济全球化的顺畅进行起到助推作用。这样的青年，立大志、行大道，自觉把自己的小我融入国家的大我、人民的大我之中，深刻意识到只有发展大家，小家才能有进一步发展的空间和环境，在奋斗中找寻人生价值，让青春在为国家和人民的奉献中绽放。

“树人”要求高校教育培育学生“成才”。成才是指具有坚实的能力素质，这是投身强国伟业的时代要求。中国人民大学建校八十周年之际，习近平总书记发出贺信，信中表达了国家对人才的需要，指出教育是提高生产力，实现中国梦的最有效手段之一。② 只有真正掌握现代科学文化知

---

① 引自党的十九大报告。

② 引自央广网2017年10月3日。网页：https：//baijiahao. baidu. com/s? id = 1580239333150847284&wfr = spider&for = pc。

识，才能够为社会为国家贡献更大力量；也只有以青春之我、奋斗之我，为民族复兴铺路架桥，为祖国建设添砖加瓦，才是新时代青年该有的追求、应有的姿态。高校必须紧紧围绕培养具有创新能力和实践能力的合格人才这个重点来推进课堂教学、科学研究、管理体制等方面的改革创新，鼓励青年学生通过实践和探索获得新知，提升自己的专业知识，不断增强投身新时代建设、发展的本领。

“树人”要求高校教育培育学生“成事”。成事指肩负家国情怀和时代使命，成就一番事业。这是中华民族的优秀品质。高校学生接受过良好的教育，即将踏入社会成为社会的建设者，同时他们也是民族振兴的希望，这是新时代赋予他们的使命。履行使命需要责任担当，历史的重任将落到当代大学生身上。每一代青年成功的背后都是坚韧、执着、激情与奋斗，“通过青年一代的持续努力，民族振兴指日可待”①。同人民一起奋斗，青春才能亮丽，“志之所趋，无远弗届，穷山距海，不能限也”。为什么抗击新冠疫情时一句“现在，轮到‘90 后’来保护大家了”就收获无数点赞？正是因为担当的情怀最感人、燃烧的青春最可敬。培养学生的健康体魄、健全人格、奋斗精神和责任担当，需要我们的高等教育用中华优秀传统文化、革命文化和社会主义先进文化浸润青年学子的心田，帮助他们正确认识时代责任和历史使命，在国家和民族事业发展的实践中锤炼品格和担当。

（三）“立德树人”目标实现

高等教育落实“立德树人”根本任务，就是要解决“为谁培养人，培养什么人，怎样培养人”的问题。而“立德树人”目标的实现，应该重点解决“怎样培养人”的问题，找到有效路径，促进在上述目标共同指引下的师生共同成长进步，简单来说，就是围绕“立德树人”，实现“教师要围绕这个目标来教，学生要围绕这个目标来学”。

2018 年，习近平总书记就我国当前教育的发展现状发表讲话，指出高校和老师要坚决贯彻落实立德树人的理念，并以此为出发点规划教学内容，安排学生的实践活动，切实提高学生的思想素质和政治觉悟，为国家

① 出自《2018 年 7 月习近平同新一届团中央领导班子谈话》。引自新华网 2018 年 7 月 2 日。网页：https：//baijiahao. baidu. com/s？ id = 1604883499903726061&wfr = spider&for = pc。

发展培养有用人才。[①]

在如何保证落实实效方面，习近平总书记称要推进教育改革工作的进展，帮助高校师生快速转变应试教育观念，以素质教育为导向，提升学生的专业知识和能力，改变以考试成绩论好坏的观念，为学生全面发展营造良好的教学环境[②]。换句话说，就是实现应试教育向素质教育转变，监督和保障在“立德树人”目标导向下的师生共同成长进步。

2021 年 3 月全国两会期间，习近平总书记提出“以教育评价改革为牵引建设高质量教育体系”[③]，进一步为在教育改革中充分发挥教育评价的指挥棒作用、探索行之有效的教育教学评价路径指明了努力方向。

首先，“育人先育己”。教师队伍的素质直接决定立德树人的成效，必须切实加强和改进教师思想政治工作，充分发挥老师先进思想指引者的作用，详细向学生阐述党和国家的各项方针政策和治国理念，激发学生的社会责任感和民族意识。

其次，以高等教育为对象进行的改革要努力为教师和学生的沟通交流架设桥梁，夯实师生之间尊重、理解和关怀的基础，让教师更加理解学生成长中遇到的问题，把传授知识和解决学生思想困惑结合起来。建立更加完善的教师荣誉体系，选树师德标兵，利用新媒介讲好师德故事，发挥身边榜样的力量，营造尊师重教的校园文化，让尊师之意、重教之心化为教师职业的幸福感、成就感、荣誉感。

高校要充分发挥自己教书育人的作用，在党的带领下培养出一代又一代的有用人才。只有充分彰显立德树人卓越成就的高校，才是名副其实的“人民共和国建设者”的摇篮，才能成为当之无愧的中国特色世界一流大学。

具体来说，就是要做到育人目标具体化、育人路径标准化、育人成效评价高效化。本书重点解决这里的第三个问题，即高等教育教学评价高效化的问题。具体做法由后面章节分述。

---

① 引自人民网 2018 年 09 月 11 日。网页：http：//edu. people. com. cn/n1/2018/0911/c1053 – 30286253. html。

② 出自《2018 年 9 月习近平在全国教育大会上的讲话》。引自人民网 2018 年 09 月 11 日。网页：http：//edu. people. com. cn/n1/2018/0911/c1053 – 30286253. html。

③ 引自《中国教育报》2021 年 03 月 10 日第 2 版。网页：https：//baijiahao. baidu. com/s?id = 1693852959764799104&wfr = spider&for = pc。

二、“德智体美劳全面发展”育人目标

“五育并举，融合育人”——为社会主义建设培养接班人，通过教育提升学生的专业技能和道德素质，与“立德树人”根本任务一脉相承，成为推动高等教育发展改革，培养大学生综合素质，促进大学生全面发展，全面提升育人成效的指导思想。

（一）“德智体美劳全面发展”育人目标的提出

2017年10月18日，习近平总书记在党的十九大报告中指明现代教育需要达到的目标，教育是兴国强国的有效途径，所以我国一定要将教育作为各项工作的重点，扩大教育覆盖面，改革教育结构，使其符合我国社会主义建设的需要和学生发展的需要，培养出对社会有用的人才。① 习近平总书记的讲话将培养高素质人才当成当前“立德树人”根本任务部署下的终极目标提出，成为新时代教育突破传统教育突出“智育”而忽略人的全面发展之局限，探索构建“德智体美”全面育人格局的开局式部署。

2018年9月10日，在全国教育大会上，习近平总书记再次补充新时代教育全面育人部署，指出教育工作的开展必须以中国共产党为领导，服从党的安排和调度，利用一切可以利用的资源，发挥教师队伍的指导作用，将理论讲解和实践学习相结合，促进高校学生整体素质的提升。改变传统老旧的教育观念，要以促进社会主义建设为目标培养新型人才，为国家发展和社会进步提供源源不断的动力支撑。② 这里在“德智体美”四育基础上补充强调“德智体美劳”五方面全面育人，自此明确提出了新时代教育“五育并举”的育人目标。这是新中国成立以来教育史上的第一次，具有里程碑意义。这个要求明确地把德智体美劳作为一个整体考虑，揭示了德智体美劳五育之间的内在联系与相互融合、相互促进的发展规律。这个要求是对人才培养使之达到德智体美劳全面发展的最有力保障。

将“德智体美劳全面发展”育人目标落实到高等教育领域，既是高等教育“立德树人”立身之本、根本任务的延伸，又是新时代高等教育继承

---

① 引自党的十九大报告。

② 引自新华网2018年9月10日。网页：http：//www.xinhuanet.com//2018－09/10/c_1123408400.htm。

中华优秀传统文化，体现自身价值以及落实社会主义核心价值观要求的表现。

全国教育大会圆满结束后，中共中央、国务院、教育部都相继出台了部署和规范学校体育教育、美育教育、劳动教育的纲领性文件，明确了“五育并举”指导思想下的教育教学改革方向。2019 年 4 月，教育部印发了专门针对高校美育教育的《关于切实加强新时代高等学校美育工作的意见》，进一步明确了高校以美育人、以美化人、以美培元，切实提高学生的综合素质，为学生全面发展奠定基础。2020 年 3 月，《关于全面加强新时代大中小学劳动教育的意见》发布实施，意见指出要全面理解培养新时代有志青年和能为社会发展作贡献的有用人才对加强劳动教育的新要求。同年 7 月，教育部印发《大中小学劳动教育指导纲要（试行）》，突出贯彻党的教育方针，加快构建德智体美劳全面培养的教育体系。2020 年 10 月，中共中央办公厅和国务院办公厅又发布了《关于全面加强和改进新时代学校体育工作的意见》和《关于全面加强和改进新时代学校美育工作的意见》，对体育、美育工作进行再部署。2021 年 7 月，教育部印发《〈体育与健康〉教学改革指导纲要（试行）》，强调进一步深化学校体育教学改革，以教育带动学生身心健康全面发展。

（二）“德智体美劳全面发展”育人目标的核心内涵

高等教育中倡导的“帮助学生实现德智体美劳全面发展，培养综合素质高的新型人才”就是“五育并举”方针的核心内涵，是党和国家对教育提出的新要求，是推动社会主义建设，继承和发扬中华优秀传统文化及适应“十四五”期间国家发展的需要，其所树立的育人目标具有明确的理论和现实意义。

1. 继承发展马克思的“人的全面发展”理论

德智体美劳“五育并举”的理论源头是马克思的人的全面发展理论。在该理论中，人在社会实践中处于核心地位，人拥有能够改造社会、推动社会进步的主观能动性，同时人又在实践中不断获得提升自己的能力，完成进步。人对社会的发展方向、发展进程快慢以及发展状况等有决定性作用。关于人的发展问题研究，既是一个历史和时代命题，也是马克思主义哲学的一个根本问题。马克思的人的全面发展理论从科学的角度阐述了人类的发展途径和方法，解决了“人类如何发展”的问题，即通过何种方式能将“全面发展”“自由发展”和“全面而自由发展”相统一。

马克思的人的全面发展理论在我国教育中继续发挥指导作用，习近平总书记教育相关理念的提出就是借鉴了该理论，同时又结合我国国情和教育发展现状进行优化。高等教育“德智体美劳全面发展”育人目标，正是这一指导思想的直接发挥，既丰富了新时代中国特色社会主义教育理论，又在“五育”间构建了融合作用的空间，具有强烈的现实意义。

“五育并举，融合育人”的理论依据同样是马克思的人的全面发展理论。同时，“五育并举，融合育人”的理论又带有浓重的中国特色，是结合了我国的发展目标和教育现状而作出的论述。在我国的教育中，“德智体美劳”所发挥的作用各不相同，彼此之间相互统一、相互促进，对学生整体素质的提升有促进作用。

德育主要以提升学生的思想道德素质为目标，帮助学生明善恶、辨是非，成为一个有思想有觉悟的新时代青年；智育的重点在于开发学生的智力，锻炼学生的主观能动性和创造性思维；体育的主要目标是促进学生身心健康发展，通过有意识的锻炼、引导，提高学生的身体素质，同时拥有健全的心理；美育即提高学生的品味和审美能力，让学生能从身边小事中发现美、体验美；劳动教育的目标在于激发学生的劳动意识，将劳动最光荣落实到实践中去，而并不是仅局限于口头上。从某种程度上来说，德智体美劳可分别对应人的“善”“真”“健”“美”和“实”，通过“五育”提升学生的整体素质。

具体到“五育”融合育人，德育、智育、体育、美育和劳动五大模块，分别从价值基础、认知基础、物质基础、心理基础和实践基础出发，为学生全面发展创造条件。

德育是学生成人成才价值基础的重要组成部分。从学生个人发展角度出发，德育能提升学生的道德素质，让学生具备社会主义建设所需的积极向上、勇于探索、不怕困难等优秀品质，为学生进入社会以后走的更长远奠定基础。

智育属于认知基础的范畴。智育主要负责开发学生的智力，提高学生对知识的运用能力以及独立解决问题的能力，除此之外，智育还能磨练学生的意志力，突破学生的认知局限以及培养学生的兴趣爱好等，对于非智力因素，德育也能起到正面影响。这就要求老师改变传统的应试教学理念，以提高学生的主观能动性和创造性思维为目的进行教学设计。

体育包含在物质基础之内。当代大学生不仅要有扎实的专业知识，还要重视对身体素质的提高。身体是学习的根本，如果身体素质太差，则会对学生的进一步学习产生阻碍，并且限制学生知识的运用。除了身体素质外，体育还囊括了对学生心理进行的教育工作。为学生身心健康发展创造条件。

美育则和学生实现素质提升的心理基础相对应。美育的覆盖面很广，既能提升学生对美的感知能力，又能提升学生的智力，是前面几种不同教育的连接者。“以美润德、以美益智、以美怡情、以美健体、以美促劳”是美育的发展方向和目标。以美润德，即通过美的展示、类比，让人深刻理解“美”的内涵，明白何为善恶，能精准区分善和恶，并以此为指导，规范自身行为，督促自己朝“美”的方向发展。以美益智，即审美感知和体验，可以激发人的创造性思维，启发人的想象力，促进人的智力发展。以美怡情，即美育能对人的心灵进行净化，提高人们对美的感知和敏感度，同时为人提供发现美的新思路，在探索美的过程中，人的情操自然得到陶冶。以美健体，即美育中的“美”还包括身体和力量之美，通过激发人的锻炼意识，让人在锻炼中感受体育运动带给身体的变化，从而爱上运动。以美促劳，劳动同样是美的表现形式，吃苦耐劳、勤劳奋进的精神是我国的传统美德，同样也是美育所倡导和鼓励的。

劳动教育是人实现全面发展的实践基础。在新形势和新背景之下，劳动教育不再是传统意义上仅限于对人劳动行为的教育，而被赋予新的内容。除了劳动行为外，还包括劳动意识、劳动方法、劳动观点等的教育。劳动教育和美育一样，同样可以把其他几种教育方式串联起来，体现其他几种教育的特征。劳动教育不仅能锻炼人的身心，还能开发人的智力，提升人的审美，让人在劳动中获得新知。“以劳树德、以劳增智、以劳强体、以劳育美、以劳创新”是劳动教育的主要方向。以劳树德，即人在劳动实践过程中，能养成吃苦耐劳、不怕艰难和积极向上的优秀道德品质，且通过实践得到的东西远比理论来的更加深刻；以劳增智，即人通过劳动实践探索，能最大限度地开发自己的智力，提高对知识的运用能力；以劳强体，这是劳动带来的最直接效用，通过劳动，人的体能可以得到有效锻炼，为拥有强健的体魄提供可能；以劳育美，即劳动为人开辟了新的一条感受美的途径，拉近人与美之间的距离，让美不再局限于书本之上；以劳创新，即劳动实践能有效激发人的创造力，为人主观能动性的发挥提供机会。

2. 继承发扬中华优秀传统文化

2018 年，习近平总书记在全国教育大会上提出要重视美育对学生素质的促进作用，将美育理念融入日常教学中去，以美育人、以文化人，全面提升学生素质。以习近平总书记为首的党中央结合我国的发展要求和教育现状，围绕“德智体美劳全面发展”新时代育人指导思想，出台系列纲领性文件中突出了高等教育应该“以文化人，以美育人”的工作要点。这是对中华优秀传统文化中“德美相依”思想的继承和发扬。

德和美是中华传统美德倡导推崇的重要内容，也是现代教育的目标。将德育和美育结合起来，能够有效提升学生的综合素质，让学生不只是会死读书，提高学生对知识的运用能力，为社会发展提供多层次人才。对德育和美育的特征进行深入分析，可以发现其具有鲜明的中国特色。

中华德育、美育精神的根基在于从中华大地古老生存方式里诞生的东方哲学。生命何来？价值何在？先贤与哲人一直在试图回答这些终极追问。孔子在《论语 · 阳货》中感叹“四时行焉，百物生焉，天何言哉”，天地万物生生不已，人为何是万物之灵，尊贵于天地之间？恰因为人之生命有“大德”和“道义”通贯其间。《周易 · 系辞传》曰“天地之大德曰生”，生命因为有“德”而生，又因“德”之内存而宝贵；《荀子 · 王制》有言：“水火有气而无生，草木有生而无知，禽兽有知而无义，人有气、有生、有知，亦且有义，故最为天下贵也”；朱熹云：“仁者，天地生物之心”。中华文明和中国哲学具有源远流长的重“生”传统，对生命的思考从未间断，特别强调人之生命在宇宙间的尊贵地位，并且深刻指出如此尊贵特别需要修养和培育。

如何修养和培育？《论语》“兴于诗，立于礼，成于乐”命题的提出，内涵丰富，所指深刻，从中华传统德育美育相依的精神出发，深刻阐明儒家礼乐文化中诗歌、礼仪、乐舞三者之间的关系，即在礼仪、秩序、大道、规矩立于心中之前提下，诗歌和乐舞发挥引导、启迪、梳理、整合的美育作用。德育固然重要，但美育之于人格养成和生命成长不可或缺。为此，周代制定了系统而严格的包含礼乐修养在内的修养计划，命名为“六艺”，并被历代重视和延续。从生命体认起步，到生命意义的圆满达成，美育发挥了不可替代的作用。

中华传统文化将天人合一的综合性思维理念落实到个体生命的锤炼和升华过程，将生命感悟与生命终极意义追索结合起来，在美育中丰富和提升生命的哲学内涵，实现德育美育相依。中华美育以修身为目标，符合格物—致知—诚意—正心之心理推导，再到修身—齐家—治国—平天下之行为推演，不仅包含对个体生命体认和修养的明确表述，更是成为推动中国历史前行的文化力量。

参照习近平总书记在2018年全国教育大会上的讲话内容，要全面落实美育工作的开展，以合适的方式引入美育，并发挥其最大效用，实现以美育人、以文化人。这是对中华优秀传统文化中“德美相依”思想的继承和发扬，是中华传统文化的另一种表现形式。习近平总书记以美育为主题进行的讲话推动了高校美育工作的进程，为新型人才的培养奠定了基础，为社会主义发展提供了动力。

3. 重塑劳动育人观

参考习近平总书记在2018年全国教育大会上的讲话，德智体美劳是高校教学的重点任务，是深化教育改革、改变传统教育理念的表现，同时还能为新型人才的输出以及高校完成“立德树人”目标起到推动作用。因此，高校要贯彻落实促进德智体美劳发展的方针政策，为学生全面发展创造良好条件。

为深入学习习近平总书记重要讲话精神，2018年10月11日，中国教育学会主办了“加强新时代中小学劳动教育工作座谈会”。会上提出了“以劳树德、以劳增智、以劳强体、以劳育美”十六字方针，将劳动育人同德智体美育人紧密结合，落实以德为本，以劳为体的“五育融合”观念，为新时代教育的发展指明了方向。对劳动教育发展的现状进行调查可知，不管是在学校、家庭还是社会中，劳动教育的作用都被严重忽视，这不利于学生全面发展，十六字方针呼唤重建大中小学劳动教育理念，指出不能将劳动教育排除在教育体系之外，劳动教育在学生教育中占据主导地位，劳动教育不仅能提升学生的身体素质，更是为学生理论知识得到运用提供了机会。树立正确的劳动教育观，对学生的成人成才有推动作用，对新时代高等教育重塑劳动育人观念的现实需要意义重大。

从观念层面出发，在对劳动教育观进行阐述时要突出其主导性。劳动教育并不是某一种教育，而是多种教育的集合体，带有综合属性，且在教育中处于主导地位，能影响教育作用的发挥以及教育目标的实现。劳动教育能促进学生全面发展，既能通过劳动实践锻炼学生的意志力、耐力，充分开发学生的智力，又能提升学生的道德素质，让学生拥有强健的体魄和健康的心理状态，是学生将所学变成实践的有效途径，即“以劳树德、以劳增智、以劳强体、以劳育美”。此外，我们还要注意把握劳动教育和其他教育之间的关系，劳动教育处于主导地位，且和其他教育相互统一、相互促进，共同推动学生的发展。

劳动教育并不是字面意义上的体力劳动，而是在体力劳动的基础上发展起来的其他实践活动。在学习中表现为创造性思维的发挥，以及在主观能动性的带动下自主探索知识，提高道德素养；在家庭中表现为独立解决所遇到的问题，具备一定的生活自主性；在社会活动中表现为能够将所学用来解决社会问题，并能推动社会的发展；在单位中表现为积极主动地克服工作上遇到的困难，为物质生活付出等价劳动。上面只提到了劳动教育发挥作用的几个领域，劳动教育的适用范围非常广泛，并能在各个领域发挥积极作用。

树立正确的劳动教育观，让劳动成为一种积极的生存方式。

从实践角度出发，正确的劳动教育观能为实践提供科学的方法论，并通过实践丰富自己的知识体系，突破自己的认知。劳动教育的表现形式多种多样，并没有特定的可供参考的标准，想要劳动教育真正发挥效用，就必须向学习者展示劳动教育的价值，让学习者在实践中感知劳动教育的重要性，从而自觉主动地接受劳动教育。与此同时，劳动教育可以通过多种途径实现，用来提高学生的专业知识和道德素质。高校要将劳动教育的这一特性充分利用起来，扩大劳动教育的影响，将一切可以利用的资源都利用起来，让劳动教育贯穿学生成长的整个过程。从学校教育角度出发，学校对劳动教育进行规划时要以学科任务和目标为基础，将理论和实践教学相统一，且与劳动教育相关的法规政策的制定要参考国家的规定。从社会教育角度出发，社会应承担相应社会责任，主动为学生提供实践学习场所和机会；而那些公益性场馆则要配合学校安排的参观活动。

打破传统劳动教育观，让劳动教育以制度形式存在，并融入教学的各个环节。

想要让劳动教育最大限度地和教学环节融合在一起，就必须打破传统的劳动教育观，改变劳动教育的存在形式，发挥制度的强制性优势。前文曾提到劳动教育在我国的发展历程，不管处于哪一时期，劳动教育的积极作用都是被认可的。对劳动教育的发展现状进行调查可知，在实践中，劳动教育有很多缺陷，比如责任划分混乱、实施主体重视度不够等，严重限制了劳动教育作用的发挥，进而导致劳动教育的价值被淡化直至消失。因此，国家必须在法律层面上明确劳动教育的职责，对劳动教育的实施主体作出清晰划分，同时完善监督评价机制，建立起以劳动教育为核心的制度体系。发挥制度的强制性优势，保证劳动教育的有效实施和最终产生的效果，逐渐让社会主体把劳动教育当成一种习惯，融入生活学习和工作的方方面面，扩大劳动教育的影响。

首先，要对劳动教育的实施主体进行划分，为劳动教育作用的有效发挥营造良好环境。教育部和国家职能部门负责对劳动教育实施管理，规范劳动教育主体的行为；学校则扮演劳动教育的实施者角色，而社会团体、单位等则对劳动教育的顺利实施起到辅助作用，学生是劳动教育的对象，是劳动教育的实施对象。

其次，要从制度上对不同劳动教育主体的职责作出清晰界定，充分发挥制度的强制性优势。学校是劳动教育的主要实施者，要承担设计劳动教育课程、安排劳动教育实践、记录劳动教育实施成果以及完善劳动教育评价体系等责任，对劳动教育工作的开展起推动作用。教育部和国家职能部门要依法严格履行自己的监督管理职责，确保劳动教育主体的行为在法律允许的范围内；社会团体、单位等要积极配合高校劳动教育的社会实践活动，承担相应的社会责任。学生必须服从学校和老师的安排，接受劳动教育。

最后，参考劳动教育的实施目标建立完整有效的激励制度。可以对社会团体、机关以及单位提供的劳动教育实践机会和成果进行统计，并以此为依据对其进行不同形式的奖励。国家要扩大劳动教育考评结果的适用范围，将劳动教育考评结果纳入升学、晋升以及资格认定等的参考标准，提高社会各界对劳动教育的重视。

（三）“德智体美劳全面发展”育人目标的实现

新时代教育指导思想将高等教育的育人目标设定为“德智体美劳全面发展”，充分达成素质教育的本质要求，也就是实现大学生素质的全面提升。在具体育人工作中，需要综合发挥德育、美育的思想引领作用，培养智、体、劳等多方面能力素质。

1. 发挥“理想信念”“爱国情怀”的价值导向作用

观念对人的行为和价值观有决定作用，具有复杂性，集合了人的主观意识和通过实践得出的经验。不同的人有不同的观念，而不同的观念又会造就不同的人，观念能影响人的行为和思维模式。而观念素质则是对主观意识和通过实践得出的经验进行加工，最终形成的带有个人特色的价值观、世界观和人生观的总和。从某种程度上来讲，观念素质教育就是对人主观意识和价值观念进行的教育，其中最关键的就是价值定位问题，不同的价值定位有其对应的价值观。

新时代高等教育“德育”育人目标为大学生观念素质教育的价值定位提供了遵循，并为如何开展观念素质教育明确了方向。习近平总书记指出，大学生是国家的希望，肩负着振兴中华的使命，所以一定要重视对学生思想道德素质的培养，让其成为具有坚定信念，为社会主义建设奋斗的有用之才。把爱国主义和维护民族统一的信念牢牢刻在心里，用实际行动推动社会的进步。[①] 以习近平总书记的讲话为参考，可以得出学生观念素质教育的核心是让学生坚定社会主义信念，激发学生的爱国意识和民族情结。通过影响学生的主观意识帮助学生树立科学的世界观。理想对一个人的发展起着至关重要的作用，当人处于迷茫中时，理想会为他照亮前行的路；当人遇到困难想要退缩时，理想会鼓励其继续前行。没有了理想，就如同水流失去了源头，草木失去了土壤，无法正常生存下去，积极正面的理想会为人的发展起指引作用，为其提供精神支撑，帮助其实现人生价值。爱国主义精神是一个人要具备的最基本道德素养，是集合社会力量的内在驱动力。因此，高校在进行观念素质教育时要把爱国主义和大学生的理念信念结合起来，充分发挥两者对学生进步的促进作用。

---

① 习近平．坚持中国特色社会主义教育发展道路 培养德智体美劳全面发展的社会主义建设者和接班人［N］．人民日报，2018－09－11.

2. 发挥社会主义核心价值观对学生品行养成的指导作用

品德的形成因素很复杂，既和家庭成长环境有关，也受教育环境影响，品德能决定一个人的发展方向，是衡量一个人整体素质的重要依据。高校作为学生学习成长的主营地，要充分发挥自身的专业优势，引导学生养成优秀的道德品质，为学生道德品质的形成创造良好环境。明确品德素质教育开展的方式以及目标，提高学生的整体素质。

在解决品德素质教育目标的问题上，可以参考习近平总书记以严格落实社会主义核心价值观为主题发表的讲话。社会主义核心价值观的内涵丰富，和国家、社会的发展方向相一致，以社会主义核心价值观内容为参考，规划学生品德素质教育的方向和目标，符合教育发展的规律和国家对教育提出的要求。习近平总书记在提到社会主义核心价值观时，明确了社会主义核心价值观在促进国家发展中的重要作用，社会主义核心价值观是中华优秀传统文化的另一种表现形式，是符合社会主义建设要求的科学的价值观，如果一个民族没有统一的价值观作指导，那么这个民族就是一盘散沙，无法发挥最大效用。① 通过上述分析可知，对学生价值观的塑造是品德素质教育的主要内容，是学生提升个人道德素质的有效途径。而品德素质教育的目标就是引导学生树立正确的价值观，坚定社会主义信念，成为对国家有用的人。②

3. 发挥实践对学生能力素质教育的推动作用

能力是对人在日常生活、学习以及工作中理解力、创造力以及空间想象力等多种能力的综合考量，能力具有可提升性和复杂性，分为先天和后天养成的能力。其中，实践对能力的发展起到决定作用，人能够通过有意识的锻炼，提升自己某方面的能力，同样地，如果人的某种能力长期搁置，没有得到运用，则会出现退化现象。张楚廷先生将其概括为："智力是能力的基础，能力是智力的表现。"③

有意识地以能力提升为目的进行的训练就是能力素质教育。能力素质教育的实现形式多种多样，能力素质教育包括人的专业知识能力、反应能

---

① 习近平谈治国理政［M］. 北京：外文出版社，2014：168－169.

② 习近平. 坚持中国特色社会主义教育发展道路 培养德智体美劳全面发展的社会主义建设者和接班人［N］. 人民日报，2018－09－11.

③ 张楚廷. 张楚廷教育文集：素质教育卷［M］. 长沙：湖南教育出版社，2007：320.

力以及心理承受能力等。高校能力素质教育的开展要以实践为基础，大学生通过一定数量的训练，掌握新的技能和经验，综合能力也得到相应提升，这一过程也是道德素质的提升过程。高校在对学生的能力素质教育作规划时，要以开阔学生的眼界、增长学生的知识为目标，结合理论和实践教学，完成规定任务。在正式开展能力素质教育前，要充分了解学生的实际情况，并以此为依据制定训练计划，防止出现任务过重打击学生学习自信以及任务太过简单对学生能力提升没有作用的情况。

4. 以“增强体质”“健全人格”引领素质教育

体育教学的基本目标是推动学生加强体育锻炼，增强体能、锻炼体质。通过开展体能测试、深化体育课程改革、举办群众性体育活动等方式，培养学生体育兴趣，激发学生运动热情，引导学生走向操场、走向运动场积极参加体育锻炼，锤炼健康体魄。

体育教学的核心目标是向学生传递体育精神、弘扬体育精神，培养健全人格。体育精神远远超出了体育运动本身，早已内化为一种信仰信念、价值追求和优秀品质。体育精神有很多，包括拼搏、竞争、团队、协同、坚持、执着、友爱、尊重对手、人类命运共同体等，这些都是体育精神的表现。另外，体育教学把科学的体育方法教给学生，让学生掌握和运用科学的体育方法，在持续运动中不断提升进步，让学生感悟到工作生活中掌握规律和方法的重要性。这些都是培养健全人格的关键环节。

身体素质指向的是生理品质，也就是在工作和运动中人所展现出来的能力。脑力、耐力、速度都可以归纳到身体素质当中。一方面，身体素质受到先天潜质的影响，另一方面，在后天持续积累的知识也会内化成素质。开展身体素质教育工作，就是组织学生参加体育活动，在开发先天潜质的同时内化后天知识，加快身心素质的发展。在全面发展教育中，体育这一环节是不可或缺的，其重要性不言而喻。可在实践中，人们很容易忽视体育，或者将其曲解。习近平总书记曾着重强调体育是一门重要的课程，要求学校把健康放在首位，把体育课开足，让学生通过参加体育锻炼来强化体质、锤炼意志，通过体育教育来帮助学生形成健全人格。① 这里

① 习近平．坚持中国特色社会主义教育发展道路 培养德智体美劳全面发展的社会主义建设者和接班人［N］．人民日报，2018－09－11.

的体育取其广义含义，并不局限于竞技体育，而是一切健身活动，脑力锻炼也被纳入其中。学生参加体育活动可以增强体质、提高综合素质，形成健全的人格，还会影响到德育、智育和美育。在体育运动过程中，学生必须提高反应速度，强化观察能力，而这些锻炼可以帮助学生提升认知能力，还可以让学生的思维得到有效训练。体育非常看重伦理，在伦理教育上能够发挥作用。作为群体竞技活动，体育可以磨砺学生的意志，提高自信，培育情感，在发展非认知心理方面的作用非常明显。体育和美育密切相关，审美贯穿于整个体育活动中。很多热衷于观看球类比赛的观众之所以着迷，就是因为在观看比赛的时候可以获得审美陶冶，这说明体育具备较高的美学价值。因此，习近平总书记提及的体育是广义上的，可以锤炼意识，强化心理素质，还有利于培养健全人格。参加体育活动既可以让学生改善体质，又有利于学生获得全面发展的机会。

从教育科学的角度来看，新时代高等教育“德智体美劳全面发展”育人目标是“立德树人”与“素质教育”高度融合的先进教育理念，有机结合了教育的手段和目的，是两者的辩证统一。在教育活动开展过程中，教育理念发挥着价值导向作用，这一作用不仅是深刻的，而且贯穿教育活动全程，对教育方法和目的产生直接影响。因此，只有认识到素质教育和新时代教育指导思想之间存在的内在逻辑，才能明确素质教育所发挥的引领作用，它所包含的先进教育理念不仅回答了我们需要培养什么人，还说明了应该如何培养人。这一先进的教育理念是中国智慧的重要组成部分，它有力地推动了人类教育科学理论的发展。

第二节　新时代教育教学评价指导思想

本节在收集新时代关于教育教学评价相关论述的基础上，梳理了新时代教育指导思想对各级各类教育教学评价工作的顶层部署及对高校教育教学评价工作的指导。

一、新时代教育评价改革方案总体要求

2021 年 3 月全国两会期间，习近平总书记提出“以教育评价改革为牵

引建设高质量教育体系"①，在教育改革中，必须努力发挥教育评价指挥棒的作用。习近平总书记的讲话为这项工作指明了方向。中共中央和国务院在2020年10月共同印发《深化新时代教育评价改革总体方案》，部署了各级各类学校教育评价工作。系列论述则对新时代教育教学评价工作作出了顶层设计。

这为系统推进教育评价改革，明确了"指挥棒"和"风向标"。为发挥教育评价在改革中的牵引作用，形成更具有质量的教育体系，统筹推进办学模式、育人方式等，加快改革管理体制和保障机制，在新时代教育指导思想部署下，一方面，在进行教育评价的时候，要统筹全局，使各部分相互协调，共同构建一个完善的系统；另一方面，教育评价的指挥棒作用必须得到充分发挥，为教育改革指明方向。

（一）明确了新时代教育教学评价工作的根本方向

系列论述强调新时代教育教学评价工作必须突出全面贯彻党的教育方针，同时指明了教育发展的方向。坚持教育"立德树人"的发展方向，坚决落实中国特色五项原则，进入新时代之后，在开展教育评价工作时要坚持社会主义办学方向，顺应教育规律，培养出的人才要能够接过前辈肩负的重担，继续投身于社会主义建设事业当中，即围绕"五育并举，融合育人"这一根本育人目标展开。

（二）明晰了新时代教育教学评价工作的基本要点

首先，按照系列论述的要求，教育评价必须注重质量。教育评价为教育指明了发展方向，关系到教育的根本问题。教育评价改革要把高质量发展作为标准和目标，通过建成现代化教育来实现强国目标。这就意味着改革教育评价必须有更高的政治站位，要确保教育始终沿着正确的道路发展，教育工作是要为国家培育人才，为党培育人才，只有提高教育质量，国家发展才有源源不断的驱动力。

其次，系列论述要求教育评价工作要增强牵引功能。改革的着力点要落实到师生和学校层面，顺应人才成长规律和教育规律，对各个阶段的学生进行科学引导，树立以德为先、能力为重、全面发展的科学成才观，创

---

① 引自《中国教育报》2021年03月10日第2版。网页：https：//baijiahao. baidu. com/s? id = 1693852959764799104&wfr = spider&for = pc。

新各级各类学校办学模式、实现优质特色多元化发展，促进学生德智体美劳全面发展。各级党委和政府教育工作评价要树立科学的教育发展观念和正确的教育政绩观，提高党委和政府科学履行教育工作职责的水平。社会层面的用人评价改革要纠正“唯名校”“唯学历”不良倾向，树立正确用人导向，促进人岗相适，共同营造教育发展良好环境，为建设高质量教育体系拓展空间。

再次，系列论述要求教育评价工作要加强统筹推进。深化教育改革是一项系统工程，教育评价改革不能局限于某一教育领域或环节，要注重系统性、整体性、协同性。通过教育评价改革，加大教育各领域、各环节、各要素深化改革的力度，推动不同主体、不同学段、不同类型教育改革的进程，统筹推进育人方式、办学模式、管理体制、保障机制改革，为建设高质量教育体系丰富内涵、提供保障。

最后，系列论述要求教育评价工作要与时俱进。人工智能、大数据、物联网等技术的逐步普及和深入，为提升教育评价技术、深化教育评价改革提供了无限可能。《深化新时代教育评价改革总体方案》指出，在进行教育评价时要发挥信息化工具的作用，探索多元化评价机制，除了教师和学生参与评价之外，还可以邀请家长和社区参与其中。利用信息技术创新评价工具，在教育评价中发挥大数据、人工智能等工具的优越性。除了要贯穿学习全程的纵向评价，评价内容还应该涉及每一个学科，形成完善的横向评价。

（三）突出了新时代教育教学评价工作的改革重点

首先，按照系列论述要求，必须对评价主体进行分类，然后进行教育评价。评价主体主要包括五类：教师、学生、学校、政府、党委。每个主体的评价改革方向都应当予以明确，并在此基础上提出引导全社会形成“好学校”“好教师”“好学生”的科学评价观。

其次，系列论述要求教育评价针对各类评价对象进行分层评价。针对基础教育、职业教育、高等教育等不同教育领域和大中小幼不同学段特点，确定幼儿园评价、义务教育学校评价、普通高中评价、职业学校评价、高等学校评价重点考察的内容，尊重教育规律和人才成长规律，营造人才成才的良好氛围。

再次，系列论述要求教育评价要对传统评价方式进行改革，在安排上实现创新。除了对原有的结果评价方式作出改进之外，还要把过程评价提升到重要位置，在工作中积极探索增值评价，形成全面完善的综合评价。在整个工作中，要把过程评价和增值评价放在突出位置，将其作为充分发挥教育评价功能的亮点和难点。只有综合运用这四类评价的结果，才能确保教育评价能够得到全面发展，在诊断、调控、导向、改进教育上充分发挥作用。

最后，系列论述要求教育评价要探索专业化建设路径，从体系建设、评价工具、合作机制、人才培养等维度入手，多路径加强和完善教育评价体系和机制建设，保障教育评价的科学性、专业性和客观性。

二、高校教育教学评价改革的工作要点

教育部在 2018 年 10 月发布了《关于加快建设高水平本科教育全面提高人才培养能力的意见》，时隔两年，教育部再次印发《高等学校课程思政建设指导纲要》，对高校课程建设、教育教学工作及育人效果都提出了整体要求。其中，教育教学评价工作作为高校育人效果的重要保障和检验环节，被列入重点工作任务中。中共中央和国务院对此也高度重视，并于 2020 年 10 月印发《深化新时代教育评价改革总体方案》，针对高等院校教育教学评价改革，提出了“改进高等学校评价”“改进高校教师科研评价”等工作要点。这些要点为高校教育教学评价改革工作指明了方向。

（一）改进结果评价

指向育人效果提升工程的高校教育教学评价工作，应当坚持“以学生为中心”原则，即学生是高校教育教学评价的主体。而在传统的高校教育教学评价的“学评教”① 模式中，评价主体失语的现状尤为突出，使评价结果流于形式。

按照传统做法，负责制定学生评教制度和指标通常是教育主管部门的工作。在形成初步方案之后，需要对外征求意见，负责提出意见的主要是督导专家、教学信息员，也有部分师生参与。虽然此举可以从某种程度上倾听学生的看法，但是覆盖面较为狭窄，所以得到的学生意见依旧是片面

① 柳亮．以学生为中心视域下的学生评教：诊断与改进［J］．上海教育评估研究，2020（12）：2－6.

的，且具有局限性。目前，还有一些学校在制定评教方案和指标的时候，完全不考虑学生的看法。而实际评教工作中，真正的主体是学生，可他们却是被忽略的对象。学生对此也缺乏参与热情，不仅缺乏参与评教的意愿，而且根本不具备内在动机。学生并不认为这类评教活动是有价值的。

当下高校教育教学改革的重要起点是保证评价过程中评价主体的充分解放。学校无论制定制度，还是举办活动，都要将核心要义确定为“以学生为中心”，把学生的成长放在首位。

在教学过程中，学生居于主体位置，是重要的参与者。之所以开展学生评教工作，是为了改善教学质量。解放评价主体就是要提高学生主体在评价活动中的参与度。学生应该参与到与评教制度和指标有关的设计、组织和利用工作中。至少在开展这项工作的时候，要给学生表达见解的渠道，让学生能够有机会发挥主体地位的作用，改变传统的“要我评”的模式，变成“我要评”。

首先，在管理教学评价工作的时候，要统一贯彻“以学生为中心”的原则。除了做好指导和培训工作，还要充分发挥学生会在宣传动员方面的作用，让学生认识到自己有责任参与评教工作，且做好这项工作最终会让自己受益。因此，应该把学生参与的积极性调动起来，在评教中保持客观。负责组织评教工作的主管部门需要做好信息收集工作，并且要对这些信息进行整理和分析。在处理完成评价结果之后，要在第一时间向师生、教研室以及学院作出反馈。如果有必要应该开设座谈、组织问卷调查等工作，运用多种形式来收集学生的意见，为教评工作提供辅助。在教学得到改进之后，还需要向学生反馈，让学生认识到自己参与评教工作是有价值的。支持和要求学生认真对待每次评价，同时增强学生对学习活动本身的荣誉感和主动性。

其次，在课堂教学评价方面，要以教学评价为指挥棒，推动课堂革命，促进教师会教和学生会学的创新、高效课堂的构建。围绕学生发展，以改革教评的方式加快学习革命的速度，探索创新教学模式，例如翻转课堂、混合式教学等，以此对学生学习形成促进。在教评的引领下，选择适合课制的教学方法，对课程内容和方式加以设计，从而达到优化教学的目的。以学生学习效果检验为导向，引导学生主动学习，加强自我管理，将求知欲激发出来，以更高的效率投入到学习当中，强化自主学习能力。

再次，在学习过程管理方面，要以教学评价为主战场，加强考试管理，严格过程考核。在学业考核中，除了注重考核知识，还把健全能力放在同等重要的位置上，从机制层面完善学习监督、评估和反馈工作。全程管理学生学习行为、教师教学行为，监控的范围包括教学内容、考核内容和考核的形式、难度等；力求以更高的质量开展育人工作。在考试方面，除了笔试，还可以组织进行口试，试题并没有标准答案，重点在于考察学生是否掌握知识，并懂得灵活运用。考试的目的在于促进学习，辅导教学，对学生的学习产生激励作用。

最后，在学生综合素质提升方面，要以教育评价为突破口，推进德智体美劳“五育”内涵进课堂、进教学。在学校教育中广泛开展各类实践活动，包括科技发明、志愿服务、生产劳动等，并通过分层合理的教育评价检验学生的表达沟通、团队合作、组织协调、实践操作等能力。

尤其对于学生创新能力的培养，要对当前的教评机制进行改革，只要教育中存在阻碍培养创新人才的部分，就必须坚决破除。必须突破传统培养模式，新建立的培养模式应该有助于培养创新人才。在教学中，要关注学习能力和创新思维的培养。在专业教学中，摒弃传统的知识学习型，取而代之的是思维与能力训练型。通过课堂教学改革来突破思维限制。第二课堂活动需要继续推进，但是传统做法同样需要摒弃。组织学生参加科普活动，开办兴趣小组，为学生提供专业教育。本科生要尽早步入实验室，参加科研团队，积极接受科研训练。每个学段都会为学生安排实践课程，开展创新教育，在课程设计上充分考虑人才成长规律，有序培养创新思维和能力，并做到持续推进。

（二）强化过程评价、探索增值评价

高校教育教学评价的指标构建应该对标新时代高等教育指导思想，对接人才培养方案，分层、分向构建。然而，传统的“学评教”模式下，主要采取量化方式，运用特定的评价表进行测量，这种教评方式存在指标失当问题，缺乏过程评价和增值评价。虽然名称是学生评教，但是根本没有站在学生角度来设计评教指标，而是完全站在教师的立场来进行。在评教内容上，涉及课堂教学中教师的态度、使用的方法、教学内容和效果等，甚至还将备课情况纳入其中。学生对此明显缺乏认识，也很难理解。这种考察并不关心学生学的情况，反而将侧重点放在教师教的如何。仅仅关心

教师传授知识的情况，至于学生的产出，反而被忽略。一些高校所构建的评教指标体系脱离课程性质和特点，也没有采取多元化评教方式，而是“一把尺子量到底”。大多数学生无法完整理解全部指标内容。[①] 比如运用同一把尺子来衡量理论教学和实践教学，忽略了两种课程的差别。这种评价指标不具有针对性，在实际应用中根本达不到预期效果，甚至会产生负面影响。有的教师为了获得好成绩，一味迎合评教指标，反而不关心教学管理。这种情况会导致教学改革失去主动性，教师在教学上也不再表现得十分积极。

因此，构建分层、完善且认知度高的指标体系，是新时代高校教育教学改革的核心内容。

首先，在课堂教学评价指标构建中，应该充分挖掘课堂的效度。要在关注教师教学行为的同时，强调学生的课程体验。教师并非只是传授知识的主体，其工作更多地应该是引导和参与学生学习。在获取知识方面，学生不应该处于被动，而应该表现得具有主动性。“满堂灌”的教学方式应该被“指导和辅导”所取代，而学生则需要用“自主学习”替代“被灌输”。因此，设计的教评指标应该与学习实际和学生的认知能力相匹配。不再把教评的目光局限在“教”上，而要更多地关注“学”，同时对学生进行引导，让其评判学的情况。在教评中原本存在一些专业术语，学生理解起来有一定难度，可以将其转换成学生熟悉的语言，使之变得通俗易懂。在称谓上可以使用“我”或者“学生”。

其次，在教育效果评价指标构建中，应该充分对接育人目标和专业行业标准。要以产出为导向，围绕学生作出改进，学校要追求卓越的目标，引导全校师生共同努力建设质量文化，其核心内容为以更高的水平培育人才。学校要严格落实《普通高等学校本科专业类教学质量国家标准》和行业要求，聚焦办学实际和学校发展目标，制定基本的教育标准，形成培养人才的基本要求，在教评中依照标准进行自我评价。在得出评价结果之后，要作为重要校务内容进行公开。专业不同，培养人才的方案也不尽相同，评价指标可以作出适当调整，确保教评的有效和客观。学校要充分把

---

① 李盼道，孟庆瑞．高校学生评教结果缘何失效——影响因素、逆向选择机制及其治理路径研究［J］．教育学报，2020. 16（2）：85－96.

握当前教学形势，以及在课堂教学中学生的参与情况，在此基础上，根据课程性质差异分别设计评价指标。

（三）健全综合评价

《深化新时代教育评价改革总体方案》明确指出，要确保评价的科学有效性，除了评价结果，还应该把过程评价放在重要位置，此外，增值评价需要积极探索，形成全面科学的综合评价。运用信息技术开展教评工作，可以得出更加科学、客观和专业的评价结果。这里提到了“综合评价”，它指向着有待改进的方面，亟须采用新的技术手段加以改革创新。

在科技手段与一线教育教学实践深度融合的背景下，新时代高校教育教学评价改革路径智能化、数字化成为必然。这一探索恰可解决当前教育教学评价工作中的手段单一、反馈不及时、结果失效等问题。

1. 构建科学评价模型

构建科学评价模型居于教评核心位置。依托智能手段开展教评工作，让教学人员、教评人员以及信息技术人员展开协作，从评价对象和内容出发，构建评价模型、指标体系，并确定科学的指标权重。构建评价模型，首先需要设计评价指标，它可以为模型的科学化提供支撑。可以运用多种方法进行指标构建，包括量化、质化和复合型方法等。设置指标权重能够反映出设计者的决策价值，还能保证测量结果的客观性。在评价模型的构建上可以运用计算机软件、人工智能等工具，完成模拟评价工作。而这项工作可以通过多种方法完成，比如机器学习、专家系统等。

2. 解放多元的评价主体

教师、专家、自我、同伴都可以参与到评价当中，构建“评价共同体”。实现评价主体的多元化，是为了让评价更加人性化，更能体现出民主。由此得到的评价结果也更加真实可靠。教师参与评价过程，得出的评价信息专业性更强，且更具有时效性。而家长的参与可以将学生在家中的表现也纳入教评内容当中，让结果更具有全面性。同伴参与有助于沟通交流，让学习者积极性更强；自我评价可以充分发挥被评价者的主体作用，强化参与意识，认识到自身存在的不足。专家评价可以让结果更加准确而全面。

3. 保障获取立体化评价数据

依托于科技手段可以从多个维度进行采集，获得全方位、全过程的数据，消除人工采集的弊端，获取立体化数据。全过程是记录被评价对象在整个评价期间的活动数据，较之过去的“间断性记录”更加全面。全方位记录则意味着并不是只采集学生在教室中产生的数据，还涉及线上学习、户外教学等场景中产生的数据。多维度意味着采集的数据涉及多个领域，比如管理数据、体质数据、情感数据等。

4. 实现多模态数据分析

在诊断分析多模态数据的过程中，运用到数据分析和融合等多项技术，做到数据的多维处理和全局处理，进而获得最优分析和精准评估结果。多模态数据往往是海量的，融合多个模态数据。模态数据间可以进行互补学习，将有效特征从复杂数据中提取出来，使决策准确性更高。在分析不同类型数据的时候，可以采取包括机器学习在内的多种算法，对文本、视频、图像等进行分析，准确表征其中的特征要素。

5. 实现精准评价反馈

此举是实现教育评价应用价值的体现，也是评价的重要组成部分。运用智能推荐引擎等技术，可以精准推送评价结果给用户，采取的形式是交互式可视化的，可以帮助评价对象对自我的认知，让其对学习策略和目标作出及时调整，达到优化学习的目的。在整个教育活动中都会进行评级反馈，并且有的反馈是即时的。在课前，学生预习的时候可以获得反馈，在课堂上，也可以获得实时检测反馈，基于精准的反馈结果，学生能够认识到自身学习策略的不足，从而作出有效调整。评价结果还可以作为推送学习资源的依据，帮助教师开展个性化教学。

第三节 当前高校教学评价研究存在的问题及趋势

一、传统教学评价存在的问题

（一）定性评价导致单向滑道，评价结果不准确

国内外高校在教学评价目的方面，主要是教师在这一过程中可以发现自身在教学过程中所存在的不足，并根据这些不足制定出合理科学的解决方案，从而为学生设计出轻松愉快的学习内容和手段，让学生可以积极主

动地融入课堂氛围当中。

然而，现如今还存在很多高校依然采取过去的行为方式，也就是课堂教学评价，课堂教学评价并不能作为评价教学质量和水平的唯一标准。很多学校将教学课堂评价看得尤其重要，并且将教师课堂评价的结果看作是教师升职加薪的根本，也存在一部分高校对此评价方式并不是过于看重，他们只是看重其评价的过程，并不会看重结果。

由于学生并没有对教师进行客观的评价，从而导致教学评价结果不准确、不明确。教学评价实施本身缺乏客观、科学方法探究，从而在一定程度上影响评价结果的科学性和准确性。

（二）评价主体受条件限制和自我需要“各自为战”

在传统教学评价实施过程中，很多高校在进行教师教学评价过程当中的主体主要有学生、同行等。

在各大高校的管理和监督过程当中，学生对教师的评价是非常重要的，主要是因为学生是学习主体。教师的职业主要是为了培养一批又一批具有专业知识能力和经验的人才，所以说学生对教师的评价是至关重要的。

现如今，很多高校在开展教学评价时主要是在期末考试之前进行，让学生进入教务系统对各科任课教师进行相应的评价，系统当中评价的内容多种多样，并且每一个教师都要评价到位，学生需要根据不同权重的分数对教师的教学质量和水平进行打分，然后由系统对最终的结果进行相应的计算和汇总。

这种做法极度缺乏科学、有效的共识标准和机制，各个评价主体长期受到自身需要和各种客观事实条件影响“各自为战”。一方面，学生在对教师进行评价过程中容易掺杂个人情感，比如某个教师在课堂上对其过于严格，那么学生就会在评价过程中对这位教师进行低分评价，如此一来，偏离了教学评价的本质和目的。另一方面，督导组评价主要是发现在教学过程中所存在的问题，并根据此类问题与教师们进行及时的沟通和交流，由于存在督导组成员对于业务的流程和规则不清晰，导致在评价过程中并没有非常客观地进行，从而在一定程度上没有发挥出教学课堂评价的作用和价值。

（三）缺乏完整设计，教学评价指标简单粗放

在传统教学评价实施过程中，各大高校多采用“教师课堂教学评价表”，在“教学态度”“教学语言”“教学内容”“教学方法”“教学效果”几个主要一级指标下，根据本校特点设计各级指标，用于学生、督导、同行评价。

目前各高校普遍采用的“教师课堂教学评价表”及出现频数较高的指标，如表2－1所示。

表2－1　　传统课堂教学评价表

一级指标	二级指标	等级及分数			
		A	B	C	D
		5	4	3	2
教学态度（10分）	①备课充分，精神饱满、有激情；无迟到、早下课、接打电话等				
	②为人师表，弘扬积极向上的人生观、价值观和社会正能量				
教学语言（10分）	①使用普通话，语言清楚、明确				
	②肢体语言运用恰到好处，有亲和力				
教学内容（30分）	①向学生展示教学目标				
	②授课主线清晰，重点、难点处理得当				
	③内容充实、信息有效，知识框架系统完整				
	④结合学科最新发展成果，适度拓展教学内容				
	⑤注重内容的应用性，渗透专业思想				
	⑥融入创新、创业理念				
教学方法（30分）	①熟练、有效地使用现代教学手段和媒体，板书设计工整、美观				
	②选用先进有效的教学方法和策略				
	③深入挖掘知识本身的魅力，教学内容有一定挑战性，能激发学生兴趣				
	④提出有一定思维量的问题，引导学生独立思考、讨论和发言				
	⑤给予学生学习方法上的指导及课外学习任务				
	⑥鼓励学生创新思维，充分发挥学生的主体性、主动性和创造性				
教学效果（20分）	①学生到课率高、听课专注、参与面广、课堂秩序良好				
	②教学理念先进、风格突出、感染力强				
	③有效完成课堂教学目标，学生有较强的收获感和成就感				
	④课堂气氛融洽，师生间产生共鸣				
综合评分					

表2-1是传统教学评价中常用的“教师课堂教学评价表”，从表中可以看出，教学评价主要目的是表明教师在课堂当中所存在的一系列行为方式，指标笼统、定性且直接，侧重总结，缺乏对教与学过程的描述和画像。具体表现如下：

观测点不全面。教学评价指标过于看重在课堂当中的表现，往往会忽略课下的教学和全过程的内容，对在课堂教学当中的所有内容和行为方式并没有进行明确的阐述。

指标内容笼统。评价的所有内容缺乏对教与学过程的深入挖掘和描绘。如对“内容充实、信息有效，知识框架系统完整”“结合学科最新发展成果，适度拓展教学内容”等的评判缺乏认知，对于“使用普通话，语言清楚、明确”等评价是任何一个教师都应具备的最起码的标准，至于“课堂气氛融洽，师生间产生共鸣”“有效完成课堂教学目标，学生有较强的收获感和成就感”，如此一来使其在教学过程中过于表面化，很多教师并不会深入地对其进行研究和分析，从而导致教学评价方式并不能发挥出自身最大的作用和价值。

指标定性化倾向严重，目的指向过于单一化。很容易出现“单向滑道”式结果。教学评价的对象是教师，对于学生并没有过多的要求，学生无法对自我有较为清晰明确的认知，也无法提高学生的学习水平和学习习惯素养，不仅如此，还无法判断学生在学习过程中是否可以灵活地将理论知识应用到实践活动当中等。

出现上述问题的根源在于，传统教学评价将教与学过程割裂开来，没有对教与学全过程中的基本规律、观测方向等进行细致分析。但既往研究也形成了部分热点和趋势，为上述问题的解决提供了参照。

二、当前高校教学评价研究的热点及趋势

如上论述，高校教学评价研究已有60余年历史。21世纪该领域迎来了飞跃式进展。以2000年至2021年为时间跨度，以web of science社会科学引文索引（Social Sciences Citation Index，SSCI）作为数据源，设置主题检索词“university teaching evaluation”，共检索到2025条有效文献记录。

用词频统计法抽取上述文献标题和关键词，发现“教育”“高等教育”

“学生”和“学生评价”等词语出现的频率最高，并且学者对这些词语进行分析和探究的频率也是最高。综合上述分析，高校教学评价研究的热点话题和研究趋势概括如下：

（一）加强理论研究与实践探索互释互证

过去，许多高校过于看重对学生进行理论知识的讲授，往往忽略了实践活动的重要性和价值。理论知识固然重要，但是所有的理论知识都将融入现实生活当中，如果只对学生进行理论知识的传授，不进行相应的实践活动，那么当学生在现实生活中碰到此类问题时往往会不知所措。很多学者通过大量的实验和研究表明，实践活动在教学过程当中具有重要性和价值，所以各大高校应该充分地将理论知识与实践活动结合起来，开展一系列合理科学的实践活动，让学生积极主动地参与进来，使学生可以灵活地将理论知识运用到所有的实践活动当中。总体来讲，理论知识在一定程度上为实践活动的开展进行了铺垫。而对评价模式的创新探索，也会为理论发展带来新的突破。

（二）围绕课堂教学核心场域

高校课堂在研究中逐渐成为教学评价研究关注的核心场域。课堂是教学发生的场域，既然是教学评价研究，自然无法脱离课堂这一固有的场域。并且各大高校的教学质量和水平对今后的招生是非常重要的，其教学质量备受学生家长的关注。学校所开展的所有教学活动都是在课堂上进行，也是教学质量发展关注的核心场域。随着我国经济、科学技术等不断发展、不断进步，不仅教学的技术也发生了相应的调整和创新，教学的内容、目标、形式等方面也进行了相应的调整和完善。所以说课堂活动在理论知识的讲授当中是非常重要的。

（三）关注教师和学生主体

许多高校在开展的教学评价活动当中将教师与学生同等对待。学生在学校学习的习惯、知识点的理解程度等方面都与教师的教学水平有密切的联系，所以说在开展教学评价时，更加看重学生对教师的评价结果。但是在过去所开展的教学评价当中，许多研究者觉得教师和学生是单向主客体的存在，如此一来，降低了学生在教学过程当中的地位，并且还会对其教学的结果有一定程度的影响①。随着时代的不断发展、不断进步，教育部门对教学的内容等方面也作出了相应的调整和改变，现如今从过去的单项主客体关系已经逐步展现为交互性、多主体等关系。但是现在很多学者对于教学督导等方面的研究并没有过多关注，更多地是对教师和学生进行相应的分析和探究。

（四）整合多重研究方法

各大高校所开展的教学评价主要是通过教育的统计和测量所进行的，目前进行的教学评价过于倾向于科学主义。单一的质性取向、量化测量等都不能较为科学、公平、公正地体现教学评价的作用。过去的一系列教学内容和形式已经不再适应现如今的评价，所以说合理、科学、创新的评价内容是非常重要的。② 随着学者对其不断探究和分析，明确了定量和定性之间的关系，并将其所获得的研究成果在各大高校的教学评价活动中普遍应用，且取得了良好的成效，但是其探究的结论并不会止步于此，学者们还会对其进行更深层次的探究和分析，尤其是质性和量化研究之间的关系。

（五）深化实践中科技手段创新的反向力

各大高校教学评价研究的反向力主要是指在对教师进行评价时或者是所积累的丰富经验对未来评价体系有一定程度的规划的反作用力。③

教学评价实践活动并没有发挥出自身最大的作用和价值，在一定程度上会对高校的教学评价质量和水平产生影响，导致此种情况产生的原因主要是因为教学评价没有创新，不够新颖，过于老套的教学评价实践并不能适应现如今的社会和教育，甚至会出现很多消极因素对其产生影响。所以说我国的高校教学评价研究应该进行调整和规划，以科技手段创新带动教学评价实践发展，重视高校教学评价实践研究的公平公开性，保障其在开展过程中的合理科学性，将评价过程当中的质量和水平看作是唯一标准，

---

① 梅萍，贾月．近十年我国高校学生评教有效性问题研究述评［J］．现代大学教育，2013（4）：29.

② 袁振国．实证研究是教育学走向科学的必要途径［J］．华东师范大学学报（教育科学版），2017（3）：4.

③ 翟思卿．近十五年来我国教育评价研究的演进分析［D］．硕士学位论文．郑州：河南大学教育科学学院，2014：46.

让其外驱力成功转型为内驱力，提高高校教学评价实践活动当中的反作用力，为今后的评价内容质量打下坚实的理论和实践基础。

第四节　当前教学评价研究中的关键概念阐释

本节在梳理和阐释国内外教学评价研究中的“评定”“评测”“评价”“考评”几个关键概念的基础上，通过总结概念提出、应用发展及流变趋势，分析概念流变背后的理论原因及发展趋势。

一、“评定”和“评测”

（一）概念提出及应用发展

教育教学理论中的关键概念“评定”和“评测”，于20世纪初伴随教育心理学中的智力测量理论发展而几乎同步应运而生。

“评定”，指代一种检验教育过程的教育活动是否达到预期目的的重要环节，在20世纪60年代广泛应用于美国高等教育学的实验分支。自1968年哈佛大学教育心理学家罗森塔尔和雅各布森所做“教室中的皮格马利翁”的著名实验以来，类似可查证的评定效应研究已超过400个[①]。在我国，自1999年中共中央、国务院作出《关于深化教育改革全面推进素质教育的决定》起，教学“评定”即作为一种检验教学过程、教学实施对学生素质提升实际作用的环节被广泛应用。

“评测”，指代一种教学管理过程中测度学生水平以预设分层教育的重要手段。20世纪50年代，为应对大量欧亚移民学生涌入而造成的教学管理压力，被美国教育体系所广泛应用[②]。推广应用中衍生出了教学测量、测验等侧重技术手段的实践。

20世纪80年代后，随着国内教育教学规律研究不断深入以及受美国课程改革运动发展影响，侧重教学实践应用和技术手段的“评定”和“评

---

① 吴锡改．论教育评定［J］．中学教育，2002（03）：3－7.

② GIPPS. C. Scocio－culture aspects of assessment. Review of Research in Education，1999（24）：352－392.

测”，逐渐被更加综合、全面的“评价”概念所取代。自20世纪90年代起，“评定”和“评测”概念内涵固定为“教学过程中的一种正式的系统的利用笔和纸的方式收集信息的过程”①。

（二）概念界定

在提出、发展、应用过程中，“评定”和“评测”概念在教育教学评价理论中形成了较为权威的界定。

20世纪80年代，美国教育学家P. J. 希尔斯界定了教育教学过程中“评定”的内容和范围。“评定”指教育者在实施教育的过程中，对受教育者已形成的知识、能力、思想、品德、情操、人格等方面的素养进行考察、评议和鉴定的教育方式。它既是教育者经常用以调控教育过程的手段，也是教育过程所追求结果的表达方式，教育评定是教育过程中使教育活动达到预期目的的重要环节。任何一种教育过程都是沿着教育—评定—再教育—再评定的“线路”运行，直至完成教育任务。正是借助于评定，教育活动才得以有始有终，调控有序，稳步推进②。

20世纪40年代，美国教育心理学家史蒂文森（Stevens）对“评测”给出了基本界定，即“对教育教学过程中按照规则给客体和事件赋予数字的操作”③。根据此界定，“评测”的内涵是通过某种合适的工具或仪器，确定客体在某种属性上的量（表现为一定数值）的过程，这些数值通常在某一特定量表系统中被规定，通过比较客体在某种属性上的量级与其他量级间的量化关系而确定。

（三）概念的理论基础

“评定”和“评测”概念的共同理论基础是20世纪初获得极大发展的智力理论和教育心理学测量理论。

1904年，英国心理学家斯皮尔曼（C. E. Spearman）发表了关于一般智力的论文，提出智力结构“二因素说”，将智力因素分为“G”因素（一般因素）和“S”因素（特殊因素）。1905年，法国心理学家比奈

---

① AIRASIANPW. Classroom Assessment：Concepts and Applications（5th edition）. NewYork：McGraw－Hill，2005. 9－10.

② 金哲，等. 新学科辞海［M］. 成都：四川教育出版社，1994：694－695.

③ Stevens. S. S. On the theory of measurement［J］. Science，1946（103）：677－680.

（Binet. Alfred）和其助手西蒙（Theodore Simon）首次编制了世界上第一个智力量表——“比奈—西蒙智力量表”，用于不同教育需求的儿童智力鉴别。尽管斯皮尔曼和比奈对彼此的论著持有异议，但是智力理论和智力测量发展的相遇，激发了美国负责州立教育体系的管理者使用智力测验的热情。

（四）概念的核心内涵和流变趋势

共同的理论基础决定了“评定”“评测”概念核心内涵和流变趋势的趋同性，二者可以在不同场合互换使用。

首先，在对象方面，“评定”和“评测”共同指向受教育者。P. J. 希尔斯指出，教学评定的对象是学生和学生的学业进展。T. 胡森在 1985 年也明确指出，教学评定专门用于对人的评定①。

其次，在目标方面，“评定”和“评测”共同指向对学生学习情况的检验以及将其结果用于对学生进行分类、选择和分层的过程。

再次，在实现路径方面，“评定”和“评测”共同依赖于测验、测试技术手段的应用及量化结果分析。

最后，就其流变趋势来说，“评定”和“评测”在 20 世纪 90 年代后被更加全面综合的“评价”概念所取代。随后的“评定”和“评测”概念已经充分流变，其概念外延固定在教学评价相关活动中的操作性、表征性方面，而其概念内涵逐渐萎缩到收集数据用于检验受教效果的过程上。

二、“评价”

（一）概念提出及应用发展

教育教学理论中的关键概念“评价”，作为教育教学理论概念于 20 世纪 30 年代开始兴起，后逐渐取代“评定”“评测”，成为适应丰富课程改革和人才培养需要的评价理论核心概念。

20 世纪 30 年代，美国兴起课程改革运动，引发了隐含在教育测量实践中更丰富且复杂的“评价”概念兴起。作为这次课程改革运动的先驱，深受实用主义哲学家、教育家、心理学家杜威影响的著名教育家泰勒

① 金哲，等．新学科辞海［M］．成都：四川教育出版社，1994：694－695.

（R. W. Tyler）提出了评价理论。杜威特别重视非传统评测方法，主张对学生成长和学习过程进行测量。泰勒在杜威观点的基础上，将测量作为一个过程和方法应用于课程改进和课程价值目标达成度评定。为促进教育工作者将关注点从“评测”转而聚焦到“评价”上，泰勒于 1934 年开始实施了著名的“八年研究”，其目标取向的“评价”观念对之后评价领域的理论著作产生了长达几十年的深远影响，后续研究者普遍强调评价中要将基于目标的测量作为方法论指导。

1963 年，美国心理学家、教育学家克龙巴赫（Lee J. Cronbach）发表论文“通过评价改进课程”（Course Improvement though Evaluation），提倡对课程和教学实施过程及其相关影响因素评价的重视，主张从诊断和反馈的角度重新界定“评价”概念，将评价作为收集和报告对课程研制有指导意义信息的过程，由此促进了评价功能的改进和观念发展。

（二）概念界定

随着关于“评价”的研究深入和反思，教育评价的概念又被重新界定，评价的核心被阐明为价值判断。1967 年，美国课程评价专家斯克瑞文（Michael Scriven）首次提出“形成性评价”概念，并与“终结性评价”进行区分，从而将“评价”上升为综合评价，而不再仅局限于评测、测试、测验的范畴，斯克瑞文也成为“第一个也是主要的对于价值判断理论作出全面而明确阐述的评价理论家”①。评价，而不仅仅是测验，由此在课程评价领域开始盛行。

（三）概念的核心内涵和流变趋势

“评价”概念的提出和发展，标志着教育教学评价理论对“评测”“评定”式操作的反思，其内涵趋于综合、全面，围绕“价值判断”这一核心内涵，涉及教学评价的对象、目标、过程、方法、结果等方面。“教学评价”的核心内涵成为对教学过程中各个环节及效果作出综合价值判断。

在评价对象方面，教学评价不仅针对学生的学习效果，还将课程内容、教学手段和方法、授课质量、学生活动、学习兴趣、课程吸引力等教

① 王萍，高凌飚．“教育评价”概念变化溯源［J］．华南师范大学学报（社会科学版），2009（04）．

学过程及学生学习效果纳入评价对象范畴。

在评价目标方面，教学评价不再单纯关注对学生的评选和择优，而是将评价作为提升教学质量的中间环节，将评价目标设定在评定课程的有价值的目标构成和达成度上，终极指向是课程和教学的改进。

在评价过程方面，教学评价不再作为一个学生成绩的评定过程，而是作为一个关注教学全过程、全环节，并收集、报告课程教学有价值信息的过程。

在评价方法方面，教学评价吸纳了“评定”“评测”等概念的内涵，强调对教学实施和课程建设全过程及相关影响因素进行综合评价。

在评价结果方面，教学评价不再止步于学生成绩打分，而更强调评价结果对课程和教学实施过程的整体诊断和反馈作用。

“评价”概念的流变趋势体现了教育教学评价理论的突破式发展。“评价”概念已经超越了“评定”和“评测”，体现了外延和内涵的综合化、扩大化发展。“评价”的概念外延已经从对受教育者的选择、认证，扩大到对课程和教学实施全过程的关注。“评价”的概念内涵已经延伸到包含形成性评价和总结性评价，集合教学实施全过程的综合价值判断。

三、“考评”

（一）概念提出和概念界定

教育教学理论中的关键概念“考评”，自 20 世纪 80 年代以来在欧美教育教学理论论述中出现频率、密度同时升高，逐渐超越“评价”成为使用最频繁的教学评价概念。

“考评”概念提出的背景，是 20 世纪 80 年代以来美国社会、民众对高校教育教学质量和评价体系的质疑。首先是美国高校学能测试（SAT）成绩整体下降，导致用人单位对高等教育育人质量不满；其次是美国高校在教学业绩上的国际排名趋于下降。而原有教育教学评价体系，尤其是高校教育教学评价体系不能满足社会公众需要，急需教育教学评价改革方面的理论和实践创新。

在上述背景下，“考评”概念应运而生。美国评价学者维根斯（G. P. Wiggins）在英文“考评”一词“assessment”词根和拉丁动词“assidere”基础上，将“考评”解释为通过建立师生之间密切的联系，以及师生之间和生生之间的互动来获取信息，分享和解释信息，相互促进共同提高的过程。[①] 后来发展为被固定在教育教学评价理论中且被广泛接受的“考评”概念，即广泛收集、综合分析并解释信息的过程。

（二）概念的核心内涵和流变趋势

“考评”概念的提出和发展伴随着公众对教育教学评价原有体系的质疑，于是概念的核心内涵和流变趋于综合化，集中于回应社会现实需求，也标志着教育教学评价理论的长足发展。

“考评”的核心内涵是教学实施、学习过程中的检验、判断、改进活动。

在评价目标方面，“考评”内涵下构建了清晰的目标路线，即考评是根据相应理论内涵和价值标准进行的评价，其目标导向包括教学和学习过程指标、教学质量和课程质量指标、人才培养效果指标三个层次。

在评价方法方面，“考评”内涵下的评价方法远比学生个人成绩评定和教师个人荣誉评定丰富，其核心是在不受人工因素干扰的情况下，用更加科学、客观的方法和技术手段，实现对教学过程的综合判断。

在评价结果方面，“考评”包含了“评价”中“价值判断”这一核心要素，同时更加关注价值判断的结果去向，以及对结果进行反思和改进的过程。

“考评”概念的流变趋势反映了教育教学评价范式的整体综合化趋势——由评价作为外部环节监督教育教学到评价作为教育教学活动一个重要组成部分的转化。“考评”的概念外延体现了由关注单一对象到关注课程、教学和效果的交互作用方面的延伸，而“考评”的概念内涵体现了深入教与学全过程的综合价值判断。

四、概念流变原因及趋势分析

（一）内因：理论原因

教育教学评价理论中关键概念的界定、发展和流变都以教育心理学领域学习理论的学理逻辑为主要依托。上述概念综合化、扩大化的流变趋势

---

① AIRASIANPW. Classroom Assessment：Concepts and Applications（5th edition）. New York：McGraw－Hill，2005. 9－10.

正是符合了学习理论发展的内在要求。

20世纪20年代，行为主义学习理论开始盛行，代表人物是美国教育心理学家斯金纳（Burrhus F. Skinner）。行为主义学习理论认为，学习是直线式、循序渐进的过程，重复是最重要的教学方法，学习内容具有可分解性和非组织性。可分解性是指学习内容可分解为多个基本因素，可以对学习者进行系列基本技能的反复训练使其熟练且发展为综合能力。非组织性是指学习内容是非组织的，各种基本技能一旦被掌握，便具有广泛的可迁移性。在行为主义学习理论影响下，标准化测验开始盛行，于是，对应的教育教学评价关键概念成为“评定”和“评测”。

20世纪50年代，受计算机科学影响，学习过程科学研究不断深入，认知主义学习理论开始盛行。到60年代，随着布鲁纳（Jerome S. Bruner）、奥苏贝尔（David P. Ausubel）等大批教育心理学家的深入研究，认知主义心理学进入发展高峰期。在教学评价方面，认知主义心理学倡导者对标准化测验的理论基础和实践意义均进行了质疑和批判。认知主义心理学认为，新知识的学习必须进入一个认知结构形成的相关概念图式才具有意义，进而才能被学习者掌握。学习不是一个机械化输入和反复训练的过程，基于条件反射的学习并不能使人们掌握应付环境变化的模式和技能。该理念在教育评价领域获得了共识，泰勒也据此指出，教育评价最基本的假设与人们对学习者在学习中的角色的看法密切相关。学习应视为学习者发展自己的行为，以更好地适应环境、实现目标的过程。

20世纪80年代初，继认知主义之后，以皮亚杰（Jean Piaget）、维果斯基（Lev Vygotsky）为代表，建构主义学习理论兴起为又一场重要变革，他们认为学习并非只是记忆和解释知识，善于学习者通常具有良好的元认知策略，学习是个人知识及其意义的建构过程。元认知的核心是学习者通过自我考评或自我评价并进行自我学习规划。此外，建构主义学习理论将学习描述为一个复杂且多样化的过程，教学考评也相应需要多样化，以此满足对学生学习和理解的质量、结构进行更深入评测的要求。

综上，学习理论的发展由关注学习和教学过程中的单一变量到关注学习过程中的能力发挥及教育教学过程给予受教者影响等多种变量。教学评价理论在该趋势下，衍生出对教学评价范围、深度的拓展，教学评价关键概念的内涵、外延因而呈现综合化、扩大化趋势。

（二）外因：社会原因

学校教育教学活动以向社会输送人才为主要目标。教育教学理论中关键概念的界定、发展和流变都是由社会、政治、经济、文化多种力量共同造就的。具体来说，教学评价理论中的关键概念流变由社会对人才需求的标准转变而引发。

在工业化前中期，即便是发达国家，社会劳动力需求大多仍是非技能型的熟练劳动力。且当时社会教育资源有限，需要通过一定手段将具有一定知识基础和学习潜力的人才挑选出来继续学习，而基础差者则引导其尽早就业。因此，教育评价主要为满足这一社会经济目的，对人才进行测验、甄别和筛选的“评定”和“评测”。

随着科技和社会经济发展，新增职业和就业岗位更多需要具有管理、服务、科学和工程等专业技能的人才，对教育的需要随之迅速增长。这种背景下，教育教学评价不仅要能甄别和筛选，还应起到诊断问题和促进发展的作用。因此，“评价”应该提供有效信息，参与教育计划和行动过程，指导学生发挥潜力并成为有用的专业技能人才。同时，民主和平等观念不断提升，导致传统教育教学评价的基础产生动摇，通过测试选择人才的公平性受到质疑，人们开始关注课程、教学、考评的公平性，从而促进了全面、科学的价值判断观念的形成。

经济全球化之后，随着高科技产业的出现及其在经济中份量不断增大，人才和创造力的竞争成为国际竞争的突出表现，各国对人才资源后备和教育质量更加重视。许多国家开始通过考评来检测和促进教育发展与教学质量提升，一些发达国家还将经济增长与教育表现一起考察。政府使用更强调评价指标和过程评价的“考评”，教学评价关键概念的内涵和外延都趋于综合化、扩大化。

第三章
高校教学评价与过程考核一体化的提出及构想

在前文分析国内外教学评价理论研究中的关键概念流变趋势基础上，本章结合新时代教育精神和教育教学评价改革工作要点，抓住既有教学评价理论的遗留问题，以马克思主义“实践说”为指导，为其中价值论焦点问题找到出路，提出教学评价与过程考核一体化思考，并阐释其启发、内涵和意义。

第一节　教学评价与过程考核一体化的提出

教学评价与过程考核一体化理论的提出，贯彻了新时代教育精神和教育教学评价改革工作要点，沿袭了国内外教育教学评价理论发展趋势及关键概念综合化流变趋势，回应了高校教育教学评价的现状和遗留问题，从教与学过程的参与主体即评价主体——师生双主体的主体性释放出发，改进传统教学评价模式，促成“教师会教，学生会学”的理想格局。

一、理论启发

教育教学评价理论的发展和其中关键概念内涵流变趋势一致。在理论和概念外延方面，趋向于综合化、扩大化，而在理论和概念内涵方面，趋向于对教育教学活动的细化挖掘，将焦点置于师生的课堂行为和关系上。如此趋势，有着理论内部对学习规律细化研究和高校外部对育人质量综合化要求两方面原因。

（一）评价的外部性与内部性问题

国内外教育教学评价理论尽管成果丰富，但据前文分析，其焦点问题分歧始终存在，分歧主要集中于以下两个命题：其一，评价依赖于一套独立于实践之外、既定的价值标准；第二，评价来自当事人的观点判断。其中焦点是评价的外部性与内部性问题。

第一种观点的代表流派是美国斯坦福大学评价联合会（Standford Evaluation Consortium），代表人物是教学评价专家克朗巴赫（Cronbach）。该流派将教学评价定义为“对当前某个方案（Program）进行之中或者之后发生的各种事件的一种系统的考察（Examination），以便促进该方案或者具有同样目的的其他方案的改善（Improvement）”①。这显然是支持价值依靠一套既定标准的观点。

第二种观点的代表人物是美国教育教学评价家斯克瑞文（Scriven）。认为“评价是对客体的价值（Worth）或者优点（Merit）的判断（Judgment）。”这一定义明显是支持价值和评价相互依存，认为评价者（主体）必须对评价对象（客体）作出价值判断。

从字面上可将评价直观理解为评判价值，即对评价对象价值的评判。很多评价案例都包含有对评价对象不同维度特征的价值权衡。由此看第二种观点似乎更加恰当。在第二种观点下，客体的价值和优点是评价主体要作出区分的，且价值和优点不能等同。“优点”是褒义词，“价值”则是中性词，评价对象基于某个标准，在不同维度上的特征可能是好的、符合标准，也可能是坏的、不符合标准。因此，从效能角度观察，评价应该关注评价客体在不同维度上特征的质量，而能否成为优点，则须基于某种标准进行评判。

如此重新审视上述焦点问题的两种观点，便可发现其区别并非在于是否认可评价中的既定标准，而在于是否认可评价者，即评价主体，和教学过程的当事人等同，将该价值评判的权职交付于评价者手中。——这是评价的外部性与内部性问题，也是评价标准的统一性与个体性问题。

---

① Cronbach, L. J., Ambron. S. R., Dombusch, S. M., Hess, R. D., Homik, R. C., Phillips, D. C., Walker, D. E., & Weiner, S. S. (1980). Toward a reform of program evaluation. San Francisco, Jossey Bass.

按照第一种观点，对评价对象的价值评判并非评价者（Evaluator）的职责，而是评价对象或者当事人（Stakeholder）的权利。教育评价人员的职责在于系统调查评价对象在各个维度上的特征及数量值，而涉及质量和价值评判的问题则应提交至当事人（包括学校领导、教务、督导、教师、学生等）进行评价并决策。以第二种观点来看，则或由教育评价人员直接对评价数据的价值和质量作出评价并向当事人汇报，或由当事人成为评价成员直接参与评价全过程。因此，这两种评价流派观点的最大分歧在于：评价主体由谁来充当，其职责如何界定。

（二）价值论思考

当把视角深入到价值论这一教学评价研究的基础性、前提性问题时，不难发现上述焦点问题实质是关于价值存在的观点分歧所导致。尽管从概念溯源到现实含义，再到对各种价值现象的概括，都将“价值”定义为“事物对于人的‘意义’”，但是“进一步理解‘意义’的存在和实质，却在不同的哲学体系中有不同的基本回答”①，由此形成了价值论观点分歧。

上述第一种观点，明显站位于价值“实体说”立场，认为“价值是一种独立存在的实体或者现象体系”②。此观点下的教学评价理论认为可以通过对系列成功案例、教学现象的归纳得出系列既定标准，用于衡量、评价教学现象。其典型做法如上所述，是将教学评价的职责交给专门的独立于教与学活动之外的教学评价人员，提前制定调研方案和评价标准。如此一来，价值被处理成了独立于实践活动之外的一套实体，而评价的结果反馈也会引导被评价者（教师、学生）逐渐向这套先验的、既定的实体靠近，从而导致价值标准的绝对化僵局，反而不利于师生发展、进步。

上述第二种观点，明显站位于价值“观念说”立场，认为“价值是属于人的旨趣、情感、意向、态度和观念方面的感受状态”③。这就意味着，价值并非独立存在的实体，而是存在于主体的评价意识中。此观点下的教

---

① 李德顺．价值论——一种主体性的研究（第3版）［M］．北京：中国人民大学出版社，2013：27－28.

② 李德顺．价值论——一种主体性的研究（第3版）［M］．北京：中国人民大学出版社，2013：28.

③ 李德顺．价值论——一种主体性的研究（第3版）［M］．北京：中国人民大学出版社，2013：27.

学评价理论自然将评价职责授予身处教学活动中的学生，即当事人成为评价人员。但这种观点中的价值主观论倾向明显，颠倒了实际教与学全过程中的当事人主观意向与客观过程的关系，极易导致评价结果流于相对主义陷阱中，同样不利于评价作用有效发挥。

另外，从上述两种理论观点在当前教学评价实践中的应用来看，二者结合模式成为当前主流。这样虽然在表面上暂时缓解了上述问题，但置于价值论视野下，却并未真正触及问题的实质。且传统教学评价模式下常用最终分数来呈现评价结果，该结果会作为被评价者（一般是教师）划分级别的主要依据。这样，定量的分数转化成了定性评判的结果，为被评价者打上了“属性”的标签。这就又陷入了价值“属性说”的怪圈①。如果价值是一种属性，那么它是存在于客体本身的属性，还是主体所固有的本性和意志？如此追问在当前传统“学评教”模式下无法回答，于是作为价值标准的主体和作为评价结果的价值便同时失语、失效，也暴露出传统教学评价模式的种种不足，在前文已有论述，此处不再赘述。

（三）以马克思主义价值论指导教学评价

为寻找上述焦点问题的出路，仍需深入价值论实质中，找到一种更加辩证、综合的观点，作为价值判断和评价理论的基础。为此，本研究引入马克思主义“实践说”及其价值论，作为理论基础构建教学评价的合理范式。

马克思主义将“实践”定义为人类特有的对象性活动②，主体和客体是构成实践的两个基本关系项。于是，实践表现为一种人类特有的对象性关系，即主客体关系。价值是主客体关系的基本内容和要素。价值的本质是客体属性同人的主体尺度之间的一种统一。③ 由此，构成了马克思主义“实践说”及其价值论的重大突破——价值生成于对象性关系中主体的主体性发挥，但主体的需要、活动和实践体验等并不是主观的，而是客观

---

① 李德顺．价值论——一种主体性的研究（第 3 版）［M］．北京：中国人民大学出版社，2013：28 – 29.

② 参见马克思《关于费尔巴哈的提纲》（《马克思恩格斯选集》（第二版），第 1 卷，第 54 – 61 页）。

③ 李连科．世界的意义——价值论［M］．北京：人民出版社，1985：8 – 9.

的[1]，因此价值虽然出自主体，却是一种客观的、主客体相互作用过程及其对立统一的结果。

将这种理念作为教学评价与过程考核一体化思想提出的价值论基础。教学评价与过程考核一体化思想和模式的提出，可以为上述教学评价理论遗留问题提供解决路径，不仅丰富发展了既有教学评价理论，而且可以作为新时代高校教学评价改革实践的有力探索。

在马克思主义“实践说”指导下，教学过程中包含的教与学是两个实践活动，它们构成了一个不可分割的教学实践整体。教师和学生就是这个实践整体里的双主体，教师是教的主体，学生是学的主体。这里双主体的主体性释放构成了评价的基础。由此提出的教学评价与过程考核一体化思想，从师生双主体的职责和价值实现出发，为现有教学评价理论与模式带来了三方面创新：

第一，教学评价与过程考核一体化思想将教学持续过程中的师生关系界定为师生双主体交互关系，教学实践的价值取决于教师和学生双主体的主体性发挥，让学生同时作为评价者和自鉴者——既是对教师教学的评价者也是对自己学习过程的自鉴者。这就从根本上明确了教学评价的主体同时也应该是教学活动的主体，释放了主体性，保证了所评“价值”的来源可靠性；

第二，教学评价与过程考核一体化思想将教师和学生既作为两个相互独立的评价主体，又作为教学过程中两个彼此交互的主体，共同参与教与学的全过程，同时作出评价、鉴定，由此保证了教学的评价主体、体验主体、受益主体的同一性，保证了所评“价值”的内容全面性；

第三，教学评价与过程考核一体化实践依靠大数据和区块链技术的共识机制，建立起多主体共同参与共识建设的评鉴结果反馈，由此保证了在多主体共存的情况下，可以将结果的主观因素降到最低，保证了该过程伴随数据的信度和效度。形成真实、客观、科学的结果反馈取代单一分数反馈，引导师生发现、反思和改进，目标导向由“评价”向“鉴赏”过渡，实现师生共生、共创式课堂教学新格局。

---

① 参见《马克思恩格斯全集》（第一版），第23卷，第669页。

二、核心思考

教学评价与过程考核一体化思想的提出，源自对教与学过程中教师、学生双主体关系及其价值实现的深刻认识，形成了关于师生主体性成长、隐性契约、课堂场域持续描述、师生群体性成长进化的几点核心思考。在教与学过程中，双主体首先在共鸣、互动的基础上完成对象化活动，实现教学相长，其次又在彼此交互的对象化活动中相互促进，彼此监督，共同履行教学中的隐性“契约”。对课堂“场域”内双主体交互对象化活动中价值的连续跟踪和描述，可以同时实现对师生教与学的评价、考核和监督。

教学评价与过程考核一体化思想的提出，解决了评价的外部性与内部性问题，也解决了评价标准的统一性与个体性的问题。一体化体系中的评价标准不再是一套先验的标准，而是在评价活动中由去中心化的共识机制生成的，对教师和学生课堂行为的客观描述，逼近客观事实。个体化的描述是否符合真实发生的客观事实，其判断标准由去中心化共识机制完成，如此实现对教师的教和学生的学的一体化评价。而对客观事实描述的综合，则构成了对教师和学生的大数据画像。

（一）教学相长和师生主体性成长

从马克思对实践和价值的界定中不难看出，“在任何主客体关系中，站在主体地位上的一定是人，但作为客体的却不一定是非人”①。即主体在任何情况下，都只能是广义上的人，不能是物或者客观精神；而人也不仅仅是主体，人可以充当客体，事实上，在社会实践中，每个人都处于各种对象化关系中，因而人是主客体统一的。

对应到教学活动中，存在两个成对出现的对象化关系，即教和学。在“教”这个对象化关系中，教师是主体，学生是客体。在“学”这个对象化关系中，学生是主体，教师、教材是客体。这是教学活动中的师生双主体关系。

而教学活动中的教与学具有不可分割性，教是对学的先导和启发，学

---

① 李德顺．价值论——一种主体性的研究（第3版）［M］．北京：中国人民大学出版社，2013：32.

是对教的接受、认可和鉴析，所以师生双主体关系构成的是教的主体引导学的主体而共同建构的“我－你”关系。“我－你”关系不同于“我－它”关系，后者完全将“它”界定为客体，而前者“确立了对象‘你’的主体性身份”，因而“‘我’与‘你’均由此成为了人格主体，都实现了纯粹的绝对的自身圆满状态”①。这是一种促成双主体主体性成长的关系。

在马克思的界定中，所谓主体的主体性，以“积极地活动”② 为核心特征。即主体作为对象性关系中“建立者和推进者”的性质，“人的自主、有目的、主动、能动、自由地活动的地位和特性”才是“主体性”。当主体的主体性充分释放、充分互动，便有了主体性成长的三个维度：一是主体自身的规定性释放；二是主体“为我”倾向，即主体主动自为性增强；三是主体实现了自律和他律的统一。

以此为起点，深入教与学过程中的师生双主体对象化关系中，将教学评价与过程考核一体化完成，便激活了师生在教学过程中的“共同使命”，使双主体的主体性得到释放，实现了教学相长和师生主体性成长。

第一，主体自身的释放。教学评价与过程考核一体化的完成，要求学生要主动地参与学习，要求学生将自己现有的积累整合成听课理解，并用听课理解去评价本堂课的内容、气氛和教学方式方法等。如此要求，即认可了学生具备对课堂进行评价的能力，给予其自身学习积累、成就以便应用，也即学的主体的规定性和成果的客观释放。此时学生的所学有了所用，即主体的自身规定性合理充当了评价的依据，得到了充分释放。

第二，主体“自为性”的增强。师生互评的前提和基础是师生在课堂教学过程中实现有效交流。师生首先要在学生认真听课和教师认真授课的前提下，实现思想、知识、能力方面的共鸣、共振，才能互相评价。而同时评价结果影响着考核成绩，这就要求师生必须对自己的答案负责。这种机制倒逼学生和教师在课堂上认真完成“共同任务”，这是课堂教学的基本规范。这样，师生双主体的“为我”，即“主动自为性”，也即时刻保持积极主动的能动性，便在连续测评中被充分激活，双主体的“自为性”

---

① 尤西林．人文科学导论［M］．北京：高等教育出版社，2002：143.

② 参见《马克思恩格斯全集》（第一版），第19卷，第405页。

增强。

第三，主体实现了自律和他律的统一。利用大数据、区块链技术的共识机制和去中心化效应，在对全过程连续测评的伴随数据进行有效筛选、提取后，可以在师生互评的数据中得出课堂教学情况的真实描述、画像。而教学任务的完成效果是师生的“共同使命”，其评价结果作为对师生赋分的共同依据，也作为发现、检视问题的共同渠道。于是师生双主体需要积极探索实现自律和他律的统一，从而完成互相监督、共同进步。

（二）主体权责实现和隐性的“契约”

在上文所述马克思主义“实践说”及其价值论的界定中，主体性可以概括为“人在自己对象性行为中的权利和责任特征”①。对应到教学活动中，教学主体和学习主体分别承担着各自的主体责任和权利。二者的责任和权利因其一体化的交互关系而共同呈现为教学过程中的一份“隐性的‘契约’”。

“契约”思想来自现代社会学对“社会契约”的论述：个体是社会的策动者，个体享有均等的权利，但在自然状态下个人之间的竞争性和利害关系，让人性恶的一面不断扩展，于是需要制定社会契约。社会契约是对自然权利的法律界定，是对人与人相互关系的规范。在自然权利、社会契约和国家范畴的基础上，形成了一个庞大系统的思想体系，并逐步传播、充实，构成一个无形但实在的“场”，制约着所有人的思想和行为。

这是社会学中的显性和隐性契约。而其中的内在逻辑可以借鉴用于描述和界定师生思想力、精神力交互的教学“场域”内，师生双主体间的隐性的“契约”——教学即是教师承担“教好”和学生承担“学好”权利、责任的过程。教学活动中的师生共同承担着课堂场域的构建和教学效果的达成任务。这种关系论是课堂教学过程中的一份隐性的“契约”。

这样，教的主体，即教师，在教学中，享有教学、授课、价值引导的主体权利，也需要履行完成教学任务、实现教学效果的“契约”责任。学的主体，即学生，在教学中，享有听课、学习的权利，也需要履行接受教育和价值引领、实现学习效果的“契约”责任。

---

① 李德顺．价值论——一种主体性的研究（第3版）［M］．北京：中国人民大学出版社，2013：38.

教学评价与过程考核一体化思想在上述思想启发下的创新，在于真正建立教师、学生在课程学习过程中的“主体性”，让教师明确自己天然的“教学权利”和“教学责任”，让学生明确自己天然的“学习权利”和“学习责任”，从而引导师生共同“履约”，实现自身目标价值。

另外，在教学评价与过程考核一体化思想指导下，学习主体、教学主体及一体化评价机制间形成了一个“隐性契约”，单个主体通过共同的贡献构建出一个课堂“场域”，双主体在此过程中都可实现主体性成长。同时，一体化评价与考核系统利用“去中心化”的“共识机制”，为课堂“场域”持续画像，从而跟踪、监管教学全过程，引导其向理想课堂逼近，引导促进师生“群体进化”，实现共同受益、共同发展，最终导向“学生会学”“老师会教”的可持续进化格局。

（三）双主体主体性发挥和课堂“场域”构建

如前所述，教学评价与过程考核一体化思想重点围绕教与学两个对象化关系中的师生双主体关系，将双主体各自的责权履行情况和教学目标达成情况作为统一观测内容。基于师生交互的课堂教学“场域”即成为观测内容的主要呈现。通过对课堂“场域”的持续观测和记录提取生成的系列伴随数据，作为教学评价和过程考核的共同数据源。

“场域”一词原为物理学术语，指一种反映物质的空间构成的非物质存在。引入教育教学思想中，用以描述课堂这一教与学活动开展的“场域”。课堂“场域”指的是在一定教学文化及相应情境影响下，学生与教师在课堂展开各自活动和行为时，借助交互作用而产生影响和氛围的教学活动时空范畴。

传统教学观念多将课堂场域界定为教师向学生传递知识的空间和活动过程。教学效果取决于教师的教授能力和学生的学习能力。因此传统教学评价首先关注学生过程性考核，其次关注学生听课感受和满意度，基本呈现为单向的“学评教”式评价。

教学评价与过程考核一体化思想，重新定义课堂“场域”为基于课堂教学空间结构、以教与学活动为中心的师生思想和精神力共鸣、共振而形成的客观存在。这样，课堂“场域”的内涵集中于师生思想和精神力的共鸣、共振。

课堂“场域”具有四个维度：教师、学生、空间、时间。教师和学生是场域的构建者，空间是课堂场域的承载，时间是课堂场域的连续。理想的课堂“场域”能够极大激发师生的思想交互力，促进师生精神力、创作力共同提升。

“场域”的构成就是其他三个维度在时间轴的展开，也就是教与学两个对象化关系中的师生双主体交互过程的连续，也是教学评价与过程考核关注的对象。

如图 3－1 所示，课堂教与学过程的起点是双主体在思想上的交互，即共鸣。“共鸣”一词原本用于文学文化领域，指由于读者的思想情感或人生经历与作品中作家笔下人物有所相似或相通，从而受到打动而形成的一种强烈的心理感应。共鸣是作品能够成功吸引读者的关键。这里借用“共鸣”一词，描述课堂教学中师生的思想相互感染而达到一致和认同，于是师生体验感受相同或近似，生成共识，在课堂上实现自我约束与自我调控，进而共同完成教与学任务的情况。对应到课堂“场域”中，教师用教学启发学生，在思维上“邀请”学生加入到课堂思维交互中来，而学生接受“邀请”，对教师的教学活动有思考、认可和反应。这样，课堂“场域”的初级状态——“共鸣”就形成了。

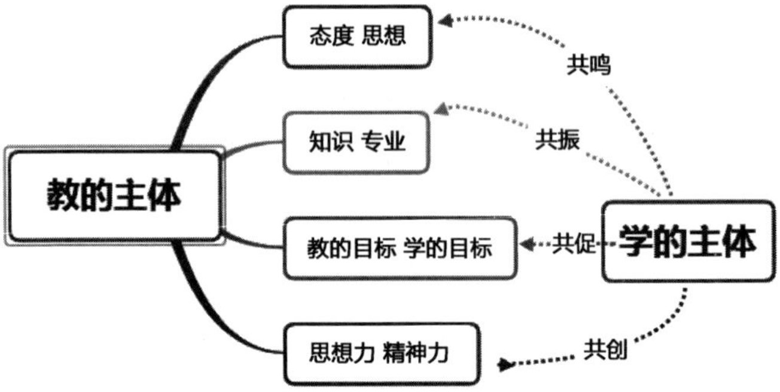

图 3－1　双主体交互和课堂“场域”构建示意图

下一阶段是课堂教与学过程的主干阶段，是双主体在思想交互之后的感悟与收获，即共振。“共振”一词原义指物理学现象，两物体振动频率相同而产生的相互促进和强化，称为“共振”。这里借用“共振”一词，描述师生在课堂场域形成互动、碰撞、融合、激发，达到提升和顿悟的状态，在专业、知识方面共同收获的情况。这是课堂“场域”构建的主干阶段。

课堂“场域”服务于教学目标的达成。在经历前两个阶段后，便达成了课堂教与学过程的效果阶段和拓展阶段。即师生双主体在教学目标上的共同达成、共同促进，即共促。师生双主体在思想、精神力方面的互相启迪和共同创新，即共创。

共鸣、共振、共促、共创是理想课堂“场域”的基本形态，在具体的教学活动中不存在严格的阶段划分，这四者共同描述的是课堂教学中师生思想交互的状态和课堂“场域”的形态。

（四）全过程连续性评价和师生的“群体进化”

在教学全过程中，课堂“场域”是在上述四层时空递进中完成构建的，而教学评价与过程考核一体化正是对这一过程的全程追踪和画像，从而完成全过程考核评价。

全过程评价是指对师生一堂课、一门课、一学期及学生四年大学本科学习周期、教师终身教学生涯的连续性评价、总结、优化。

基于上述思考，教学评价与过程考核一体化系统在实践中，设计指标体系和观测点，并进行连续性数据采集，以实现对教与学全过程的追踪、监管和反馈。这样，经过连续测评和反馈，师生双主体的主动参与性被激活，同时，将师生置于“群体”视野下，由个体成长带来的“群体进化”也相应实现了。

“群体进化”一词源自生物学家达尔文的进化论。当代学者有将其借用到文化传承方面，指人类群体内部的文化发展和进化，是文化创新、文化传播的综合结果。[①] 主要描述个体知识积累以及群体内部知识的交流持续发展而促成的群体的集体成长效应。其主要动力是群体内单独个体的利益和发展需要。“每个个体都希望自己的利益得到最大化，但是不断膨胀的利益获取欲望可能会侵犯别人的利益，所以就自然地产生了社会约束。文化进化正是在这种有约束的条件下不断得到完善和发展的，同时约束本身也在不断得到完善和发展。”[②]

师生“群体进化”主要体现在可连续的过程中，个体不断地学习、积累、约束、优化而形成的群体成长效应。

---

① 韩泉叶．人类进化特征及模型研究［J］．计算机工程与设计，2008（1）：135.

② 韩泉叶．人类进化特征及模型研究［J］．计算机工程与设计，2008（1）：136.

教学评价与过程考核一体化思想受此启发，如前文所述，课堂“场域”构建和隐性“契约”达成，将教学目标、教学设计落实到课堂教学过程中师生双主体的各自责任、权利上，通过去中心化共识机制、连续测评、智能模型等技术手段，实现个体之间的互相学习和促进，系统的进化和完善，引导师生实现主体性成长，并最终导向个体主体成长效应而促成的“群体进化”。

第二节　教学评价与过程考核一体化的内涵

基于上述思考，本节重点阐释教学评价与过程考核一体化思考的内涵，分析其践行习近平新时代教育教学指导思想并解决当前教学评价研究焦点问题的重要意义。第一，教学评价与过程考核一体化中包含“评鉴”，即对教与学的一体化评价；第二，对教师教学的评价与对学生学习的过程考核一体化，是用一套系统同时实现对教师教学和学生学习过程的效果评价，即教学评价与过程考核一体化。

一、“评鉴”是对教与学的一体化评价

教学评价与过程考核一体化思考（以下简称“一体化思考”），着力解决当前教学评价研究中的焦点遗留问题，即评价主体问题。将教与学过程中的教师和学生双主体，同时定义为“评”和“鉴”活动的主体，充分激发主体的参与感、收获感、责任感。将传统教与学过程和教学评价过程中的师生主客体关系重构为双向的主体性互动关系。

（一）“评鉴”具有自鉴性和成长性

一体化思考将学的主体，即学生，同时定义为教学活动的评价者、自鉴者和受益者。学生对教学活动和课堂的评鉴同时也是对自身学习过程和效果的自鉴。评鉴既是对教学的评价、鉴定、鉴赏，也是对评鉴者，即学生自身学习过程和学习效果的有效反馈、描述。真正意义上的评价和鉴定，只能在教与学双主体，即师生共鸣、共振、共促、共创的基础上才能完成。且评鉴者自身需具备评鉴要求的认知和能力才能完成有效评鉴，从这个意义上讲，“评鉴”也是“自鉴”，即对自身学习过程和学习效果的

鉴定。

如此思考源于三方面认识：第一，这里学的主体是具备知识储备、实践能力、判断能力、分辨能力的大学生，能够行使“评和鉴”的权利。第二，课堂“场域”构建过程中的基本规约是，师生双主体在世界观和价值观方面具备一定的一致性。在课堂教学中，教师是价值观的引领者，通过教学设计、方法与手段，引导学生进入思想力、精神力的共鸣、共振场域中。第三，在教与学活动中，师生双主体都有明确的责任和权利，都要受到隐性“契约”的约束，这就要求学生在遵守课堂纪律的同时积极参加到教学过程中。由此激活了双主体的主动性、自为性，促使其能够对课堂上发生的实际情况进行评价和鉴析。

这部分思考同样可在马克思的“实践说”中找到依据。马克思说：“社会生活在本质上是实践的。凡是把理论导致神秘主义的神秘东西，都能在人的实践中以及对这个实践的理解中得到合理解决。”① 实践是最好的老师。课堂教学实践是教师教学和学生学习最好的指导者。同时，实践是检验认识正确与否的唯一标准。正是在教学实践的反复检验中，教师和学生完成了教与学的精进，实现了“教师会教，学生会学”的理想格局。

对应到教与学全过程，学的主体在学习方面的认知收获需要投入到新的学习实践中进行检验，双主体在教与学全过程形成的评价及其背后的评价标准，都需要投入到新的教与学交互实践中获得检验。所以，一方面，所学即所用，对学生学习效果的合理检验来自学生自觉运用自身所学去评价、感悟、鉴赏现有学习，并开启新的学习过程。另一方面，所学即所评，在学习、评价、鉴赏、感悟的过程中，学的主体在不断进步，而其认识及评价标准也在现实地、历史地形成和发展变化，“学—评—鉴”三者统一于实践活动之中，共同记录、促进主体进步，并随主体进步而发展。

一体化思考正是抓住上述要点，实现“学—评—鉴”三者统一。第一，让学生成为课堂的评价者，引导学生由单纯认知目标的实现过渡到能力方法、思想感悟目标的实现；第二，让学生成为课堂的评价者和自鉴者，引导学生在对教学、课堂的评和鉴过程中同时生成对自身的自鉴，明确各自优势和劣势，由此让学生参与教学过程和评价过程的主体性得以充

① 《马克思恩格斯全集》（第二版），第1卷，第60页。

分释放。

（二）双主体“评鉴”中的师生共同成长

一体化思考将教学活动定义为教师、学生同时负责的活动，也是共同探究的过程。教师和学生两个主体在教与学、评与鉴中同时完成主体间的交互。“评鉴”将因共鸣而生的课堂场域构成作为教学活动开展的基础，通过双主体“隐性契约”下的权利责任约束，促成教师学生共同对课堂场域、气氛、效果负责的双主体交互格局，保证课堂上教与学活动的有效开展，促进教与学质量的全面提升。

这里“评”“鉴”一体思考的价值论依据是实践中的主客体双向作用原理。“实践中同时发生着、实现着主体对客体和客体对主体的双向作用。”① 教与学实践作为一个现实存在的整体，它始终是双主体、双客体相互作用的运行场域。“评鉴”正是对这个场域的全过程进行记录、约束、评价和激发。

首先，教学是教师承担教和学生承担学责任的过程。教学活动中的师生共同承担着课堂场域的构建和教学效果的达成任务。这种关系论是课堂教学过程中的一份隐性“契约”。而教学“评鉴”引导师生完成对各自任务的评和鉴，从而实现了对这份隐性“契约”达成度的检验和监督，保证了课堂教学效果的有效达成。

因而教学“评鉴”更加关注课堂上的师生双主体互动。教师要具有足够的敏锐性，意识到学生行为中信息的各种教学意义，而不是简单、直接对学生行为表现进行目标性评价。同时，学生也不再只是客观存在的一种教师评价自身教学的媒介，而是积极参与到交互过程中。在这样的“评鉴”过程中，学生感受到在课堂场域中被赋予某种权利，同时也意识到应当承担的相应责任，从而深化学生与课堂和学习的关系体验。在这种机制中，学生作为课堂场域的行为主体和评鉴主体，不仅在责任感的强化下积极完成学习任务，而且将自身学习成果融入集体学习成就，在完成学习任务、获取知识和技能的同时，也体验到参与、尊重、自我实现等积极情感收获，从而引导学生真正实现在教师、课堂引导下的主动学习、主动

① 李德顺．价值论——一种主体性的研究（第3版）［M］．北京：中国人民大学出版社，2013：42.

进步。

其次，教学是教学相长、互相激发和促进的过程。教学过程是师生围绕相应主题共同探究知识背后价值要素的互动过程。被动接受知识不是好的学习过程，好的学习过程一般表现为将知识作为对象渗透于师生积极互动、探究的过程。而教学“评鉴”正是以师生共评共鉴的形式，深入到师生对课堂的共同感知，由此关注师生互动过程中的价值要素生成和传递。

在积极互动、探究的过程中，教师与学生不是主导与被主导、控制与被控制的关系，而是平等对话、倾听、互动、理解、共创的关系，二者都是学习过程发展的合作者与推动者。师生共同参与教与学、评与鉴，教师和学生同时寻求进步，教师充分发挥掌握全面学科与专业知识的优势，积极引导与学生的互动，通过导入、讲解、提问、倾听、呈现、评价等方式和行为，实现对学生的价值引领和知识传授。学生在师生、生生互动中加深对教师理念、行为和知识的理解，充分表达意见、观点、疑问，从而达到教学相长，成为师生间持续互评互鉴的基础和源泉，实现对师生共同成长的有效促进。

再次，教学是教学主体引导下的双主体共鸣过程。教学“评鉴”认为师生共鸣才是教学活动有效开展的前提和基础。教师作为教的主体，是教学活动的引领者。而教师和学生同时作为教学活动的参与者、受益者，在自我评鉴和他者评鉴中实现了知识、精神、方法、策略的全面共鸣。

共鸣建立在表达双方对意义的协商和理解之上，当师生间互动实现了双方对意义的协商和理解，便可以形成师生共鸣。有效的师生共鸣是高效教学的前提。教学“评鉴”深入到师生共鸣机制背后，观测师生课堂行为中激发共鸣的要素，比如，提问、质疑等，追踪这些要素带来的师生收获、成效，以实现对教学过程和教学效果的观测和反馈。引导师生不断探索实现有效教学的最优方案。

二、教学评价与过程考核一体化具体内容

如前所述，教学过程中的教与学两个实践活动具有不可分割性。而在这两个实践活动中的师生双主体的对象性活动也是不可分割的，同时，教与学的效果具有一致性，这点体现在以下方面：第一，师生的价值实现是同向的。教学中教师是价值的引领者，同时双主体各自的价值实现过程中

存在着交互和融合。第二，决定教学效果达成和师生受益程度的关键是课堂“场域”的构建状态。“场域”是由教与学双主体思想力、精神力交互而构建的。学的主体运用自身所学来对教的主体、学的客体及课堂场域进行评价，这本身也是对学的主体的学习效果和认知水平的反馈。第三，教学活动的伴随数据和客观事实，既是对教师教的活动的客观描述和反映，也是对学生学习过程和学习效果的客观描述和反映。这是教学评价与过程考核一体化可以用一套系统同时实现对教师和学生赋分的逻辑依据。

（一）教师价值引领与师生价值实现的一体化

马克思主义理论在界定主客体相互作用的实践内容时，界定了价值的实质内容。在实践活动中，主客体相互作用，一方面，客体对主体有作用和影响，表现为主体对客体的接纳、感受，称为“主体客体化”；另一方面，主体对客体有作用和影响，表现为主体对客体的建构、选择、改造，称为“客体主体化”。①

这里的主客关系适用于主体是人而客体是物的情况。于是，价值是“客体的主体化”，是主体作用于客体的内容和效果。主体根据自己的思想和尺度，从观念和实体上去影响和改造客体，从而也实现自己的发展。马克思说“只有当物按照人的方式同人发生关系时，我才能在实践上按人的方式同物发生关系”②。指明了主体在一开始就规定了客体与自己相对应的方面，从而使客体的自在规定性被加以改造。

但是，将价值的实质内容具体到教学过程中，便能发现教学活动中的价值发生在教师价值引领和师生价值实现的一体化过程中。因为教的主体、客体，学的主体、客体，都是具有主观能动性的人——即师生构成了教与学的双主体。因此，上述论述中“主体客体化”和“客体主体化”两方面作用，在师生双主体的教与学实践中，都会产生价值，因而这里的价值是双向的、一体的。

在“教”这个对象性过程中，教师是主体，学生是客体。其中价值关系是一种以主体尺度为尺度的主客体关系，即是教师通过自身主体尺度来

---

① 李德顺．价值论——一种主体性的研究（第3版）［M］．北京：中国人民大学出版社，2013：43.

② 《马克思恩格斯选集》（第二版），第3卷，第304页。

引领和改造与学生的关系。在教学中，教师的主体尺度是具有一定价值观和思想内容底色的知识、技能等标准，教师教学过程即是以此来引领和改造学生的过程，教师同时在此过程中实现了“为我”，也即教师的价值引领和教师自身价值的一体化实现。

与此同时，主体对客体作用的定向机制，以主体的“目的”为具体表现。在教学中，教师的教学目标就是这里的主体“目的”，是教师作为主体改造和影响学生的定向机制。教学目标的达成，也是教师价值引领和教师自身价值的一体化实现。

在“学”这个对象性过程中，学生是主体，教师、教材是客体。学习过程中的主体对客体作用表现在两个方面：一方面，表现为一种价值关系，常见的表现是学生对教师提供的思想、知识、技能的消化、理解、建构过程；另一方面，表现为一种主体发起需要、目的，有针对性对客体作用的关系，即主体以自身需要和目的来改造客体的关系，常见的表现是学生产生学习需求和学习目的。

以上是对教和学两个过程的分述。而在实际教学过程中，这两个过程是不可分割的一体两面。同时，在生成价值的对象性关系方面，教和学两个过程有别于其他过程，二者具有明确的不可分割性，即两过程“一体化”。其原理集中于这个客观事实：在课堂教学中，教是学的先决和前提，同时，教的主体在“教”这一对象性活动中的需要和目的，与学的主体在“学”这一对象性活动中的需要和目的是统一的。因为“需要是主体的某种职责和任务，目的是需要的具体化”①，当教的主体和学的主体同时存在于教学场域内“隐性的契约”下时，两个主体便共同承担着实现教学目标的任务，所以这两个对象性活动必然是一体的，其中两个主体的价值实现也必然是一体的。由于“教”的过程的先决性，因此这里的价值实现过程就是教师价值引领和师生价值实现的一体化过程。

明确了教和学过程的不可分割性及其中师生价值实现的一体化原理，即可实现用同一套系统同时测评教师和学生，同时完成教学评价和过程考核。而一体化测评就是要重点观测教师和学生双主体各自价值实现过程中

---

① 李德顺．价值论——一种主体性的研究（第 3 版）［M］．北京：中国人民大学出版社，2013：44.

存在着交互和融合的关键——主体的需要和目的实现——教学效果。

（二）课堂教学效益与师生收获效应的一体化

如上所述，在以人为主客体的对象化关系中，价值的实质内容是“客体主体化”和“主体客体化”，其最终呈现于主客体相互作用的效果之中。价值论将这里的效果表述为两个方面：效益和效应。具体来说，效益是“主体存在和发展的肯定式结果”①，这是一个“已经发生”和“实现”的结果。效应是在效益基础上的主体收获，即主体将实现的价值进一步内化为自身结构的一部分，并由此产生新的需求和目的，进入下一次对象性活动。效应代表了主体价值实现的“扩大和深化的可能性”②。

对应到教学过程中，在一堂课这个教学周期内，教与学是不可分割的整体，教的主体和学的主体可以同时实现效益。教师实现教学过程中的主体需求和目的，就实现了教的效益；学生实现学习过程中的主体需求和目的，就实现了学的效益。前文论述了双主体需求和目的统一，于是此处教的效益和学的效益也就在一体化过程中同时实现。

在一堂课中，课堂“场域”的构建状态决定着教学目标的实现度。教师的储备、方法、能力等，学生的知识结构、方法、实践能力等，这些既是课堂“场域”能否形成，又是师生课堂受益能否实现的基础。而教学评价与过程考核一体化思想，用一套指标同时关注课堂“场域”的构建状态、课堂效益和师生各自贡献度，即关注高效的师生共同成长课堂是否达成，这便实现了对课堂效益、教学目标达成度的一体化观测和师生各自贡献度的一体化测评。

在一学期甚至更长的教学周期内，教的主体和学的主体收获的效应也是一体的、同步的。教的主体通过教学活动中的价值引领，实现了教的效益，也同时实现了自身价值。而在长期教学过程中，通过效益收获而回望自身，总结经验，生成新的需求和目的，带入到下一个教学周期中，又实现新的教学效益。如此推进往复，便实现了教的长期效应。正是这一过程中不断生成的需求和目的，被教的主体带入到教学中，从而为学的主体提

---

① 李德顺．价值论——一种主体性的研究（第3版）［M］．北京：中国人民大学出版社，2013：45.

② 同①。

出了更高要求，促使学的主体也在收获短期效益后不断回望自身，也生成新的需求和目的，进入下一个学习周期，实现新的学的效益。如此推进往复，便实现了学的长效效应。

这是双主体互相促进而实现的螺旋式上升过程。这个过程是一个无限延伸的“链条”，其终极指向是从课堂教学效益到师生收获效应无限延伸的理想状态。其中的教学效益和师生收获效应是长期一体化交互、互促状态。这是教学评价与过程考核长期全过程追踪和师生双方相互适应、相互引领的反映，从区块链技术的角度，即引导实现了群体进化。

而一体化考核要跟踪的关键测评点，就是能触发双主体通过效益收获而回望自身，生成新的需求和目的的触发点、结合点，如此循环往复、持续进化的过程。具体分为五个层次：一是一个学期的全过程，即观测从首堂课到末堂课的全部教学周期；二是每一节课的全过程，即关注到教与学的全部具体环节；三是每一个教学环节的全过程，包括每一个可能触发双主体互促的节点；四是每一个教学环节的内在逻辑线条全过程，重点关注其中每个目标的达成度及其逻辑关系；五是终身教学和学习的过程，重点关注群体的持续进化。

这样，单次的教学评价与过程考核一体化测评关注和反馈一次授课中的双主体价值收获，即作为结果的效益，描述的是教与学的“实然”状态；而长期的一体化测评跟踪历次教学周期中的双主体价值收获，即作为延伸的效应，引导师生共同关注教与学的“应然”状态。从而实现一体化测评的价值引领作用。

第三节　教学评价与过程考核一体化实践构想

本节沿续前两节对教学评价与过程考核一体化思想的阐释，延承马克思主义“实践说”价值论线索，论述教学评价与过程考核一体化（以下简称“一体化”）实践构想。

一、一体化实践的价值论依据

根据前文论述，在马克思主义“实践说”指导下，教学过程中包含的教与学是两个方面，它们是一个不可分割的整体。教学评价与过程考核一体化理论的提出，以马克思主义理论中“价值的本质是客体属性同主体尺度之间的统一”的思想为价值论基础。教师和学生互为教与学的主客体，教学活动正是教与学的统一。

一体化实践遵循上述理论依据，将原点定位于以“实践说”价值论为基础改造现有教学评价模式，推动新时代高校教学评价实践不断向前探索。

评价表明在主客体之间一定的价值关系中，客体是否能够或已经使主体的需要和愿望得到满足，客体是否适合主体的需要并使主体意识到这种适合。[①] 这个概念界定表明，客体是什么和具备什么、主体需要什么和能够接受什么，都是评价进行的前提；这两方面的动态结合，即表现为客观效果和事实结果，是评价结论的前提；评价结论的得出还有赖于一个重要过程，即在上述基础上的主体自我“认识自己”的过程。

上述界定为一体化实践提供了两点核心依据：

第一，界定了评价的主体和对象，为一体化实践的主体和对象提供了依据。

因为“‘主体的在场’是评价这种精神活动的根本特征”[②]，所以只有当评价者自己处于被认识的这一价值关系的主体范畴之内时，这种认识才能成为评价。也就是说，主体评价自身“在场”的价值关系，即评价活动的主体和价值关系的主体具有同一性。而评价的对象，“是这一价值关系的结果或成果”，即“价值事实”，“是主客体之间价值关系运动所形成的一种客观的、不依赖于评价者主观意识的存在状态，是一种‘客观’的事实”[③]。因为在价值关系中，主客体之间的相互作用过程是客观的存在，它的效果、结果也因此都是客观的存在，而对于价值的观测和验证，就在于对这些客观结果的观测和验证。

对应到一体化实践中，对教和学价值关系的认识，是一种评价活动，其中包括对价值关系结果、效果的认识，也包括主体对自我的认识。主体

① 李德顺．价值论——一种主体性的研究（第3版）［M］．北京：中国人民大学出版社，2013：154.

② 李德顺．价值论——一种主体性的研究（第3版）［M］．北京：中国人民大学出版社，2013：159.

③ 李德顺．价值论——一种主体性的研究（第3版）［M］．北京：中国人民大学出版社，2013：161.

对自我的认识也会受到客体的制约。具体来说，学生作为学的主体，其对自我的认识要受到教的内容、思想及其理解程度的制约；教师作为教的主体，其对自我的认识要受到学的反应、效果及其互动程度的制约。其中的价值关系也是一体化的。因此，一体化实践的主体和对象可以界定为：具体的评价主体由师生双主体来承担；双主体评价的对象集中于教学、学习活动的效果、成果上，对于一堂课为一个教学周期的观测，即是将评价对象集中在课堂“场域”的形成和效果上。

第二，界定了评价的根本特征，为一体化实践的核心路径提供了依据。

评价的根本特征是“主体的在场”，且评价主体也是在“认识自己”。这说明评价本身包含了一部分主体的自我描述内容。因此，评价的对象是“价值事实”而不是纯粹的“科学事实”。后者是纯粹自然物和客体存在的事实，而前者是主体通过本身的存在和变化而表现出来的事实。尽管二者本质都是客观的，但科学事实是客体性事实，而价值事实是主体性事实。评价正是对主体性事实的一种认识和描述。

对应到一体化评价中，师生双主体需要在对自我充分认识的基础上，在教学和学习价值关系中，认识到自我的存在和变化、进步表现出来的事实结果才能完成评价，这同时是对自我的审视和赏鉴。所以一体化实践的核心路径是，承认师生双主体的双重地位，既是评价者又是自鉴者，首先，收集师生双主体对课堂效果和自我表现的事实描述及伴随数据；其次，通过智能处理，筛选出数据中的价值事实共识，生成对教与学、师与生的画像和考评。前者主要通过一体化指标体系设计来实现，后者通过大数据、区块链技术等手段实现。

二、一体化指标体系设计思路

一体化指标体系设计是在上述价值论原理基础上，以价值事实为基础，以科学事实为导向，完成整个一体化系统构建，指导师生双主体实现“会教－会学”理想格局的关键环节。所谓“体系”，是指“人类为了某方面目的有意识建构的整体”①。一体化指标体系正是围绕师生双主体在教

① 张毅．中共百年历程中多党合作的演进：实践、理论与话语［J］．中央社会主义学院学报，2021（4）：74.

与学全过程中的价值事实评价这一基本目的而构建的，是一个集合价值标准和评价标准的有机整体。一体化指标体系的设计原理可概述为：深入教学活动双主体交互过程中的价值生成路径中，以含有价值事实元素与特质的基本价值观念为引领，汲取与价值引领相联系的一系列新时代教育指导思想，建设由不同层级的细化指标立体性融合的指标体系。

（一）指标的来源

一体化指标来源于对教学活动双主体交互过程中的价值生成的系统和深度把握。这里需要深入教学活动的双主体交互过程中，对教与学主客体关系作用中的价值生成路径进行全面、细化梳理。

教与学这两个对象化关系是成对出现的、不可分割的。在“教”这个对象化关系中，教师是主体，学生是客体。在“学”这个对象化关系中，学生是主体，学的客体是教师、教材。这是教学活动中的师生双主体及双客体。

根据前文所述，教与学的不可分割性首先源自上述师生双主体在价值关系中的主体需求和目的的一致性。具体来说，就是双主体、教与学两活动的价值效应和事实效果都是一致的。教师在教学过程中的职责也是作为主体的首要目的是教会学生，而这同样是学生作为学习主体的首要目的。由此过程产生的学生的学习效果，实质也反映了教师的教学效果，反之亦然。也就是教与学对象化关系中的价值事实，如图 3 -2 所示。

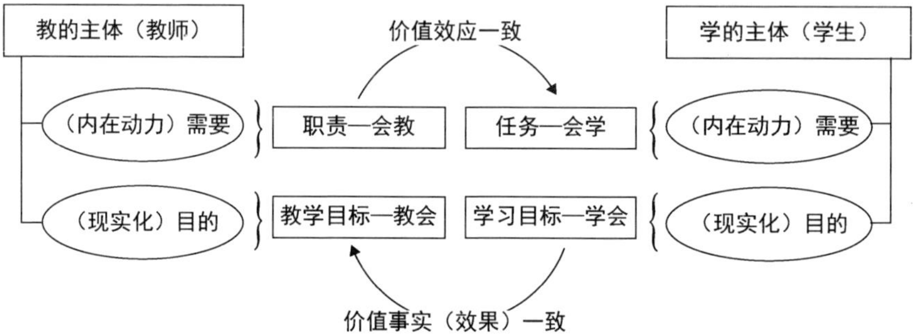

图 3 -2 教学双主体价值一致性关系示意图

因此，一体化可以用一套指标来同时实现对教与学实践过程的评价。

（二）体系的构成

一体化指标体系的构成包括两个层级，分别对应价值关系中的价值标准和评价标准。

第一层对应为主客体价值关系中的价值标准，是评价标准的最一般内容，也是评价标准提出的前提和依据。简言之，价值标准是“标准的标准”[①]。它集中反映事情的“应然”状态，描述事情“应该”是怎样的。对应到具体的价值关系中，它反映了价值事实中的价值程度，其背后是主体的需要和能力以及客体的本性和规律这两方面的统一。这是指标设计的指导思想和指标体系的基本框架。

第二层对应为具体价值关系评价中的评价标准，是对价值事实，即价值关系效果的描述。它集中反映事实的“实然”状态，即事实“是怎样”的，这构成了指标体系的各个观测点。系统将其与“应然”状态相比较，从而完成对教与学过程的指导和优化。

体系中的第一层，即对应价值标准的层次，是由一套包含三个层级的指标表述构成的，是评价活动和过程考核具体标准提出的前提和依据；而体系中的第二层，即对应评价标准的层次，是依据三级指标表述设计的具体标准，为测评卷提供具体的观测点。

（三）内容的设定

一体化指标体系的内容设定依照上述层级顺序，深入至教学活动双主体交互过程中的价值生成路径中，设定了价值标准层的四部分主体内容。

这里所说的“价值标准层”，即前文论述过的价值标准，集中反映价值事实中的价值程度。其背后的依据是主体的需要和能力、客体的本性和规律。

在“教”这一对象化关系中，教的主体，即教师，其需求和能力集中于新时代赋予教师这一职业的职责、使命上。具体来说，主体的需求来自时代环境对主体的客观要求，集中在教师的基本职业规范和育人使命两个方面；而主体的能力是主体现实具备的，集中在对教师职责、使

① 李德顺．价值论——一种主体性的研究（第3版）［M］．北京：中国人民大学出版社，2013：159.

命的具体实施上，如思想品质、知识储备、教学设计、教学实施的方法和策略等。

教的客体，即学生，其本性和规律也是价值事实形成的关键，其集中于学生在教师的引领下完成学习任务这一事实基础上。具体来说，客体的本性是客体现实具备的，就是为完成学习任务而自身具备的条件和主观努力程度，体现为学习收获和依此而来的个人成长两个方面；而客体的规律是客体应该达到的客观要求，可以表象为人才培养方案中的专业目标和“培养什么人”育人目标。

在“学”这一对象化关系中，学的主体，即学生，其需求和能力集中于学生的学习任务。具体来说，主体的需求来自时代环境对主体的客观要求，集中在学生的学习态度和具体学习任务上；而主体的能力是主体现实具备的，集中在对学习任务的具体实施上，如自身积累、学习方法和策略。

学的客体，即教师和教材，其本性和规律也是价值事实形成的关键，其集中于教师对学生的价值引领、知识传授上。具体来说，客体的本性是客体现实具备的，就是教师借用教材等媒介实现对学生的价值引领、知识传授、能力训练；客体的规律是客体应该达到的客观要求，就是教师应该传授给学生的专业素养和思维、思想。

虽然上文将教与学过程背后的主客关系分别论述，但在实际教学过程中，教与学是彼此交互、对立统一、不可分割的。教师是教的主体和学的客体的统一，学生是学的主体和教的客体的统一。师生双主体分别是教的主体和学的主体，但同时师生之间也构成了交互的主客关系——教师同时是学的客体，学生同时是教的客体。事实上，由于认知水平、专业经验等差异，师生双主体在教学活动发生之初，其作为主体的各自的需要、能力一定是有差异的，这些差异表现在内容、方法、思想等方面，而教学活动的本初原理即是通过师生双主体在课堂场域内的教与学交互过程来调和这种差异。这样，教与学的精进，以及“应该达到的”教学目标，即在双主体交互、高效对接过程中逐渐实现，最终逼近教学的“应然”状态——理想教学“场域”。这是一体化实践引导实现的终极目标，而其过程中的价值标准内容也正生成于此，如图 3－3 所示。

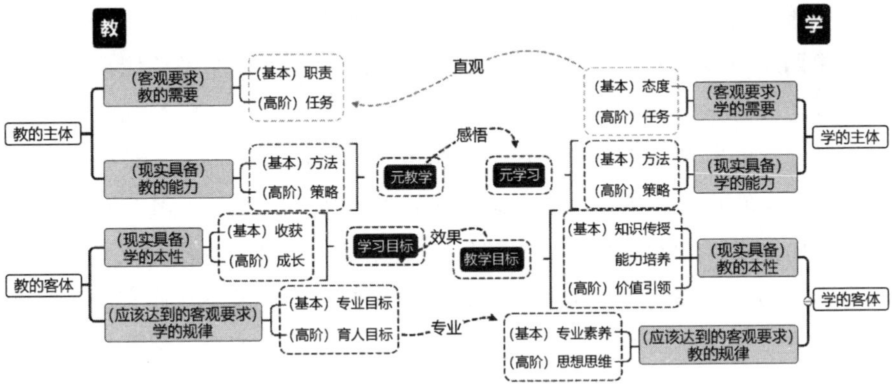

图 3－3　教学双主体/双客体一体化场域示意图

如上所述，教与学是不可分割的整体，双主体的行为本身都是这个系统中的元素。因此其中价值标准也是上面两对关系、四层内容的统一对接。这样就找到了价值标准层的四部分主体内容。

第一层对接，来自双主体的需要层的对接，即时代环境赋予双主体客观要求的统一。内容集中于两个主体各自职责、任务的初级完成效果。即课堂“场域”是否成形。其中对应的价值标准内容是：师生行为规范、课堂秩序、课堂气氛、课堂组织等。这部分就内容而言，指向“价值事实”初级效果；就形式而言，在评价形式中位于初级直观、心理层，构成了整个指标体系的第一个一级指标——直观评价指标。

第二层对接，来自双主体的能力层的对接，即双主体所具备的现实能力的统一。内容集中于两个主体各自的思想、方法、策略及其进步过程。其中对应的价值标准内容是：师生思考力、思想力的共同进步。这部分就内容而言，指向“价值事实”的高级效果；就形式而言，在评价形成中位于观念、思想层，构成了整个指标体系的第二个一级指标——感悟评价指标。

第三层对接，来自两个客体的本性层的对接，即两个客体的现实本性的统一。内容集中于教与学两对价值关系的核心效果。即教学效果是否达成。其中对应的价值标准内容是：学生的学习效果和教师的教学效果的统一，即教师对学生的知识、能力、价值引领是否达成——教师是否用自身的知行来引领学生知行，并共同实现知行合一。这部分就内容而言，指向“价值事实”的核心效果；就形式而言，在评价形式中位于理论、实践层，构成了整个指标体系的第三个一级指标——效果评价指标。

第四层对接，来自两个客体的规律层的对接，即两个客体应该达到的客观要求的统一。内容集中于本专业教学内容、本专业育人目标对教与学、师与生的客观要求，也决定了价值事实是否能够达成。即教师引领下的学生专业知识、能力、素养、思想等学习目标是否达成。其中对应的价值标准内容是：专业、课程内容和教师专业传授、价值引领的统一。这部分就内容而言，指向“价值事实”核心效果的基础；就形式而言，在评价形式中位于理论、实践层，构成了整个指标体系的第四个一级指标——专业评价指标。

第四章
高校教学评价与过程考核一体化实现路径与创新

上一章重点阐释了教学评价与过程考核一体化思想的内涵和启发，并沿袭马克思主义“实践说”价值论线索，提出一体化实践构想。本章沿续上一章，论述一体化实践的具体路径、技术要点和创新点。

我们把教与学过程中双主体完全履行各自责任义务而形成的“理想的课堂场域”定义为应然状态；将实际教学过程中形成的“事实课堂场域”定义为实然状态；将描述课堂教学应然状态的一体化评价指标体系导入智能系统，作为“价值标准”即评价的依据。以教学过程伴随数据为基础，通过区块链核心技术中的去中心化共识机制，形成对教与学全过程的实然状态的准确记录，即“价值事实”。在智能系统中构建智能评测数据模型，进行实然状态和应然状态的比对分析，完成对教师的教学评价和对学生学习过程的考核。

以上过程循环往复，引导“实然状态”向“应然状态”不断逼近，并完成对教师教学和学生学习效果的持续性画像，引导实现双主体的自我优化和群体进化。

第一节　教学评价与过程考核一体化实现路径

沿续上述思考，本研究将教学评价与过程考核一体化系统的具体实现路径分为五个阶段：

第一，将教与学过程中双主体完全履行各自责任义务而形成的“理想的课堂场域”定义为应然状态；将实际教学过程中形成的“事实课堂场域”定义为实然状态；

第二，研发一体化智能系统，将描述课堂教学应然状态的一体化评价指标体系导入智能系统，作为“价值标准”即评价的依据；

第三，以教学过程伴随数据为基础，通过区块链核心技术中的去中心化共识机制，形成对教与学全过程的实然状态的准确记录，即“价值事实”；

第四，在智能系统中构建智能评测数据模型，进行实然状态和应然状态的比对分析，完成对教师的教学评价和对学生学习过程的考核；

第五，在较长教学周期内持续测评和不断反馈，实现教与学实然状态向应然状态不断逼近，实现双主体的自我优化和群体进化。

一、一体化评价路径的关键问题和技术原理

（一）关键问题

一体化实践解决的最关键问题是评价数据的去中心化处理和共识挖掘。对应到上面五个阶段中的第三阶段。这实际上是攻克了评价实践中如何挖掘价值事实共识这一难点、焦点问题。正如上文所述，一体化实践是师生双主体对教学和学习两对价值关系的评价活动，其评价对象是教学、学习活动的效果、成果，是对价值关系中的价值事实的评价。而价值事实不同于科学事实，是一种主体性事实。也就是说，在评价实践激发了师生双主体参与课堂“场域”建构的主体性发挥的前提下，尽管在课堂上的单次评价的对象都是一致的（都是这个课堂），但是价值事实并不是单一的，而是有多少主体就有多少对应认识下的价值事实。因此，即使是同一堂课，评价的结果也是多样的。此时，如何从众多结果中剔除掉敷衍、虚伪、强制等主观随意因素，找到最能反映课堂“实然”情况的客观事实，就成为一体化实践中的难点、焦点问题。

传统的教学评价实践在这一难点问题上往往采取两种极端的做法。一是强制师生在某些先验的、既定的评分框架内互相评分，这样看似前期依据充分，却忽略了评价主体的能动发挥，导致不听课也能打分的随意性现象严重，这样评价主体失语，评价结果流于空泛。二是放任课堂教学和评价中的主观随意因素，将其反馈给教师和学生，这样看似“尊重事实”，却让评价反馈结果的科学性、客观性大打折扣，师生即使了解结果也无益

于改进和提高，最终导致评价结果无人关注、评价反馈丧失实效。显然，此二种做法都没有真正解决难点问题。

在此方面，一体化实践依靠科技赋能，应用大数据、区块链技术手段，使该问题得到合理解决，为教学评价带来了创新进展。解决该问题的原理突破来自承认不同评价之间在多样性基础上可以找到共识——价值事实的共同性，从而得到统一和综合的结果。这点在价值论中的依据也显而易见，“评价的形式可以是主观的，但评价的内容一定是客观的”①，纯粹主观的、完全不符合客观内容的评价是不存在的。所以多样的评价结果背后一定存在一个统一的客观共识，而解决上述问题的关键就是找到这种共识，也即找到实践中价值事实的共同性。一体化评价的突破就是依靠技术手段来真正找到评价背后的客观共识。在此，一体化实践主要借用伴随式数据采集、连续性测评、区块链共识机制、群体智能四个关键的技术手段来完成对价值共识的挖掘，记录课堂“实然”状态。

（二）主要技术原理

1. 伴随式数据采集

（1）伴随式数据的概念

中共中央、国务院印发的《中国教育现代化2035》和《加快推进教育现代化实施方案（2018—2022年）》明确指出，加快教育现代化是赶超世界先进教育水平的重要战略部署。随着教育教学信息化水平的不断提高，大量的教学活动数据、多维度的师生互动数据、多节点的智能检测数据、跨平台跨产品的交互数据，以及师生对课堂的反馈和评价不断产生，并以数据流的形式生成且伴随着教学活动的各个环节。伴随式数据的概念由此而生。

这些数据是教与学双主体课堂教学活动的客观反映，也是评价、驱动和调整教学活动的重要依据。采集伴随式数据对于驱动教育决策科学化、教学管理现代化和评价体系全面化具有重要意义。

（2）伴随式数据的采集方法

教学活动中的伴随式数据具有实时性强、场景多样、量化困难、汇聚

---

① 李德顺．价值论——一种主体性的研究（第3版）［M］．北京：中国人民大学出版社，2013：187.

复杂的特点。由于数据来源多样且结构化、半结构化和非结构化的数据同时存在，伴随式数据的采集方法也呈现出多样化的特点。一般来说，伴随式数据可以采取伴随式采集为主，集中式和周期式采集为辅的方式进行。

伴随式采集主要是借助教育信息管理系统采集用户的主观数据（课程评测数据）和客观数据（包括学生的学习时长、作业提交情况、师生交互数据以及由新型可穿戴设备抽取出的生理表征和行为习惯等）。这些数据普遍具有密集性、动态性、复杂性、全面性的特点。

集中式采集的对象主要是宏观层面且标准化程度较高、一般不会发生频繁变化的数据。如学生的家庭情况、成长经历等。这些数据有助于获得针对特定分析对象的全面且丰富的理解。

周期性采集的主要对象是学习环境、教学运行情况、教学质量反馈等周期性监控数据。通常这类数据具有较为固定的变化周期（如以学期为单位进行采集）。这些数据对于教学评价也具有重要意义。

2. 连续性测评

连续性测评即以特定的频率和周期，持续性地通过教学评测问卷和其他途径不断收集教师和学生对课堂教学活动的评价数据。这一过程具有一致性、体系性和智能性。

连续性测评的一致性是指对于连续性测评中的各次具体测评过程均指向同一个目标，即引导课堂教学活动的参与者不断改进，最终达到“教师会教、学生会学”的理想“场域”。

连续性测评的体系性是指依据教育教学和学生认知的基本规律，安排在学期中不同时间节点的各次具体测评过程对应的教学评价指标体系中的方向和侧重点有所不同，这些不同的方向和侧重点构成了完整的教学评价指标体系。而各次测评的结果也完整刻画和客观反映了教学过程。

连续性测评的智能性是指尽管各次测评的具体内容是相对固定的，但具体的测试题目仍然会根据前期测评的分析结果进行智能化调整，以更加真实有效地观测和反映课堂的“实然”状态。

3. 区块链共识机制

（1）区块链的技术原理

2008 年，中本聪在《比特币：一种点对点的电子现金系统》中首次提出了区块链的技术原型。当时，区块链技术被作为构建比特币数据结构和教育信息加密传输的基础设施。从本质上看，区块链是一种分布式的数据库。该数据库中存储的是加密的“区块”，区块按照产生的时间顺序连接到一起，构成“区块链”。这些数据被分别独立地存储在分布式数据库的各个节点中。

区块链技术的主要特点是去中心化、开放性、自治性、信息不可篡改和匿名性。

去中心化，是指由于区块链使用分布式核算和存储，不存在中心化的硬件或管理机构，任意节点的权利和义务都是均等的，系统中的数据块由整个系统中具有维护功能的节点来共同维护。

开放性，是指区块链系统是开放的，除了对交易各方的私有信息进行加密，区块链数据对所有人公开，任何人都能通过公开的接口，对区块链数据进行查询并能开发相关应用，整个系统的信息高度透明。

自治性，是指区块链采用基于协商一致的规范和协议（如公开透明的算法），使系统中的所有节点都能在去信任的环境中自由安全地交换数据，让对“人”的信任改成对机器的信任，任何人为的干预都无法发挥作用。

信息不可篡改，即一旦信息经过验证并添加到区块链，就会被永久地存储起来，除非同时控制系统中超过51%的节点，否则单个节点上对数据库的修改是无效的。正因如此，区块链数据的稳定性和可靠性都非常高，区块链技术从根本上改变了中心化的信用创建方式，通过数学原理而非中心化信用机构来低成本地建立信用。

匿名性，是指节点之间的交换遵循固定算法，其数据交互是无须信任的，交易对手不用通过公开身份的方式让对方对自己产生信任，有利于信用的累计。

（2）区块链中的共识机制

在区块链当中，如果所有节点同时写入账本数据，肯定会出现数据不一致的情况。因此需要一种机制来保证区块链中的每一区块只能由一个节点来负责写入，如何选出写入账本数据的节点，这就是共识机制。让平等的参与者按照某种秩序（共识算法）达成一致意见。共识算法的设定决定了区块链的一些技术特性，如安全性、吞吐量和时延等。目前较为常见的有 PoW、PoS、DPoS 等共识算法。

广义来看，所谓共识机制，是一种多方协作的机制。旨在保障多方在安全可信、难以欺诈的模式下，最终达成相互认可的一致性结果，从而解决多方信任问题。这一点与人类社会中对“共识”的理解是一致的。

除共识机制之外，激励机制是区块链的另外一大核心价值。区块链为参与方提供了一种特定的激励机制——通过区块链，令数据使用方、所有方、加工方形成数据交换闭环，使各方贡献的数据权益得以清晰记账，并计算出数据权益在使用中所产生的价值。

4. 群体智能

(1) 群体智能的产生

生物界中的蚂蚁、鸟和蜜蜂等动物具有较为单一和低级的个体行为，但作为群居动物，蚁群、鸟群和蜂群却表现出整体的高度智能。研究发现，造成这种现象的原因是生物群体活动的过程中，个体在自主探索的同时，会通过一定的规则，互相交换一定的信息，个体会通过交换的信息判断自身的状态，进而调整各自的行为，使个体不断向最优方向和最优状态迈进。由此，优秀信息不断扩散，个体状态不断更新和优化，整体种群不断改进。

由此，群体智能（Swarm Intelligence）的概念被提出。群体智能，即生物通过个体探索、信息交互与群体协作的方式，表现出复杂的智能行为。

(2) 群体智能算法的基本思想

群体智能算法主要包括遗传算法、蚁群算法、粒子群算法和人工免疫算法等。以遗传算法为例，其主要参考对象为自然界中的生物遗传与进化机理。即通过对生物遗传和进化过程中选择、交叉、变异机理的模仿，完成对问题最优解的自适应搜索过程。

需要说明的是，生物进化过程中遵循“物竞天择，适者生存”的基本规律，因此对于遗传算法，尽管搜索过程是自适应的，但仍然需要设定一个竞争标准或者生物适应环境的评价标准，并在此标准下评定出较为优秀的个体，进入下一代种群。其他群体智能算法的基本思想类似。

二、技术赋能教学评价与过程考核一体化实现路径

（一）伴随式数据采集，记录“实然状态”

通过伴随式的数据采集，可以形成覆盖教学全过程的海量数据集，这

些数据具有多源、异构、动态的特性。进一步地，通过智能评价模型，这些数据可以被深层次地分析和挖掘，以更准确、客观地反映教学全过程中教师的授课情况和学生的学习情况。随着收集的信息在数量上越来越多，在广度和深度上越来越全面，数据分析结果的精确性和可靠性也会越来越高，相应地，这一分析结果对教学过程评价的权威性和指导性也会更加显著。

此外，相较于传统的教学评价模式，伴随式数据采集更多运用了物联网、大数据和人工智能等新一代信息技术手段，这不但降低了教师和学生参与教学评价的工作量，也使数据采集更加客观、准确和及时。

（二）区块链共识机制，生成“价值事实”

区块链技术的出现和发展为教育评价改革提供了新的思路。目前国内外对于在教育领域应用区块链技术还处于萌芽时期，目前较为成熟的应用主要是使用区块链记录学生学习成绩。区块链成绩单可以记录学生在校期间的学习过程、学习结果、教师评价等多方面数据，且数据不会丢失或篡改，有助于学校教学管理工作更加透明、公开。此外，区块链技术在教育评价领域还可以用于学习者信息管理、教育声誉系统和学生档案袋评价。对于学习者信息管理，区块链技术通过分布式记录存储，将学习者的学籍信息、学历信息、成绩信息和奖惩信息等进行记录，用人单位或其他机构可以在获得授权后使用密钥查看、验证学习者的信息，并可以有效防止学习者的隐私信息被泄露，实现信息的可控、可信共享，并可以提高信息的公信力。

在一体化评价系统当中，除了利用区块链作为底层的数据存储设施，进行学生数据的可控、可信共享，实现上述各项功能之外，还借用区块链中多方协作，最终达成一致性结果的共识思想实现了对学生、教师和课堂教学效果的综合评价，这也是一体化评价系统的重要创新点之一。第四代教育评价理论以利益相关者的不同诉求为出发点，通过建立评价主体和利益相关者之间的协商机制，发挥评价者的主导作用，不断协调“参与主体”各方观点间的冲突、分歧，最后建构出大家普遍认可的“共识”，从而在评价主体与利益相关者间进行“价值协调”，确立一个科学的、大家公认的价值中立标准，以促进不同价值主体间的“价值共享”，最大限度地调和评价主体间的“价值差异”。这与区块链中的“共识机制”在思想和实践中具有较高的一致性。

进一步地，一体化评价系统中也利用区块链技术中激励机制的原理实现了教育评价中的激励。引入“信誉币”的概念，将其作为教育主体规范参与区块链工作的激励载体，从而激发其工作的积极性。教育主体的信誉币数量既直接影响其记账的权益，也可与教育评价挂钩，从而推动以区块链数据为主导的教育评价改革。在长期评价过程中信用值较高、评价结果较好的学生，将会在系统下一轮评价中获得更高的话语权，同时也可以获得学分激励。这将鼓励参与教育评价的所有个体认真参与学习过程和评价过程，也有助于系统评价更加精准和高效。而更加精准的课堂和教师评价，必将导致对认真参与学习和评价过程的学生的更精准识别，二者相互促进，形成良性闭环。

（三）连续性测评，引导实现“群体智能”

教学质量的监测是一个复杂且长期的过程，对课堂教学进行连续性测评，持续地收集教师和学生对课堂教学活动的评价数据和其他课堂教学相关数据，是保证教学评价客观、全面、准确的前提。

进一步地，连续性测评也构建了对参与教学活动的师生双方的持续监督和改进机制。通过连续性测评，促使师生双方对课堂教学高度重视，同时具有不断改进教学效果的动力。另外，连续性测评也为师生双方提供了丈量教学效果的“标尺”和改进教学过程的“路标”，促使师生双方朝着“教师会教、学生会学”的理想“场域”不断改进。

教学质量的改进是一个动态化的复杂过程，“评价反馈、持续改进”是获得预期改进效果的关键条件。只有发挥好教学评价的调控反馈功能，将对教学质量的“评价—反馈—改进”过程持续贯通于教育教学的各个环节，才能推动教学质量不断改进的目标顺利达成。连续性测评正是促进这一过程持续贯通的重要抓手和关键措施。

群体智能思想源于对群居生物智能行为的观察与模拟。课堂教学属于群体行为，学生的学习、研究过程与生物个体的“自主探索”行为具有一定的相似性。学生和教师之间以及学生间在课堂上的交流、研讨与课堂氛围的共同营造承担了信息交互的功能。学生之间在课堂上的交流、协作与生物的“群体合作”具有一定的相似性。因此，以群体智能思想指导教学实践具有可行性。

同时，生物进化遵循“物竞天择，适者生存”的基本规律，群体智能算法一般也需要设定一个评价标准。这个标准既可以评价个体适应度，也是引导个体进行自适应搜索和进化的方向，由区块链共识机制形成的客观共识恰好可以承担这一职能。即一方面作为学生学习过程的评价标准，另一方面也作为师生不断改进自身教学过程和学习过程，提高学习效果的努力方向。

第二节　教学评价与过程考核一体化路径创新

教学评价与过程考核一体化实现路径，是在新时代教育思想指导下，对当前高校教学评价范式改革的有力尝试。依照上述原理和路径，在评价导向、技术手段方面，都实现了创新和突破，同时实现了教与学全过程监督管理，更新了现有教学评价模式、教学管理模式，全面激发了师生双主体的主体性发挥，构建了“师生成长共同体”。

一、评价导向创新

（一）成长性

传统教学评价一般由不同评价主体在学期中分别实施，将评价对象主要针对于教师，是对教师的单向赋分，存在较强的主观性、随意性、趋向性，而且与客观事实关联性差，评价主体往往置身事外，缺少自洽性。评价结果可以在一定程度上引导教师不断优化教学内容和教学方法、提升教学水平，起到对教师成长的促进。但由于评价焦点集中于教师，评价结果对学生成长的促进效果几乎可以忽略。

在一体化教学评价中，终极目标是教学活动的效果提升，而教学效果是一个多维度的对象，既包括学生的学习效果，也包括促进学生学习效果的多维因素，比如课堂场域的各个要素等。一体化评价系统不仅重视教师的成长，而且更加重视学生成长，将课堂教学全过程的亲身参与者学生和教师作为评价的主体，把双主体全程交互、即时反馈而构建的师生思想与精神力动态交互的高效课堂场域作为评价对象和要达成的目标，实现了课堂场域的递进式发展。一体化评价的成长性导向主要体现在四个方面：

一是评价指标体系引领性成长。一体化评价指标体系结合教学过程及其中的内在逻辑，遵循历史性与逻辑性统一的方法论原则，确定了“直观评价”“专业评价”“效果评价”“感悟评价”四个有序的基本层次，总体呈现出由基础、单一、直观、低阶，向复合、整体、高阶成长和发展的态势，既符合教与学双主体成长的规律，也符合事物发展和认识发展的规律，呈现出一种科学的有机结构特征。评价指标体系从评价主体、评价内容、评价方法、评价工具、评价反馈等方面都突出教育评价的成长性导向，充分发挥评价的激励、导向和促进成长的功能，使评价过程成为引领、促进师生双主体成长与发展的过程。

二是共识机制引领性成长。一体化评价构建了师生互评、互证格局，形成了促进差异性向一致性发展的成长性课堂场域，让教师和学生既作为两个互动的评价主体，又作为两个互动的教学主体，共同参与教与学的全过程，共同作出评价、鉴定，激发教师探索高效教学，鼓励学生探索高效学习。一体化评价指标体系以共识机制为基础，共识中心代表了师生双主体的群体意识和客观的价值事实，也体现了师生双主体的努力方向，达成共识的前提是个体的融入和参与，个体的努力和能力，也相应产生了引领、约束、激励师生双主体成长的效应，更加符合双主体的成长要求。

三是全程连续评价引领性成长。一体化评价不仅在空间维度可以实现教学活动的效果评价，还能在时间维度将师生双主体的“课堂—课程—年级—生涯”全过程成长性连续地呈现出来。这样基于“一堂课”评价这个基本单元，通过时间维度的连续评价，不断实现教与学自我优化，实现师生双主体在一个学期甚至贯穿教师整个从教生涯、学生整个大学学习生涯，绘制出教师和学生整个生涯中整体及各个方面的成长曲线及成长画像。

四是沉浸式鉴赏、持续性成长。一体化评价重构了传统教学实施和评价过程中的师生关系为一种双主体良性互动关系，让师生双主体同时作为评价者和自鉴者。通过“高效教学”让师生共同收获和成长，即促成“教师会教，学生会学”的理想成长格局。

（二）主体性

纵观国内外典型教学评价模式，目前还普遍处于一种多主体分立的单一模式，教师评价、学生评价和课程评价仍然没有得到有机统一。教师评价更多从行为目标、专业标准及绩效等方面预设目标和标准，进行系统考评，以总结性评价为主。此外，也从人本主义角度关注到了教师在此过程中及未来的发展，但从评价形式看，仍是以总结形式实施。对学生的评价既有以了解掌握学情为目的的学前的定位式评价和诊断性评价，也有以观察学生在课堂中反应并对学生作出评价为目的的形成性评价，还有以对教育活动效果评价为目的的总结性评价，但仍始终面临学前、学中、学后未能有效统一的问题。课程评价模式则呈现为一种较为多元化的状况，涌现出目标评价、鉴赏/批评评价、解释评价、回应评价等多元思想。为本研究将课堂教学评价进行统一构建提供了较好的基础。

传统教学评价一般采用多元参与评价机制，构建学生、教学督导和二级教学单位参与的多元评价体系。这种多元评价体系虽然在一定程度上可以体现出被评价教师教学情况的全面性和客观性，但囿于评价点数量、评价频次、评价主体与被评价者的情面等因素制约，实际上往往会一定程度出现评价结果的片面性和表面性。

传统教学评价常用的学评教方式评测点较少，一般只能对教学表现和教学效果进行较为笼统的粗线条评价，而即使这样的评价也大多集中于课程期末结束后，且没有相应的基于课堂实际的共识制约，虽可大致判断教师教学水平，但极易流于形式，评价结果的细度和深度不够，对教师之后改善的指导相应欠佳。此外还存在两个问题，一是缺少对学生学习的评价和自省，学生难以借助评价对自身表现和成长进行评估和改善；二是教学督导和二级教学单位评价结果也容易受个人主观因素尤其是非教学活动主体的影响。

传统教学评价的评价主体及评价对象普遍呈现一种主体的分离性，这种分离性的直接后果就是会影响评价结果的效度和完整性。以《某高校教师教学质量综合评价管理办法》为例，其评价主体为“全日制教学督导和二级教学单位”，评价客体为“所有担任该学期本科和研究生理论和实验（践）教学任务的专兼任及外聘教师”。这种评价是一种学生结合教学督导及二级教学单位对授课教师的评价，最终分数由“学生评教”“督导评教”和“二级教学单位评教”三者按一定权重（如6∶2∶2）加总而得。这种方式主要有三方面不足：一是评价指标和评价机制的先验性，体现在以一种既定的、先验的评价标准对评价对象进行评价；二是评价对象的不全面性，只能评价教师教学情况，不能评价学生学习情况，更不能体现参与教学过程中的双主体之间评价的相互印证；三是由于缺乏对学生学习的评价，由此带来教师对学生课程平时成绩评定普遍呈现出标准不确定性和简单随意性。

一体化评价重视学生主体性，采取“双主体”模式，将课堂教学全过程的亲身参与者学生和教师作为评价的双主体，尤其以学生对教学的评价结果为主导，再通过教学过程的持续性、共识性评价机制，能够极大提高评价结果的科学性和有效性。一体化评价的主体性导向主要体现在三个方面：

一是教学活动是一个统一的整体，不可分割，不存在单一的教和单一的学。教与学共同构成教学活动。学的效果是评价教的标准。学生作为教与学活动中的双主体之一，对教学的效果最有发言权。因此，对行为和活动的监督，只有通过行为主体才能实现。一体化评价系统立足学生的主体性地位，实现了主体性释放。

二是学生既是学习的主体，又是教学效果实现所依赖的主体，也是评价的主体，学生需要先进入学习的角色才能完成评价的角色，这里几种角色的主体性相互促进，互相生成，统一强化学生的主体性。

三是学生作为评价的主体，不仅评价教师的教学行为和效果，还从共识、课堂评价的角度评价自身的学习过程，二者既因共识而链接，又因这种机制强化了评价的真实度。

（三）一体化

一体化评价的“一体化”思想主要基于——教学是一个不可分割的统一整体，包括教与学两个不可分割的方面——这一客观事实。在教学活动中，师生双主体围绕其主客体性中的“要求”“需要”“能力”“本性”“规律”等要素，共同构建课堂“场域”。这个“场域”是课堂教学活动的主要载体，决定着教学活动的效果是否达成。“场域”主要包括时间、空间、教师、学生这四个要素，“场域”的效果取决于师生的能力和主观努力程度。正是课堂教学中师生的表现和努力程度，决定了高效课堂“场域”是否形成。因此，对“场域”的观测可以同时完成对教的评价和对学的过程的考核。这里的“一体化”符合教与学的统一这一规律事实，也符合历史性和逻辑性的统一。这种统一不是两方面的简单加总，而是更加符合课堂教学过程这个统一客体，并呈现出科学的内在联系，这样既简化了评价形式，又增强了评价的科学性，因为同时对教师、学生、课程进行评价可以互相印证，增强自洽，又能通过去中心化、非预设的标准实现基于客观共识的科学评价。而评价的结果对于教师和学生都是一种客观的促进，让师生双主体都能沉浸式参与自身角色而收获成长，这是一体化体系的重要意义之一。

（四）去中心化

传统教学评价以既定的、先验的评价标准为中心，通过多元主体对教师教学进行评价，这种既定标准的评价机制一般具有较强的外在性和强制性，不仅对于参与评价的主客体不够友好，而且评价结果也往往不能具备较好的信度和效度。

一体化评价体系以教学活动中全过程亲身参与的师生双主体的共识重新构建了新的评价标准，即一个全新的、内生的“共识中心”。这种内生的“共识中心”与传统外在的、既定的评价中心有本质不同，是基于教学现场真实场域情况形成的一种共识标准而非最终的结果，这个标准是产生最终结果的非先验的基础。内生性和非先验性是一体化评价指标体系科学性的有力保障。

在一体化评价体系中，“去中心化”是通过产生新的共识中心而实现的。一体化评价体系不设定先验的标准，评价指标侧重于事实描述。把教学活动全过程参与的主体——教师和学生作为评价主体，把教学活动的主要载体——“课堂场域”及其延伸效果，作为评价对象，即评价客体。在评价活动中以价值标准“应然状态”为评价引领，以价值事实“实然状态”为评价依据，以共识性作为价值事实的判断标准。这样，通过大数据算法求得价值事实的数学期望，无限接近客观事实，即“共识事实”。共识事实与价值标准的比较，作为对教师教学评价的基础；共识事实与学生个体评价的差异、与价值标准的差异，作为对学生学习状态与学习过程评价的基础。

二、技术手段创新

（一）共识机制

一体化评价系统利用区块链中多方协作，最终达成一致性结果的共识机制，实现了对学生学习过程、教师和课堂教学效果的综合评价，这也是一体化体系的重要创新点之一。

在一体化评价系统中，通过采集课堂教学过程的伴随式数据，利用智能评价模型和共识机制形成对同一课堂场域和教师的教学状态、教学效果的共识。这一共识不是事先确定的，更没有绝对的优劣之分，而是由参与教学活动的双主体根据教学评价与过程考核指标体系进行共识决策而得到的结果。因此这一共识具有客观性、权威性和有效性。同时，一体化评价体系可以根据全体学生对课堂场域和教师教学达成的共识与每一名学生的评价结果之间的差异性，对每一位学生的学习过程与效果进行评价。同样，这一评价结果也具有客观性、权威性和有效性。

需要说明的是，尽管教学评价中利用了区块链中的“共识机制”，是群体决策和去中心化的，但对于教学管理而言，仍然具有一定主导性。这种主导性主要是通过指标和观测点的引领性、思想性而实现的。如前文所述，指标和观测点可以实现价值引领功能。

（二）群体进化

群体进化是区块链技术的主要功能，将其引用到一体化系统中，引领师生双主体实现群体进化，也是一体化体系的重要创新点之一。

师生双主体在一体化系统的一系列的制度安排和技术手段引导下，互相监督，互相促进，不断改进教学过程和学习过程。在此过程中，教师的教学水平不断提高，学生的学习能力不断优化。同时师生双方由于评价机制的存在，需要不断细致地观察课堂中的各项活动和教学活动的各方主体，不断接受优秀信息，因此他们的评价水平也不断提升。

总的来看，教师和学生借助该系统，实现了教学评价指标体系下个体的“自主探索”。同时，在系统当中长期、动态积累的伴随式数据记录了师生成长的过程，通过加工整理，可以成为师生的成长记录，反映师生的成长轨迹。这是通过群体智能实现师生成长机制的第一层含义。

随着师生评价水平的不断提升，师生对于课堂的评价越来越精准，通过群体决策和共识机制达成的“共识中心”也越来越接近课堂的真实情况，教学评价效果的信度和效度不断提高，实现了参与教学活动的各方主体的“群体合作”。这又反过来进一步督促师生双方不断改进教学效果，实现了督教督学，形成了良性循环。这是通过群体智能实现师生成长机制的第二层含义。

（三）全量数据实时采集

通过微信小程序、App和网页等多种客户端，系统可以实现对教学评价问卷数据的实时收集。此外，应用智能芯片、计算集群、智能传感器等智能设备和数据监测分析技术，搭建数据采集所需的物理环境，可以实现从课前、课中、课后全过程，覆盖教学活动各个环节的海量数据的伴随式采集和汇聚，并最终建立基于教学全过程的全量数据采集系统。这也是一体化评价系统相比传统学评教系统的重要技术优势和创新点。

全量数据具有连续性、真实性和动态性的特点。通过对全量数据的不断积累，可以为后续的数据分析打下更加坚实的基础，实现数据的全过程关联性智能化分析，同时提高数据分析的准确性和可靠性。

（四）智能模型深度分析

融合教学评价理论和智能分析技术，可以构建智能模型对采集的伴随式数据进行深度分析。这一模型可以充分获取教学双主体在教学活动全过程中多个维度的信息，并进一步基于多维证据实施评价活动。

在模型构建过程中，主要是以习近平新时代教育思想为指导，采取数据驱动决策的方式，结合教学评价理论，进行全量数据的融合和分析。具体包括数据融合和数据分析两大关键技术。

数据融合技术在挖掘全量数据的基础上，融合不同的模态数据进行分析，旨在通过多模态数据间的互补学习来增强模型提取复杂数据中的有用特征，为决策者提供更多的信息，从而提升决策结果的准确率。数据分析技术充分发挥智能技术优势，使用机器学习算法，对文本、语音、图像、视频等不同数据进行分析，实现对学习者特征要素的准确表征。通过综合应用上述技术，最终实现对课堂教与学双主体的客观评价，这也是一体化评价系统的重要创新点。

三、模式创新

（一）教学评价模式创新

传统教学评价的“学评教”模式和“督导评课”模式都存在评价内容、方法单一的问题，这点前文有过论述。针对这些问题，教学评价与过程考核一体化实践，以智能评价系统研发为突破口，创新教学评价模式：依托大数据和区块链技术手段，以连续测评、教与学画像、师生成长记录取代传统的结果评价；以全面、多维指标设计和数据去中心化、共识机制导向综合评价。

1. 连续测评全面记录课堂

教学评价与过程考核一体化指标和测评卷设计，彻底摒弃了传统教学评价指标和评分表，以连续、全面为原则，保证指标间逻辑层次清晰、指标和测评卷之间对应关系，为智能评价系统挖掘课堂上的事实共识提供了空间，故而保证了对课堂教学的真实、全面记录。

一体化评价指标不再设定先验的、既定的评分标准，而是依照价值论原理，对课堂教学的“应然”状态的指导设计，作为指标体系的第一层，即价值标准。在实际评测过程中，通过智能评价系统，以一堂课为一个教学周期定时且连续发放测评卷，卷中每道题目的选项不具有明显的优劣之分，也不具有预设的分值，而是进行客观事实的描述，师生根据自己对课堂“实然”状态的理解形成评价，完成选择和描述性作答。这样最大限度地缓解了师生因对评分标准产生异议而敷衍打分的情况，释放了师生双主体对评价的参与感、带入感。

在更长的教学周期内，利用测评卷和指标间的逻辑关系，针对系列持续关注点进行跟踪和反馈。这样，智能评价系统回收测评卷的作答数据后，利用研发的数据模型剔除异样数据，生成有效的伴随式数据，并利用区块链去中心化、共识化处理，即可找到众多主体对当堂课教与学“实然”描述中的共识化价值事实，即反映课堂“实然”情况的客观事实。由此实现了对课堂情况的科学、有效反馈。

一体化评价系统功能的具体技术路径和研发框架如图 4 – 1 所示。系统收集了师生对教学评价测评卷作答情况的全部信息，这些信息将全部存储在多部门组成的可信数据共享联盟链中，并为后续基于多种模型算法的共识机制的公式中心计算提供依据。这些信息经过清洗和初步处理后成为一阶原始问卷数据，这些数据同样将存储在共享联盟链中，并输入基于多种模型算法的共识机制，作为构建共识中心的最主要数据来源。共识机制在多维评价指标体系的指导下，通过对上述数据进行计算，可以得到指标体系中各层级指标的共识中心，即共识结果。这一结果也将存储于共享联盟链中，为后续基于共识数据的上层应用开发奠定基础。

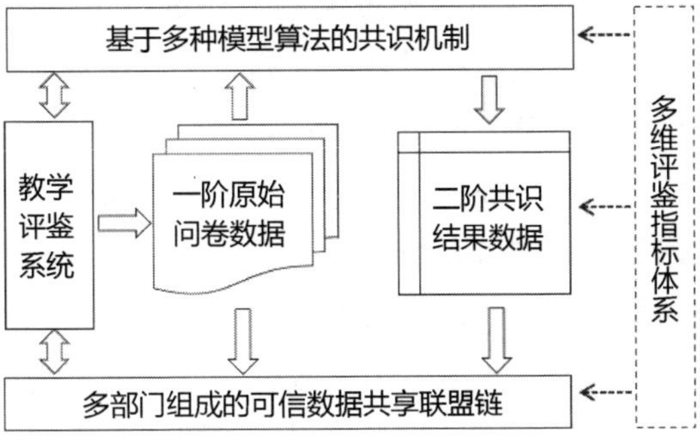

图 4－1　一体化系统连续测评技术路径示意图

一体化评价系统，以全面、多维指标设计和数据去中心化、共识机制，保证了评价结果的真实性、全面性、科学性。收集的数据具有更高的可信度，前期设置了科学、全面、高效能的指标体系，并根据指标体系设置了具有内在逻辑、自洽性高的伴随数据采集星，其中每道题目的选项不具有明显的优劣之分，也不具有预设的分值。答题者的作答结果通过区块链的共识机制思想进行协商，最终达成一致，形成“共识中心”，实现对课堂的真实有效评价。

同时，充分利用区块链、大数据、云计算和人工智能等技术，实现对全过程、多维度教学评价数据采集，并通过算法、模型对教育教学过程、结果进行画像，深度挖掘、分析，为教育教学改进提供全面、有效的决策依据。

2. 教与学镜像反馈实现自我优化

一体化评价系统以区块链技术共识机制为核心，研发了激励层、合约层及相应的激励、预警措施，在保证评价数据信度、效度的同时，通过对课堂伴随过程性数据和师生认知性数据的处理，对教师教学状态、学生学习状态、课堂教学效果，生成可视化、可反馈画像，并通过连续测评，不断镜像反馈，记录师生成长过程，实现师生教与学精进和自我优化。

一体化评价系统总体研发框架分为五个层次，分别是：数据层、共识层、激励层、合约层和 API 接口层。其中，数据层和共识层用于保证评价数据的真实客观；API 接口层用于与教学管理系统对接；激励层和合约层的重要功能是确定每个作答数据的信度、效度，并给予相应激励和预警。

系统将最终数据进行可视化呈现后，反馈给教师和学生。

另外，以区块链公钥体系建立教学质量评价应用生态身份认证机制，可以打通教育教学底层的信息技术基础设施，为师生成长的记录、画像和共享提供条件。这种方法具有以下优势：更安全、更统一的身份认证和保护机制，一套公钥私钥供多种系统共享使用，个人密码不再由各系统方管理；更完备的数据验证方式，采用数字签名技术使用户写入数据具备更高可信度；可管理的用户权限及数据权限。

这样，一体化评价的结果是基于大数据、区块链共识机制的教与学画像，是分析性而不是概括性的，其用途不再局限于为教师教学活动及质量评分，而是进行过程画像和优秀信息反馈，并激发主体性促进师生共同成长。

（二）教学管理模式创新

传统教学管理模式也将教学评价结果作为管理依据。但在实践过程中往往将“学评教”和“教评学”割裂开来，一方面导致了教与学的过程割裂，另一方面使师与生的成长割裂，使教学管理长期外化于教学过程和师生成长本身而收效甚微，这一点前文有过论述。

针对这些问题，教学评价与过程考核一体化系统充分发挥主体的相互监督作用。以“隐性的契约”和双主体职责，调动师生相互的主体性监督和内生性动力，让教学管理和监督由外在变为内生。

在原理方面，深入到价值论原理中，抓住教与学一体化过程的不可分割性和课堂教学过程中师生双主体的需求、目的一致性，设计一体化评价指标体系。在实现路径方面，根据一体化评价指标体系的逻辑机理，构建一体化评价数据模型，植入智能评价系统中，对评价数据做智能化处理，一方面形成对教与学一体化全过程的管理和监督，另一方面对应指标表述中的三级指标生成教与学画像，反馈给师生，由此引起教师、学生及教学管理部门的共同反思，实现师生双主体互相监管、互相促进，即教与学全过程的一体化监管、引导，并导向师生共同进步的良性循环。

1. 伴随式数据实现全过程监管

一体化评价系统可以实现评价数据和指标权重的对应处理，经过连续测评，生成的系列伴随式数据，是教与学全过程的全面真实反映，这是教学管理的基础。

一体化评价系统的基础功能是数据存储和智能处理，通过智能处理可得到教师和学生的连续性课堂教与学过程伴随数据。这些数据中包含了丰富的、日常的、连续的、记录教与学全过程的效果、认知状态、行为特征等信息，可以为教学管理和监督提供全面参考。

这从效果上保障了对教与学全过程师生双主体交互关系中的价值事实的一体化跟踪、监督。从效益上强化了师生在共鸣基础上共建课堂“场域”的互相监督、互相促进的责任、任务达成，即“认真教课—认真听课”基本要求的达成。从效应上深化了师生对课堂教与学全过程的整体认知和反思，引导师生探索教与学背后的深层原理，实现对“元教学”和“元学习”的探索，促成“教师会教—学生会学”理想格局的实现。

2. 画像反馈导向群体进化

一体化评价系统中植入数据模型，可以将一体化指标、测评卷及评价结果纳入其中，通过对结果的相关关系分析，生成教与学画像和每个参与者的专属教学/学习报告，引导实现教学管理目标——师生双主体共同反思、及时调整、共同进步，达成“群体进化”效应。

一体化评价系统中植入了多维度、多层次、多元化的评价指标和针对不同类型题目的系列数据模型。通过大数据和区块链技术，综合运用建立的学习评价体系和一系列数学模型，对以上数据进行分析和挖掘后，可以较好地反映学生的认知状态、情感、学习状态、学习偏好以及教师的教学准备、教学情况和教学效果。这使得对于学生和教师的评价，尤其是过程性评价变得更加科学、精准、客观，也更有意义。

与传统方式利用的结果性数据相比，通过大数据、区块链等技术对过程性数据、伴随性数据进行分析更具有时效性和动态性。运用现有技术及时获取、处理、分析数据，对师生进行及时反馈和激励，有助于师生了解现阶段自身状况，发现自身问题，及时反思教学/学习过程，从而掌握更适洽的方法。这在效应上促成了教学管理效果达成——在正确价值引领下的师生共同进步，即师生双主体个体成长和群体进化。

指标体系背后的价值标准对应着课堂教学的“应然”状态，一体化实践通过去中心化处理、共识事实挖掘、信度效度保障、师生画像和及时反馈等技术支持，将这种“应然”标准贯彻到评价与过程考核全过程中，实现对教与学全过程监管，同时发挥价值引领作用，引发师生在教与学的

“实然”与“应然”对比中的共同反思和优化。

当这种效应持续发挥，教师和学生在持续反思中，会实现师生一体化的进步效应，师生双主体将这种进步效应带入到新的评价实践中，就形成了一条双螺旋式的上升链条，这一点上一章有过论述。而这点落实到一体化实践的意义上，即是促成了课堂教学的“实然”向“应然”的不断逼近。

这其中最显著的标志是：在对教与学全过程的管理进程中，促成了现实课堂向“高效课堂”的不断逼近。第一，在课堂教学过程中形成的效益最大化；第二，在效益延伸出效应的过程中，引导教与学双主体在互动中共同高效进步。前者有赖于教师在教学过程中的引领作用发挥，如教学方法、手段的精进。后者有赖于教师在教学中引领“永恒价值”的实现。这样教师通过对专业知识的教授，引导学生将其感悟升华为一般规律的概括，启发学生用已知去探知未知，保证在有限的授课时间内，给予学生持久的价值需求满足，用一般性、规律性思路启发学生将其应用于各个领域，探索自身价值实现。这样便促成了“高效课堂”——单位时间课堂场域内的教与学效益最大化。

第五章
高校教学评价与过程考核一体化指标体系

第一节　指标体系构建的指导思想、依据与原则

教学评价与过程考核一体化指标体系，作为一种既是评价对象同时又是评价主体的师生“双主体/双客体”在“会教会学/教会学会”过程中的指导机制，是习近平新时代社会主义教育思想和立德树人根本任务的实践体现。教学评价与过程考核一体化指标体系的构建，是以教学一体化中“双主体/双客体”对象化关系的规律为依据。教学评价与过程考核一体化指标体系的构建原则，是以“价值标准”为指标体系构建的出发点，以“价值事实”为指标体系构建的落脚点，体现了“应然状态”与“实然状态”在对立统一过程中价值引领的群体进步。这种评价机制及其评价体系构建的依据与原则，也反映了行为目标评价模式的内在特征，即从预定的教学目标出发，对评价对象是否履行双主体职责要求并达到预定目标进行评定，以评价标准驱动教师教学水平发展、学生学习效果提升，试图实现群体进化的根本目的。

一、指导思想：习近平新时代社会主义教育思想

评价指标体系是指由表征评价对象各方面特性及其相互联系的多个指标所构成的具有内在结构的有机整体。一体化指标体系构建的直接目的就是对教学目标达成度的评价。评价标准的明确是评价目标和效果达成的前提，与评价目标是统一的。评价标准又称为评判标准，是指评价主体在评

价活动中应用于评价对象的评价价值尺度和相应界限。评价标准反映了评价主体对评价活动价值的认识，表明了评价主体重视什么、忽视什么，具有引导评价客体改进方向的作用。

教学评价与过程考核一体化指标体系构建，坚持以习近平新时代社会主义教育思想为指导。习近平总书记关于教育的重要论述，深刻论述了教育的方向性、全局性、前瞻性、战略性重大问题，深刻论述了新时代我国教育改革和发展的重大理论问题和实践问题，形成了系统科学的新时代中国特色社会主义教育理论体系。这一理论体系提出要全面贯彻党的教育方针，解决好培养什么人、怎样培养人、为谁培养人这个根本问题，要从肩负“培养德智体美劳全面发展的社会主义建设者和接班人”崇高使命和任务高度把握教育的战略方向。

（一）坚持中国特色社会主义教育发展道路的总方向与总要求

办好人民满意的教育，是办好我国教育事业的根本出发点。在党的十九大报告中，习近平总书记将“办好人民满意的教育”作为教育事业发展的方向和目标。教育是民生之首，是为人民服务的重要内容。坚持以人民为中心发展教育，是社会主义教育事业发展的题中之意。

习近平总书记关于教育的重要论述的逻辑起点是，办社会主义教育必须牢牢把握正确的政治方向。习近平总书记关于教育的重要论述最鲜明突出的战略主题是坚持中国特色社会主义教育发展道路。中国特色社会主义道路是实现社会主义现代化的必由之路。要实现中国教育现代化，必须走中国特色社会主义教育发展道路。习近平总书记指出，“我们党立志于中华民族千秋伟业，必须培养一代又一代拥护中国共产党领导和我国社会主义制度、立志为中国特色社会主义事业奋斗终身的有用人才。”这是我们思考和谋划教育工作的逻辑起点，也是必须牢牢把握的正确政治方向。

道路问题关系到“举什么旗、走什么路、向什么方向发展”的大问题，中国教育走什么样的道路，关系着教育发展的旗帜、方向。中国特色社会主义教育发展道路是教育优先发展之路、育人为本之路、改革创新之路、公平优质之路，是中国教育在改革发展之路上的自觉选择。

坚持中国特色社会主义教育发展道路，是习近平总书记在全国教育大会上的讲话中开宗明义对中国教育改革发展提出的总要求，也是最基本的、最本质的要求。习近平总书记强调，“我国是中国共产党领导的社会主义国家，这就决定了我们的教育必须把培养社会主义建设者和接班人作为根本任务。”习近平总书记提出“四个服务”，即坚持教育为人民服务、为中国共产党治国理政服务、为巩固和发展中国特色社会主义制度服务、为改革开放和社会主义现代化建设服务。这是教育工作必须遵循的基本原则和方向目标。习近平总书记明确提出了坚持中国特色社会主义教育发展道路的总方向、总要求，第一次提出了教育要以“凝聚人心、完善人格、开发人力、培育人才、造福人民”为工作目标，第一次明确提出了“培养德智体美劳全面发展的社会主义建设者和接班人”的要求，这是对党的教育方针的新发展、对教育总要求的新认识，对教育工作目标的新要求。

新时代坚持中国特色社会主义教育发展道路，必须把培养社会主义建设者和接班人作为根本要求。习近平总书记根据中国特色社会主义教育的本质属性、基本国情、时代挑战，系统阐述了社会主义建设者和接班人的培养要求，提出必须构建德智体美劳全面培养的教育体系。

（二）坚持德智体美劳全面发展及立德树人根本任务

习近平总书记在全国教育大会上指出，“以凝聚人心、完善人格、开发人力、培育人才、造福人民为工作目标，培养德智体美劳全面发展的社会主义建设者和接班人，加快推进教育现代化、建设教育强国、办好人民满意的教育。”

培养德智体美劳全面发展的社会主义建设者和接班人，这是党的教育工作初心和使命的根本。这是我们为党育人、为国育才、以人民为中心办好教育的落脚点。坚持中国特色社会主义教育发展道路，培养德智体美劳全面发展的社会主义建设者和接班人，才能让党和国家事业兴旺发达、后继有人，才能推进伟大事业、实现伟大梦想。

培养德智体美劳全面发展的社会主义建设者和接班人，归根结底就是立德树人。新时代，立德树人是根本，也是教育事业发展必须牢牢抓住的灵魂。习近平总书记关于教育的重要论述的逻辑核心是立德树人，强调坚持把立德树人作为根本任务，立德树人是根本、是核心，是贯穿所有教育环节的主线，明确指出要深化教育体制改革，健全立德树人落实机制。习近平总书记明确提出，“要把立德树人的成效作为检验学校一切工作的根本标准。”“要深化教育体制改革，健全立德树人落实机制，扭转不科学的教育评价导向，坚决克服唯分数、唯升学、唯文凭、唯论文、唯帽子的顽瘴痼疾，从根本上解决教育评价指挥棒问题。要深化办学体制和教育管理改革，充分激发教育事业发展生机活力。”习近平总书记对立德树人根本任务的强调以及对贯彻落实立德树人根本任务的重视，体现出马克思主义理论家和实践家的品格。

立德树人，育人的根本在于立德，即培养人才必须先立德，能力立于德之上，“德为才之帅”；在立德的基础上再树人，立德树人的关键内涵是能力培养，“才为德之资”。只有立德树人，才能造就德才兼备的、德智体美劳全面发展的社会主义建设者和接班人。

立德的关键是树立正确的世界观、人生观和价值观，这也是进行教学评价须首要关注的基石性因素。习近平总书记认为，世界观、人生观、价值观是人的“总开关”，他曾指出，“老师对学生的影响，离不开老师的学识和能力，更离不开老师为人处世、于国于民、于公于私所持的价值观。”价值观是“三观”之一，与世界观、人生观相比，既有相辅相成的关系，也是在人生活和实践中表现最为具体生动的一种观念，是人们对价值的观念，即在认识各种具体事物价值的基础上，形成的对事物价值的总的看法和根本观点。价值观决定着一个人的生活方向和实践，拥有怎样的价值，也势必会影响人生方向和和看待成功的标准。因此，必须坚持教师在教学活动中的价值引领，正如习近平总书记指出，“要从党和国家事业发展全局的高度，坚守为党育人、为国育才，把立德树人融入思想道德教育、文化知识教育、社会实践教育各环节，贯穿基础教育、职业教育、高等教育各领域，体现到学科体系、教学体系、教材体系、管理体系建设各方面，培根铸魂、启智润心。”

二、构建依据：教学一体化对象关系

新时代坚持中国特色社会主义教育发展道路，要把培养社会主义建设者和接班人作为根本要求，构建德智体美劳全面培养的教育体系。学科体系、教学体系、教材体系、管理体系、评价体系等，都要围绕这个目标来设计，教师要围绕这个目标来教，学生要围绕这个目标来学。教学活动中的教师和学生作为教学评价的对象，在教与学这个不可分割的活动中衍生出双主体/双客体对立统一的辩证关系，充分展现出师生双主体/双客体互动统一的一体化课堂“场域”中直观、专业、效果、感悟等层级及内容，提出了对教学活动参与者主体性提升与发挥的要求，是教学评价与过程考核一体化指标体系的构建依据。

（一）教学中的师生一体化对象关系：双主体/双客体

教学活动中的教与学具有不可分割性，同时教学是对学习的先决和启发。教学和学习由师生双主体角色分别承担，这两个对象化关系是成对出现的、不可分割的。在“教学”这个对象化关系中，教师是主体，学生是客体。在“学习”这个对象化关系中，学生是主体，学习的客体是教师、教材等。这是教学活动中的师生双主体、双客体。主体的需求和能力决定了主体的作用。双主体、双客体的职责应该是什么样，各自的角色应该是什么状态，应该具备什么条件，以及拥有的内在要求和相应行为要求，体现了教学活动过程中教师承担教学和学生承担学习的责任和义务。

教学评价与过程考核一体化理论将教学活动定义为教师、学生同时负责的活动，也是共同探究的过程。教师和学生双主体、双客体在教与学、评与鉴中同时完成了主客体间的双向交互。双主体、双客体的交互活动及过程是教学评价的对象，其活动中产生的伴随数据作为评价的基础材料和依据，这同样也是过程考核和双主体自评的基础和依据。教学评价与过程考核一体化理论中，以构建教学活动中的师生双主体为前提，释放主体性，从而“积极地”促进教学活动。

教学和学习的不可分割性首先源自师生双主体在价值关系中的主体需求和目的的一致性。教师在教学过程中的职责也是作为主体的首要目的是教会学生，成为经师和人师，而这同样是学生作为学习主体的首要目的，成为社会主义建设者和接班人，从而实现师生共同成长，达到立德树人总目标。由此过程产生的学生的学习效果，实质也反映了教师的教学效果，也就是教学和学习这两对对象化关系中的价值事实。因此，教学评价与过程考核一体化指标基于去中心化的大数据的广泛性与连续性，可以用一套指标来同时实现对教学、学习两个一体化实践过程的适洽性判定和评价。指标来源于对教学活动双主体交互过程中的价值生成的深度把握。这需要深入教学活动的双主体交互过程中，对教与学两对主客体关系作用中的价值生成路径细化梳理。

根据师生共同体理念，“师生共同体是以教师和学生为主体、以一定的学习和研究目标为联结纽带、以探求学问和真理为动力的有机组成的团体。"[①] 教师和学生是"师生共同体"中的核心构成要素，也是教学活动中的双主体，能否实现教学活动的良性互动发展，其很大程度取决于师生双主体主体性的释放、互动激发和共同努力。"师生共同体"不仅是学习的共同体，更是师生通过教学场域达到言语交流、行为交互、知识共享、情感共融、思想共生的主体性不断明确并建立的过程。

首先，学生同时是评价者和鉴者，这里的"鉴"即要求学生根据自己已经掌握的知识、技能等内容去评价本堂课内容及教师教学，此时学生的所学有了所用。其次，评价结果影响着考核成绩，作为对师生的共同评价依据，这种机制倒逼学生和教师在课堂上认真完成"共同任务"，成为课堂教学的基本规范，师生在课堂教学过程中实现了有效交流，保持积极主动的能动性，即学生认真听课，教师认真授课。最后，教学任务的完成情况是师生的"共同使命"，在师生互评互鉴的大数据中得出课堂教学情况的真实描述、画像，也是发现问题的渠道。因此师生双主体需要积极探索实现自律和他律的统一，从而完成互相监督。

评价将学习领悟引发共鸣形成的课堂场域构建成为教学活动的基础，利用大数据及区块链技术支持下的共识机制，形成对师生双主体的统一教学评价，促成教师学生共同对课堂场域、气氛、效果负责的双主体交互格局，保证课堂上教与学活动的有效开展，促进教与学质量的全面提升，师生共同进步、成长。

（二）教学中双主体/双客体的内外因素：需要、能力、本性、规律

基于一体化指标体系构建依据及由师生双主体构成的"师生共同体"理念，"教的主体"/"学的客体"教师与"学的主体"/"教的客体"学生以"需要""能力""本性""规律"为要点构成了一个教学的"场域"，围绕着主体需求、目的的一致性与现实的非一致性展开了教学适应性的交互关系，随着主客体的互动呈现螺旋式上升发展，逐渐趋于相互适应与统一。

教师作为"教的主体"具有"教的需要"，是一种应该的、客观的要

---

① 杨丽丽．新媒体视阈下高校师生共同体建设研究［J］．广西社会科学，2018（3）：207－211.

求，是“应然”状态；学生作为“学的主体”的“学的需要”也是一种应该的、客观的要求，也是“应然”状态。这是教学双主体需求、目的“应然”的一致性，而现实中二者因能力、态度不同产生的差异性，需要通过一体化指标体系贯彻于教学活动过程而得以解决，实现从“实然”状态向“应然”状态的理想“场域”逼近，师生双主体该层面达成一种教学规范/场域方面的“直观层”表现。

教师作为“教的主体”具有“教的能力”，是教师教的能力的“实然”状态，体现为基本的“能教”到高阶的“善教”，是“元教学”能力的升级；学生作为“学的主体”具有“学的能力”，是学生“学的能力”的“实然”状态，体现为基本的“能学”到高阶的“善学”，是“元学习”能力的升级。二者达成一种思维策略/思想收获方面的“感悟层”表现。

教师作为“学的客体”具有“教的本性”，体现为基本的“教会”到高阶的“价值引领”，是“教学目标”的升级；学生作为“教的客体”具有“学的本性”，是学生现实具备的素质，体现为基本的“学会”到高阶的“成长”，是“学习目标”的升级。二者达成一种学习的“效果层”表现。

教师作为“学的客体”具有“教的规律”，体现为基本的“课程专业规律”到高阶的“思想思维规律”，是教师应该达到的客观要求；学生作为“教的客体”具有“学的规律”，体现为基本的“学情基础”到高阶的“学习规律”，是学生应该达到的客观要求。二者达成一种学习内容/方法的“专业层”表现。

（三）一体化对象关系与教学效果达成

教师“会教”是其本身的一种需要和能力，在学生的“学会”中得到落实和体现，在教学实践中实现。教师的一切教学工作都要围绕“教会”“学会”这个总目标来谋划、来展开。既要在教的层面修炼到会教，又要在学的层面达到教会。会教的老师其教学着眼点常放在传授给学生与专业相关的一般规律及使学生掌握一套终身受用不尽的学习方法上，使学生“得法于课内，得益于课外”。

课程效果达成，包括学生自身思想方法感悟与教师教学方法思路的领悟，是通过教学方法与教学手段来实现的，重点看学生收获，教学方法与手段是否能够调动学生的已知去探索和解决未知。绝大多数专业教学内容都是有迹可循的，教师注意对学生进行有效思维引导，挖掘、总结其中的规律性内容，让学生掌握这些一般规律能够有效提升学习效果，且有助于培养学生的创新意识，运用创新思维发现更多知识。教师在教学过程中带领学生一起探究专业规律，让学生在实践中发现问题并通过科学的规律去推论并验证，通过大胆猜想和推理让思维有更多的拓展空间。

教师不仅应该传授学生掌握专业的一般规律和学习方法，还应该注重引导学生掌握一般的思维规律和方法，如图 5 - 1 所示，训练学生通过比较、分类、归纳、分析、综合、定义的思维环节的思考和逻辑推理，从具体到一般的抽象进程中凝练出理论和规律，再掌握进一步通过总体演绎过程从一般到具体以理论指导实践，并且达到善于举一反三、触类旁通，实现学习能力质的提升及课程思政的教学目标。

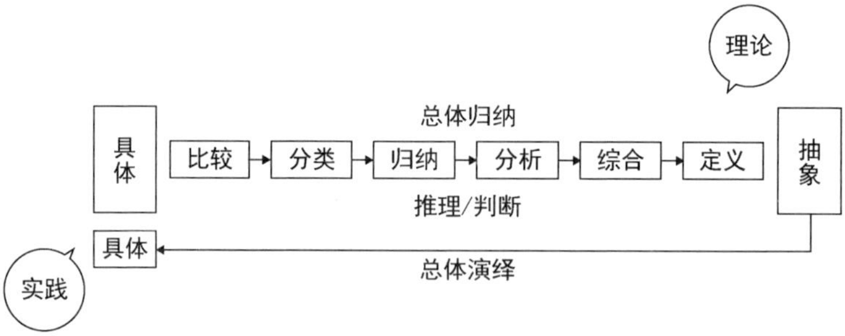

图 5 - 1　理论与实践关系的思维进程示意图

在掌握基本教学方法的基础上，应该恰当灵活运用这些方法和手段，不求千篇一律，每个老师都会有自己的风格，但是掌握重点和难点、注重树立学生正确的世界观和方法论、理论体系、专业思维方法等基本内容都要包含。观测点不仅要包括课堂互动效果、方法艺术性与合理性、方法“授之以渔”的达成度等课堂效果，还应包括认知拓展、创新拓展等高阶的拓展效果，重点关注学生自我感知性和思想觉悟性。

一体化指标体系通过重构教与学过程中的师生双主体/双客体关系，构建了师生双主体/双客体互动统一的一体化课堂“场域”。一体化指标体系是规范性、引导性的，规范学生遵守教学纪律，引导学生主动承担学习责任，看到应然的价值标准，然后通过实然与应然的对比来达到教学评价的境界。这本身也是一个理论学习与实践检验的过程，在这个过程的循环往复演进下，学生不断经验、体会应然追求与实然状况之间的差距，其评价能力逐渐进步，成为更有质量、更有内涵的主体，也会逐渐向价值标准逼近，也就引导了实然向应然的不断逼近。而双主体、双客体有机参与教学活动的全过程及其间行为因素和状态的展现，也为过程考核实现提供了丰富的素材和基础。

“会学”强调的是学生具有较强的学习能力和方法，运用已知感知未知，进行独立学习，获取知识和更新知识的能力。因此，一体化指标体系首先使学生得到激发，让学生全身心地投入课堂，促进课堂教学活动效果，养成良好的学习与思考习惯，成为课堂的评价者，引导学生由单纯认知目标的实现过渡到能力拓展、情感思想目标的实现；同时让学生成为课堂的鉴赏者，学生对课堂的评价，对教师教学过程的评价，是对自身学习的反映，也是自评。

围绕一体化指标体系的核心评价价值，教师应该注重规范学生遵守教学纪律，引导学生主动承担学习责任，主动配合教师营造良好课堂场域。因此，教师应注重从课程的环节、方法和手段等方面着手进行优良的教学设计。一是布置预习任务，开展“提问—反馈”式教学，给学生明确指令，告诉他们预习什么，怎么提问，也可与授课切入点结合，要对学生有启发，帮助学生加深印象、认识到重要性。二是提问和设问的问题和目的，要有目的地提问，引发老师思维和学生思维的碰撞，提高学生注意力和专注度。三是重难点的讲授方法与手段，一般应该是严密细致的逻辑推理，要因式分解，不要一步到位，否则学生不易理解。逻辑推理、案例分析、形象比喻等方法手段要恰当使用，语言表达要精准，让学生思维方法发生变化，不仅明白一个问题，更要明白理，学会一种方法，这就是授之以渔。四是课程讨论的组织与设计，必须精确、精准地设计好，体现目的性，让每个人都受益，并且达到高效的作用。五是参考资料与课下活动。参考书目等资料应该具体、直接，让学生感到阅读这部分内容确实有收获，课下活动组织确保各环节和细节的目的性和系统性。六是作业布置设计，作业应该在课堂例题的基础上有所发挥或对某个重点难点的问题加深学习和了解，各环节有逻辑关系、目的性和系统性，要给学生这样一种思考问题、分析问题、解决问题的方法，注重方法的合理性和艺术性，检验

“授之以渔”的达成度，做到言传身教。七是考核与测试，要注意考的内容应该是需要掌握和运用的知识，考试出题要保证与教学目的、内容、手段的一致性。

三、构建原则：价值标准与价值事实的对立统一

教学评价与过程考核一体化指标体系的构建原则，是以“价值标准”为指标体系构建的出发点，以“价值事实”为指标体系构建的落脚点，体现了“应然状态”与“实然状态”在对立统一过程中价值引领的群体进步。

（一）以应然状态——价值标准为指标体系构建的出发点

评价标准反映着价值标准，价值标准决定评价标准，价值标准是指标体系构建的出发点。价值标准，是指主体的客观需要和利益在人的价值关系和价值活动中，具有尺度的性质和功能，反映价值事实中的价值程度，是实现效果的程度，其背后的依据是主体的需要和能力、客体的本性和规律。教育教学具有其理想的应然状态，既是习近平新时代社会主义教育思想及教学一体化对象化关系理想场域的实现要求，也是教学评价与过程考核一体化指标体系构建指导思想和依据的综合直接表现。

习近平总书记关于教育的重要论述是习近平新时代中国特色社会主义思想的重要组成部分。习近平总书记站在人类社会发展的高度，强调构建人类命运共同体，深刻揭示了教育的本质，论述了教育在为未来社会培养人才、促进人类和平与发展中的作用。构建教学评价与过程考核一体化指标体系，要求我们深入领会贯彻习近平新时代中国特色社会主义思想中的坚定理想信念、站稳人民立场、坚持历史担当、发扬求真务实作风、勇于开拓创新、秉持科学方法论。坚持实践导向，着眼于解决实践问题。培育和践行社会主义核心价值观，继承和弘扬中华优秀传统文化，学会和掌握战略思维、历史思维、辩证思维、创新思维、法治思维、底线思维，全面增强各种能力，不断把习近平总书记关于教育的重要论述转化为加快教育现代化的强大动力。

在教学这一对象化关系中，教的主体，即教师，其需求和能力集中于教师职业职责上。贯彻习近平新时代社会主义教育思想，坚持中国特色社会主义教育发展道路，根本依靠是坚持把教师队伍建设作为基础工作。教

育大计，教师为本。优先发展教育，必须优先推进教师队伍建设。习近平总书记非常重视教师作用、重视教师队伍建设，提出了“四有”好老师、“四个引路人”、“四个相统一”等一系列要求，并对思政课教师提出“八个相统一”的要求，为教师队伍建设指明了方向。习近平总书记指出，“教师是立教之本、兴教之源，承担着让每个孩子健康成长、办好人民满意教育的重任。”“教师是人类灵魂的工程师，是人类文明的传承者，承载着传播知识、传播思想、传播真理，塑造灵魂、塑造生命、塑造新人的时代重任。”要把全面加强教师队伍建设作为一项重大政治任务和根本性民生工程，建设一支政治素质过硬、业务能力精湛、育人水平高超的高素质教师队伍。

在教学评价与过程考核一体化理论中，需求是内在动力，集中在教师对教学事业的探索和贡献上，以“想教”“能教”“会教”为中心。习近平总书记提出，“以德立身、以德立学、以德施教”，符合“有理想信念、有道德情操、有扎实知识、有仁爱之心”的标准，才能成为好老师，才能成为“大先生”。“想教”体现了教师个人主观意愿和价值取向，发自内心地想要做到“经师”和“人师”的统一者，既能以学术造诣开启学生智慧，又能以人格魅力呵护学生心灵，实现价值引领，培养社会主义建设者和接班人。“能教”是外在现实，既达到“经师”精通专业知识，成为学术典范，又达到“人师”涵养德行，润己泽人。最终，“想教”“能教”集中落实在对“会教”这个职业目标的具体实施上，“会教”以“元教学①”为中心，做到“经师”与“人师”的统一，既能“传播知识、传播思想、传播真理”，又能“塑造灵魂、塑造生命、塑造新人”②。

在教学评价与过程考核一体化机制作用下，通过教师对教学活动的价值引领，进而对课堂行为规范、教学内容、教学方法、教学效果等的基本

---

① 元教学（Meta - teaching）是基于元观点对教学的认识与反思，是关于教学的教学，是教师自己会教的教学，是一种基于教学思维、指向教学实践的意识性教学。元教学是对教学活动计划之针对性、实践之合理性、过程之有效性和结果之理想性的认识、检视与修正活动，它由三个基本的层面构成：一是教学活动的自我明晰；二是对教学活动的自主表述；三是对教学活动的自我反思。

② 2018 年 9 月 10 日，习近平总书记在全国教育大会上指出：“教师承载着传播知识、传播思想、传播真理，塑造灵魂、塑造生命、塑造新人的时代重任。”习近平总书记提出的“三个传播”“三个塑造”生动诠释了人民教师的职业特征、社会地位、时代价值。

设定，并以此为行为目标和标准，对教学主体进行规范、约束引导，使课堂教学效果达成。具体从评师、评教和评课堂三个维度对教学活动展开立体评价，并从评价中贯彻教师对教学活动的价值引领：一是从“精神面貌及行为规范”“教学态度”及“教学准备”等方面的“评师”；二是从“教学内容”“教学方法”及“教学进度”等方面的“评教”；三是从“教师组织管理及驾驭课堂的能力”“学生支持参与度”“师生互动、反馈质量”等方面的“评课堂”，即教与学双主体/双客体构成高效课堂的理想场域。

（二）以实然状态——价值事实为指标体系构建的落脚点

评价标准不只反映价值标准，还反映着对象、客体、现实。价值标准也不是评价标准的唯一决定者，价值标准和外部现实的统一才完全决定着评价标准。因此，评价标准实质上是评价主体在自己的价值标准和外部客观现实之间谋求一种具体的、积极的统一所得出的结论。教学评价与过程考核一体化中评价结论的获得，是在教学活动中师生双主体/双客体互动统一构建的场域中，通过去中心化的共识机制获得的价值事实为落脚点而实现的。

教学评价的最终目标是提升教学活动的效果。教学效果是一个多维度对象，既包括学生的学习效果，也包括促进学生学习效果的多维因素，诸如课堂场域氛围、教师教学内容和方法等。在这个课堂场域中，教师既是教的主体又是学的客体，学生既是教的客体同时又是学的主体，教学评价引导教学活动中的师生双主体/双客体共同承担着课堂场域的构建和教学效果的任务达成。通过教学评价机制对课堂教学过程的约束、激励和检验，师生能够充分发挥双主体/双客体的交互作用，产生一种共鸣、共振、共创的氛围，更加积极完成对各自任务的评价、反思和改进，从而保证了课堂教学效果循环提升、有效达成，即学生会学，教师会教。

教学评价最重要的目的不是证明，而是改进，确切地说是推动教与学从“实然”状态向“应然”状态的不断改进。“实然”指教与学实际的状况，“应然”指教与学应该是什么样子。“实然”可以属于事实判断，“应然”则属于价值判断。一体化指标体系是教学评价的指挥棒，这个指挥棒应该指向一种“应然”状态，也是师生双主体会教会学课堂教学的“理想场域”，即呈现为一种师生在共鸣、共振、共创的氛围中，思维、精神力得以互相激发、教学相长的高效课堂。

“应然”状态并非一个既定的标准，而是具有特殊性、成长性的一种发展着的理想场域形态。特殊性既体现为对象的特殊，表现为师生双主体/双客体的内在要求及其具备的条件，也体现为双主体/双客体构成课堂场域发展阶段的特殊。成长性则体现为这种“应然”状态的理想场域呈现为一个连续与递进的发展过程，会不断优化、升级且逼近更加理想的高阶状态。在一体化指标体系设计中，是以引导向“应然”状态逼近为评价指标构建依据，这是推动价值标准形成的必要前提，也是推动评价标准与价值标准走向统一的必要路径。

为了实现教学场域向理想的应然状态不断逼近，一体化指标体系的核心就应该围绕每一堂课这个基本单元展开并生成一个有机的系统。因此，作为课程建设关键环节的课程设计是指标体系的重要有机组成部分，是课堂教学过程中达成“会教”与“会学”目的的具体操作标准。优秀的课程设计，是系统性与科学性的统一，是课程目标、课程内容、教学方法和教学效果的有机统一，也是激发师生双主体、双客体共鸣、共振、共创的基础要件。在这个目标下，课程设计至少应包括三个层面内容：一个是课程内容；二是课程的环节、方法、手段；三是课程效果达成。

从课程内容来说，一是一堂课要做到高效，内容要分层，按重要性可分为重点、次重点、一般知识点。授课内容重点、难点要突出，兼顾单一内容与整体课程内容的系统性。二是本节课内容内在逻辑性的挖掘与前后的逻辑关系，包括课程内容逻辑性、体系性、专业知识结构、体系等观测点。三是内容所含的思维与方法，专业/课程的思维和方法要讲清楚，理解了才能应用。可以从授课内容紧贴本专业理论和前沿，授课内容与专业实际问题联系，运用本课程/专业学习方法，运用本专业术语、概念等规范语言恰当解释等方面进行观测。四是思政感悟点，哪一点上可以从专业具体到一般，能够体现出马克思主义的世界观、方法论，体现马克思主义中国化的最新理论成果，要教学生怎样去思维而非生拉硬扯，要从专业到一般规律。哪些可能是教师感悟的点，哪些是可以让学生感悟的点，也要考虑到。

第二节　指标体系的层次及观测重点

一、一体化指标体系层次的生成

（一）从具体归纳：基于立德树人根本任务及课堂教学内在要求

基于教学评价与过程考核一体化指标体系构建原则，具体观测指标的设计要有机结合其价值标准与价值事实所涵盖的要点，即包含坚持德智体美劳全面发展体系及立德树人根本任务、师生教学一体化对象关系和基于去中心化原则和共识机制基础上探求的课堂场域的价值事实。

一是立德树人根本任务的内在要求。

新时代坚持中国特色社会主义教育发展道路，必须把培养社会主义建设者和接班人作为根本要求，必须构建德智体美劳全面培养的教育体系，必须把立德树人作为教育的根本任务，必须深化教育体制改革，健全立德树人落实机制。新时代，培养德智体美劳全面发展的社会主义建设者和接班人，归根结底就是立德树人，这也是教育事业发展必须牢牢抓住的灵魂。对此，习近平总书记提出要把立德树人融入思想道德教育、文化知识教育、社会实践教育各环节，学科体系、教学体系、教材体系、管理体系要围绕这个目标来设计，教师要围绕这个目标来教，学生要围绕这个目标来学。

从立德树人任务要求出发，要做好课堂教学的四个引领，即价值引领、专业引领、方法引领和思政引领，这也是教学评价与过程考核一体化指标体系指标设计的价值标准重要源头之一。以课程为依托，精妙设计课堂教学，融会贯通，深入推进知识传授、方法传授与价值引领有机融合，筑牢学生政治认同、家国情怀、职业认知的根基；传授学生掌握专业的一般规律和学习方法，注重引导学生掌握一般的思维规律和方法；提升学生协作创新、职业素养、劳动精神等德行修养，创新课程思政形式；优化课堂体验，强化参与、互动与实践，以知促行、以行求知，实现学生对专业知识、思维方法、思想与价值引领的知情意行合一。

二是课堂教学对师生双主体的内在要求。

首先是对教的主体的要求。课堂教学要体现教师的生命价值和崇高师德，必须要做到精、气、神统一；善于运用并传授推理、比喻、归纳、凝练等思维及方法；启迪智慧，立德树人。

所谓“精”，即业务精、思维精；所谓“气”，即正气、锐气、专家气；所谓“神”，即指精神状态和思想气魄。拥有“精”“气”“神”的教师，精力充沛，气聚神凝，激情飞扬，精神抖擞，讲课充满自信，语韵顿挫抑扬、铿锵有力、纵横捭阖，张弛有度，能充分激活学生的思维，感染和打动学生，有效地引领学生走进知识的殿堂，有效地调动其学生的学习热情，激起他们参与的欲望，让学生的思维在碰撞中产生火花，并潜移默化地孕育着学生的崇高人格和自尊，造就学生的精神和气魄。

古人云：授人以鱼，不如授人以渔，古往今来的教学思想一直如此，老师教授学生，从而真正地达到让学生不断成长、成才，这才是作为老师最高的境界。教师授课也有境界高下之分。教师第一重境界，授人以鱼，即传道授业、传授知识。教师不仅善于运用并传授推理、比喻、归纳、凝练等思维及方法。第二重境界，授人以渔，即授业解惑、举一反三。好的教师不断反思、寻找更好的教学方法，让学生能够在学习过程中掌握方法，不断内化形成自己的学习思维，从而做到真正的“举一反三”。第三重境界，启迪智慧，立德树人。教师让学生得到更多的人生启迪与智慧增长，获得知识与做人的双重收获，培育学生不断成长为德智体美劳全面发展的社会主义建设者和接班人。

其次是对学的主体的要求。全心投入望、听、思、辨四个环节。望，即学生以眼观望教师的授课过程的行为，也是学生上课注意力投射的一般前提。听，是学生以耳接收教师授课语言表达的行为。望与听相互配合，即视觉与听觉共同作用能产生乘数效应，注意并接收教师授课产生的视听信息，专注的望与听是高效课堂学习的前提和基础，也是思与辨的前置环节。听是思的基础与前提，会听才能善思，只有用心倾听，才能够充分思考，进而激起思辨，与教师、同学有思想和情感的共鸣，最终达到对知识、方法、思维、价值、思想的理解和掌握。望并听之，听而思，思而辨，方能明矣。

再次是对教学双主体的要求。同频、交融、碰撞。同频，是一个物理学概念，基本意思是两个对象产生同样频率的波，也多用于思想、意识、言论、精神状态等方面的协同的描述。物理的同频一般会导致共振、共鸣现象，思想的同频亦会产生交融、碰撞。在课堂这个场域中，师与生、生与生这些个体在教与学的信息场中，也会产生不同程度同频，同频程度越高，越可能产生高效课堂。高效课堂不仅是老师对学生的单向信息输出，更是师生间多维信息动态同频、交融甚至碰撞的结果。这也是对教学双主体主体性要求的结果，教学双主体的主体性越高，教与学内生动力越强，产生的学习效果越高，课堂场域中的信息频效越高。

最后是对课堂场域的要求。感悟、提升、创造。师生双主体在教学场域中经过充分的交融、碰撞，同时也会对接收到的信息进行存储和思考。美国心理学家波斯纳曾提出教师的成长公式：经验 + 反思 = 成长。这个结论不仅适用于教师，也适用于每个人的个人成长。没有经过反思的经验是狭隘的经验，至多只能形成肤浅的知识，如果对经验到知识等信息进行深入的反思，就会产生深刻的感悟，主体的专业及个人成长将会得到极大的提升，而这种专业能力、思维能力、思想态度的综合提升，将会使主体获得更高的创造力。

分析立德树人根本任务及课堂教学对师生双主体的内在要求，是对建立指标体系的层次及观测重点的解析，可以发现，教学评价与过程考核一体化指标体系应关注以下几个方面的内容：

一是对课堂教学活动中师生直观具体表现的描述，包括教师的精、气、神表现，学生在望、听、思、辨环节中的表现等。

二是对教学活动中教学专业性的描述，包括教师授课是否能体现课程内容系统性、规律性、创新性，是否教授专业学习方法及推理、比喻、归纳、凝练等思维方法，是否重视对学生把握规律能力的启发等。

三是对教学活动中教学效果的描述，包括体现课堂互动、方法合理性和艺术性、“授之以渔”达成度等方面的课堂直接效果，还包括课堂上引发对所学知识整体体系性、相关性、逻辑性及逻辑思维养成的认知拓展和授课内容启发学生批判性思维、创新性思维等方面的创新拓展。

四是对教学活动中教学双主体自我感知和思想觉悟提升的描述，既反映德智体美劳全面发展、立德树人的根本任务要求，也体现教学活动中课堂场域启迪智慧，师生感悟、提升、创造群体进化的最终效果。

（二）从抽象演绎：基于双主体/双客体职责关系

根据前文从具体归纳得出的基于教学评价与过程考核一体化指标体系层次，结合教学评价与过程考核一体化模式的理论背景和师生双主体/双客体职责分析，从课堂教学观察视角，按照分层、分级法依次设计一体式指标体系。

首先，指标的选取必须和教学评价的目的以及所处的特定课堂教学环境——“场域”相结合，以共识机制、大数据分析等为途径，客观双向地评价一体化教学效果，最终达到教师会教、学生会学的教学相长、群体进化目的。

其次，所选取的指标必须依据研究目的及其内在逻辑，找出相关因素中最主要的因素，构建指标体系。

教与学是不可分割的整体，其价值标准与价值事实在交互中产生了两对关系、四层内容的统一对接。由此，结合教与学的过程及其中的认知逻辑，遵循历史与逻辑统一的方法论原则，确定“直观评价”“专业评价”“效果评价”“感悟评价”为高校教师教学评价与学生成绩测评一体式指标体系的四个有序的基本层次。每个层次下生成该层次内的一级指标，并按照评价标准、依据、内容、细化要点，顺序依次阐释。

第一层是“直观层”，是教学基本行为的要求，规范主体“怎么教”，指导客体“怎么学”。内容集中于两个主体各自职责、任务的初级完成效果，即课堂“场域”是否成形。其中对应的价值标准内容是：师生课堂规范、课堂气氛、课堂“场域”等。这部分就内容而言，指向初级“价值事实”效果，就形式而言，在评价形式中位于初级直观、心理层，构成了整个指标体系的第一个一级指标——直观评价指标。“直观评价”，是学生对“教师、教学、课堂”三个核心环节的整体、直观、初级评价，也是整个评价指标体系的基础，相对后三个一级指标具有基础性、低阶性，后三个一级指标在此基础上依次高阶展开。直观评价由于其低阶性、直接性，更容易产生评价共识作为课堂过程性考核的赋分基础，因此，在指标体系及测评环节所占的比重也相应最大。

第二层是“专业层”，即对课程内容和规律性的要求，要求主体具备什么样的专业能力和专业条件，客体具备什么样的专业能力和专业条件。内容集中于两个客体自身的规律，也决定了价值事实是否能够达成，即学生专业的知识和方法收获是否达成。其中对应的价值标准内容是：专业、课程规律和教师专业方法传授的统一。这部分就内容而言，指向“价值事实”的前提，就形式而言，在评价形式中位于实践、方法层，构成了整个指标体系的第四个一级指标——专业评价指标。“专业评价”，将“教师、教学、课堂”三个环节统一并升维为三位一体的“教学活动”，并从专业性角度对“教学”进行系统评价，表现为分别从知和行对教师、学生双主体、双客体的教学过程和教学实践进行评价。其侧重点是教的内容与方法认知，学的内容与方法认知，认知课堂内容知识的结构、体系、逻辑性＋核心的原理和核心技术等知识收获，专业知识向应用能力转化。相对于直观评价不仅具有高阶性，还具有统一性。

第三层是“效果层”，是主客体教学实践活动共同达到的教学活动场域，体现为“知行合一”，是教师的教学实践、教学方法、教学能力的应用以及学生的学习实践、学习方法、学习能力的应用。内容集中于两个客体自身的本质属性，也是价值关系的核心效果，即教学效果是否达成。其中对应的价值标准内容是：学生的学习效果和教师的教学效果的统一。这部分就内容而言，指向“价值事实”的核心效果，就形式而言，在评价形式中位于理论、实践层，构成了整个指标体系的第三个一级指标——效果评价指标。“效果评价”，是进一步对三位一体的“教学”的“效果”进行评价，是对专业评价环节的总结与拓展。其侧重点是评课堂效果和拓展效果。课堂效果重点看学生收获，调动学生的已知去探索和解决未知的效度；拓展效果则观测认知拓展和创新拓展，在学生在“用已知感知未知”的方法传授中授之以渔，重视方法的掌握和一般规律、道理、规则的抽象和凝练，能处理、解决未来更多不确定的新问题。

第四层是“感悟层”，即主客体通过激发在教学实践中达到新的认知，是更高阶“知行合一”的开端，来自双主体能力层的对接，即“元教学”和“元学习”的统一。内容集中于两个主体各自努力、提高过程的高级完成效果。即课堂上的收获是否达成。其中对应的价值标准内容是：师生思维、思想的共同进步。这部分就内容而言，指向高级“价值事实”效果，就形式而言，在评价形成中位于观念、思想层，构成了整个指标体系的第四个一级指标——感悟评价指标。“感悟评价”，是更进一步对“教学”“效果”的升维评价，是对效果中的更高阶段“感悟效果”的评价，是学生对自己的“自观”和“自觉”。其侧重点是自我感知思想觉悟。自我感知是学生感知自己的进步和差距，目标指向学生学会听课，学会鉴赏授课的内容和方法；思想觉悟指向课程思政、全人教育、立德树人、培养社会主义建设者和接班人、理论指导、新时代中国特色社会主义教育理论等要点，体现了以马克思主义基本原理认知课程，以马克思主义方法论为指导科学思辨、探索创新，对文明传承性和先进文化道路制度的领悟。

随着教学评价理念完善、技术支持手段提升，传统的分立单一评价模式不断走向综合与统一，评价反馈也更便利地动态实施。一体化指标体系并不是各个变量的简单组合，而是应循系统性和层次性原则。系统性意味着各指标之间有一定的逻辑关系，它们不但要从不同的侧面反映出各子系统的主要特征和状态，而且还要反映各子系统之间的内在联系。每一个子系统由一组指标构成，各指标之间相互独立，又彼此联系，共同构成一个有机统一体。层次性意味着指标体系的构建要自上而下分层展开，从宏观到微观层层深入，形成一个层级分明、逻辑合理的评价体系。

四个一级指标，总体呈现出由基础、单一、直观、低阶，向复合、整体、高阶发展的态势，既符合事物发展和认识发展的规律，又呈现出一种科学的有机结构特征，为进一步展开为系统、科学、有效的指标体系奠定了坚实的基础。

整套指标体系就像金字塔一样，自上而下分为总指标、分指标、基础数据三层，分指标如有必要可以继续分层。层级一定要分清楚，上一级包含下一级，下一级反映上一级，而不是相反。最下面一层一定要能直接获取数据，而非需要测算的数据，需要测算的数据在中间层。指标体系设计的科学性主要可以用 MECE 原则①来衡量。

二、“直观评价”层次观测重点

“直观评价”，是学生对“教师、教学、课堂”三个核心环节的整体、

① MECE 是 Mutually Exclusive Collectively Exhaustive 的简称，中文是“相互独立，完全穷尽”的意思。MECE 原则是对于一个重大的议题，能够做到不重叠、不遗漏的分类，而且能够借此有效把握问题的核心并解决问题。所谓的不重叠、不遗漏指在将某个整体（不论是客观存在的还是概念性的整体）划分为不同的部分时，必须保证划分后的各部分符合以下要求：各部分之间相互独立（Mutually Exclusive），所有部分完全穷尽（Collectively Exhaustive）。“相互独立”意味着问题的细分是在同一维度上并有明确区分、不可重叠的，“完全穷尽”则意味着全面、周密。

直观、初级评价，也是整个评价指标体系的基础。“直观评价”的观测内容是教师课堂教学的直观元素和学生本堂课学习的直观行为和收获，位于整个指标体系评价内容的基础层，相对后三个一级指标具有基础性、低阶性，采集的数据亦是评价共识度的重要来源。其实施途径是采集学生听课、学习后的“学评学”“学评教”“学评课”反馈。该项反馈的关注重点是学生听课后的整体、直观评价。

本部分直观评价是对师生双主体在课堂场域的一般性规范要求，同时也注重遵循高校课程建设中的“金课”标准，旨在达到规范主体、指导客体的目的。一般而言，任何一门课程的教学都存在一定的“含水量”和“含金量”。然而，当某门课程教学“含水量”大到一定程度、“含金量”小到一定程度时，我们称之为“水课”；相反，当其“含金量”大到一定程度，“含水量”小到一定程度时，我们称之为“金课”。① 打造金课，要充分重视课堂教学这一主阵地，努力营造课堂教学热烈氛围。对标“金课”标准，评价一堂课教师授课、学生听课（学习）的整体效果，除了基本规范要求外，还应该重点关注高阶性、交互性、开放性、知行合一性、学思结合性。

（一）观测重点一：课堂场域一般性规范标准

有效的教学必须遵循教学活动的基本规范要求。师生双主体在课堂场域的一般性规范要求是课堂教学活动的重要基础，对于规范主体、指导客体具有基石性意义。评价可以通过“教师言行举止、课堂规范、政治方向”“教师潜心教书育人、把控学情”“教学文件/授课资料准备、板书（课件）设计”“关键性内容表述、教学内容充实、课堂容量科学合理”“基础教学方法应用”“教学进度”等观测点展开。

（二）观测重点二：从低阶至高阶的评价标准

低阶课堂主要由低阶知识主宰。低阶知识主要是陈述性知识，高阶知识主要是程序性知识和策略性知识②。高阶能力表现为以高阶思维为核心

① 李志义．“水课”与“金课”之我见［J］．中国大学教学，2018（12）．

② 陈述性知识主要是关于是什么、为什么和怎么样的知识，是一种静态的知识；程序性知识是关于如何做的知识，关于解决问题的思维过程的知识和关于如何实现从已知状态向目标状态转化的知识，是一种动态的知识；策略性知识是关于如何学习和如何思维的知识。

的解决复杂问题或完成复杂任务的心理特征，高阶思维是指发生在较高认知水平上的心智活动或较高层次的认知能力，它主要包括创新思维、问题求解、决策、批判性思维、信息素养、团队协作、兼容、获取隐性知识、自我管理和可持续发展能力等。[①] 评价可以通过“依据学科特点选择适洽的教学方法”“教学重难点设计合理”“讨论、比较、联想、辨析等高阶方法应用”“学生专注度、参与度、配合度”等观测点展开。

（三）观测重点三：从灌输至交互的评价标准

灌输是基本教学方式，但单纯的灌输课堂难以发展高阶能力，容易变成“填鸭式”课堂，使知识主宰着课堂、老师成为知识的权威、学生成为知识的“容器”，使教学过程成为“复制”知识的过程。交互课堂以知识的交互、思维的交互和心灵的交互为主要特征。知识的交互要求将单向灌输转变为多向交流，激发双主体的主体性发挥，将课堂从“一言堂”变成“学习共同体”，使知识在老师与学生、学生与学生之间传递、交流与互动。思维的交互要求将“句号”课堂转变为“问号”课堂。[②] 可以通过“课堂师生互动频率”“教师回应学生的学习需要”“教师反馈加深学生理解”“学生反馈度”等观测点展开。

（四）观测重点四：从封闭至开放的评价标准

在封闭课堂里，教学活动围着老师、教室和教材三个中心转。开放课堂突破这三个中心，实现时间、空间和内容上的开放：时间上从课内向课外延伸，空间上从教室向图书馆和实验室拓展，内容上从教材向参考资料扩充。开放课堂的关键是转变教学方式，例如，用“吊胃口”代替“喂食”[③]，激发学生主体性发挥。评价可以通过“合理引导激发学生学习兴趣”“有效指导课堂作业、下课时布置作业”“创设宽松的学习环境、激励学生潜能”等观测点展开。

（五）观测重点五：从重知轻行至知行合一的评价标准

重知轻行长期导致知识培养与能力、素质培养脱节。知行合一课堂重视知识向能力转化和创新能力培养，树立实践育人理念，将“坐中学”转

---

① 李志义．“水课”与“金课”之我见［J］．中国大学教学，2018（12）．

②③ 同①。

变为“做中学”，达到知行合一。知行合一至少要做到两点：一是学习时要“躬行”，强调向实践学习；二是学习后要躬行，强调学以致用。理论教学的“躬行”，强调的是主动思考，强调的是学中思、思中学。实践教学中的“躬行”，强调的是主动实践，强调的是做中学、学中做。① 评价可以通过“培养学生应用知识分析问题、解决问题、自学能力”等观测点展开。

（六）观测重点六：从重学轻思至学思结合的评价标准

重学轻思往往导致沉默的课堂，这是低效课堂。学思结合的课堂往往有质疑和提问。思考从质疑开始，经过疑惑或质疑后，才可达到深信无疑；经过疑惑或质疑后，才可以达到深刻理解。学思结合体现了学中思和思中学，知行合一体现了学中做和做中学，思行统一体现了思中做和做中思。课堂讲授的重点不是将教材规定内容的所有重点、难点和疑点全部解决，为其画上一个个“句号”，而是不断地画出“问号”，引导学生主动思考，鼓励学生自己将“问号”变成“句号”。② 评价可以通过“教师感染力、思维活跃度”“培养学生应用知识分析问题、解决问题、自学能力”“教师反馈加深学生理解”等观测点展开。

三、“专业评价”层次观测重点

“专业评价”，将“教师、教学、课堂”三个环节统一并升维为三位一体的“教学活动”，并从专业性角度对“教学”进行系统评价，表现为分别从规律性、高阶性、创新性和挑战度对教师、学生双主体、双客体的教学过程和教学实践进行评价。“专业评价”的观测内容是教师课堂教学从专业角度带给所有学生的“共识”效果和学生以“鉴赏者”视角从专业角度对教师、课程的整体评价，位于整个指标体系评价内容的反思层，其侧重点是教的内容与方法认知和学的内容与方法认知，具体体现为课堂内容的规律性、高阶性、创新性与挑战度。其实施途径是结合学生前期听课过程中知识、经验积累，引导其了解前期整体评价中的指导性、计划性“共识”，收集学生自觉充当“鉴赏者”的、站在专业角度的“学评学”“学

---

① 李志义．“水课”与“金课”之我见［J］．中国大学教学，2018（12）．

② 同①。

评教”“学评课”反馈。该项反馈的关注重点是学生对教师、课程的专业评价及学生对既往“共识”的认同程度。

本部分专业评价主要遵循新时代高校创新型人才培养使命下的培养标准，对标“批判性思维”等培养标准，评价一堂课上课程设计、教学能力和学生学习能力集合效应下的大学生批判性思维训练、创新能力培养等教学目标带给所有学生的“共识”效果及学生的个性化收获、自我认知。重点关注课堂内容的规律性、高阶性、创新性和挑战度①。

（一）观测重点一：课堂内容规律性评价标准

所谓“规律性”，就是课程内容要反映客观事物相互作用中所固有的内在本质联系，以及其发展的必然趋势。遵循科学发现的底层思维模型：第一步，无规律的碎片化信息的积累；第二步，寻找这些碎片的内在关联性；第三步，试图归纳和建构一个能够整合所有已知发现的框架模型；第四步，依据框架模型反过来指导人们发现新事物、解决新问题。以上四个科学发现的步骤，也是人类思维的一般过程：从具体中提炼共性，形成抽象的“规律”，即我们常说的“具体到抽象”。因此，以上四个步骤对于知识的学习具有很强的参考价值。大学课堂教学重在专业的启发性，重点是整理、阐释专业领域的经典知识，转换知识的依据和思想资源，提炼知识中的规律性。评价可以通过“课程内容系统性”“本课程 \ 专业学习方法”“对学生把握规律能力的启发”“科学性思维培养”等观测点展开。

（二）观测重点二：课堂内容高阶性评价标准

所谓“高阶性”，就是知识能力素质的有机融合，是要培养学生解决复杂问题的综合能力和高级思维。高阶思维是指发生在较高认知水平上的心智活动或较高层次的认知能力，主要包括批判性思维、创新思维等。批判性思维教学产生的结果能否有效地迁移到现实生活环境决定了大学生批判性思维训练的实际功效。评价课堂教学对大学生批判性思维训练及知识能力教学迁移的作用，需要关注两个因素：首先是批判性思维的训练程度；其次是批判性思维训练使用的教学材料的现实性。评价可以通过“课

---

① 高阶性、创新性、挑战度，即“两性一度”，是第十一届“中国大学教学论坛”上教育部高教司司长吴岩所提出的“金课”标准。下文关于高阶性、创新性、挑战度的规定即出于该论坛吴岩发言内容。

上启发的批判性认识”“矛盾思维”“辩证思考力”“思政性视角启发”等观测点展开。

（三）观测重点三：课堂创新性评价标准

所谓“创新性”，就是课程内容反映前沿性和时代性，教学形式呈现先进性和互动性，学习结果具有探究性和个性化。优秀的大学课堂教学应该遵循习近平总书记提出的“推动中华优秀传统文化创造性转化、创新性发展”的主张，坚持正确导向的创新原则，充分调动各种力量，注重专业知识的继承和创新。在专业课程中，关键是要“培养创新能力，激发学生好奇心、想象力和创新思维，养成创新人格，鼓励学生勇于探索、大胆尝试、创新创造”。在通识课程中，紧抓中国特色社会主义新时代，深入挖掘中华优秀传统文化中蕴含的人文精神、道德规范和充满人文精神的价值内涵，树立正确的人生观。从学习主体出发，通过继承和创新，达到对主体自我素养和能力的提升，这是一个由外而内，再由内而外的教育实践过程。评价可以通过“启发举一反三”“实践创新落实”“创新理念思维启发”“创新方法启发”等观测点展开。

（四）观测重点四：课堂内容挑战度评价标准

所谓“挑战度”，是指课程有一定难度，需要跳一跳才能够得着，老师备课教学和学生完成课程学习的难度、需要的投入和努力程度等。提高课程挑战性的主要目的有：一是激发学生的学习兴趣，提高学习效果；二是激发学生挑战问题和困难的勇气；三是培养学生自主学习和终身学习能力；四是培养学生综合运用多学科知识解决复杂工程问题的能力；五是培养学生的创新能力和合作能力。提高课程的挑战性既能够有效地挖掘学生潜能，又能够满足其心理需求。提高课程的挑战性能够充分调动学生学习的积极性和主动性，更好达成培养标准、实现培养目标。评价可以通过“紧贴专业理论前沿”“联系专业实际问题”“运用专业术语概念”“培养分析解决实际问题的能力”等观测点展开。

四、“效果评价”层次观测重点

“效果评价”，是进一步对三位一体的“教学”场域的“效果”进行评价，是对专业评价环节的总结与拓展。三位一体的理想教学场域应该是一个思想交互、精神力高度集中，能够激发创造的理想场域。“效果评价”的观测内容是课程建设、人才培养目标中的每堂课指导性、计划性“共识”及教师课堂教学带给所有学生的实际“共识”效果和学生的个性化学习效果，三者间的比对，位于整个指标体系评价内容的总结层，其侧重点是评课堂效果和拓展效果。其实施途径是结合学生前期听课过程中知识、经验的积累，引导其了解前期整体评价中的指导性、计划性“共识”，反思自身充当“鉴赏者”的、站在专业角度的“学评学”“学评教”“学评课”反馈，形成对教学效果、学习收获、自身规划的理解和比对。该项反馈的重点是看学生收获，调动学生的已知去探索和解决未知的效度；拓展效果则观测认知拓展和创新拓展，让学生在“用已知感知未知”的方法传授中授之以渔，重视方法的掌握以及一般规律、道理、规则的抽象和凝练，能处理、解决未来更多不确定的新问题。

本部分效果评价是对学生的学习效果和教师的教学效果的统一评价，主要遵循高等教育教学理论学理逻辑下和新时代高校教改必然趋势下的“师生共同体”构建标准。效果评价评价课堂教学效果目标、教师“教会”和学生“学会”间的互动关系，及师生主客体教学实践活动共同达到的“知行合一”的教学场域效果。还包括课程内容内在逻辑清楚、教学方法恰当性等。引导课堂成为有利于师生共同体构建的一种关系和结构，通过构建平等、交互、共鸣、共生的师生发展关系，从而实现师生共同体的高效、持续发展。重点关注教学的课堂效果性和认知拓展性。

（一）观测重点一：教学的课堂效果性评价标准

课堂效果，主要从课堂互动效果、方法合理性和艺术性、“授之以渔”达成度三方面展开。通过课堂积极互动交流建立起师生双主体间相互了解、信任和默契，关注课堂教学对授课内容的逻辑梳理、概念辨析和意义阐发，激发学习动机，突破思维定势，指点学习方法和研究路径。课堂互动效果的评价可以通过“课堂活动和教学目标间的匹配度”“教师能否引导学生独立思考”“课堂活动能否正确处理个体与整体间的关系”“课上引发平等交流”等观测点展开。方法合理性和艺术性的评价可以通过“教学方法合乎学情/学理、科学性”“教学方法艺术性”“引发共生创新”等观测点展开。“授之以渔”达成度的评价可以通过“掌握基础性学科方法\思维方法”“方法合乎科学性”“课上交流体现科学精神”等观测点展开。

（二）观测重点二：教学的拓展效果性评价标准

拓展效果，主要从认知拓展、创新拓展两方面展开。高效课堂场域不仅仅是知识的传授和学习，也不仅仅凭借精心的教学设计和教学方法，而是凭借教的主体在传授自身经历、体验、理性、观念和思想，通过知识探索的鲜活过程和求知的精神历程，唤醒学的主体的探索兴趣、创造激情和发展追求。同时，学生的积极参与、敏锐反馈和思维激荡后的质疑甚至诘难，都将成为考验教师智慧、磨砺思维的磨刀石，从而促进教的主体破除思维定势、拓展新的思维和思路。认知拓展主要考察课上引发对所学知识整体体系性、相关性、逻辑性及逻辑思维养成的认知拓展，评价可以通过“引发知识整体体系性认知”“引发知识相关性认知”“引发知识逻辑性及逻辑思维认知”等观测点展开。创新拓展主要考察授课内容启发学生批判性思维、运用正反向推理验证\演示\思维训练、总结问题解决路径中的创新性要素等方面，评价可以通过“启发学生提出问题”“指导学生进行正反双向思维训练”“总结问题解决路径中的创新性要素”等观测点展开。

五、“感悟评价”层次观测重点

“感悟评价”，是“知行合一”的高阶递进，是更进一步对“教学”“效果”的升维评价，是对效果中的更高阶段“感悟效果”的评价，是学生对自己的“自观”和“自觉”。“感悟评价”的观测内容是教师课堂教学带给所有学生的“共识”效果和学生本堂课学习的个性化感知收获及其与整体评价中形成的指导性、计划性“共识”间的比对，位于整个指标体系评价内容的核心层，其侧重点是自我感知思想觉悟。实施途径是采集学生听课过程中的客观感知和自觉感知印象下的“学评学”“学评教”“学评课”反馈，关注重点是学生对听课（学习）过程的感知和觉悟评价。

本部分“感悟评价”主要遵循新时代高校“立德树人”根本任务下的“课程思政”标准。对标“课程思政”标准，评价一堂课上教师的“知识与技能”“过程与方法”“情感态度与价值观”等重要教学目标带给所有学生的“共识”效果及学生们的个性化感知、感悟收获。在“感悟评价”部分，特别要注重通过提升学生理性思维能力来达到反思、感知、觉悟的效果，教师积极引导学生注重通过比较、分类、归纳、分析、综合、定义的思维环节，从具体到一般的抽象进程中凝练出理论和规律，再通过总体演绎过程从一般到具体以理论指导实践，达到举一反三、触类旁通，实现学习能力提升及课程思政的教学目标。重点关注学生自我感知性和思想觉悟性。

（一）观测重点一：学生自我感知性评价标准

自我感知，是学生自觉反思、感知自己的进步和差距，目标指向学生学会听课，学会鉴赏授课的内容和方法。学生在课堂学习过程中，应该具有良好的接受能力，掌握专业课程中的学科学术内涵、脉络及框架，提炼出课程体系中所蕴含的思想政治教育资源，如爱国情怀、民族自豪感、社会责任、文化自信等要素，在不知不觉中接受教育，并努力转化为自己的思想品质、道德行为。这些能力反馈可通过学生学习中的个性化感知及其与课堂“共识”效果间的比对来观测。评价可以通过“课堂内容深度/广度感知”“授课方法适洽度感知”“授课表述适洽度感知”“学习能力感知”“自觉将所学知识投入实践”“自觉分析和解决问题”等观测点展开。

（二）观测重点二：学生思想觉悟性评价标准

思想觉悟指向课程思政、全人教育、立德树人、培养社会主义建设者和接班人、理论指导、新时代中国特色社会主义教育理论等要点，体现了以马克思主义基本原理认知课程，以马克思主义方法论为指导科学思辨、探索创新，对文明传承性和先进文化道路制度的领悟。

优秀的课堂教学应该深入挖掘课程中蕴含的思想元素。教师要在知识传授中贯彻并实现价值引领，在专业知识基础上提炼、升华并融入思政元素，同时积极在教学与授课中渗透积极的世界观、人生观和价值观，表现出认真负责、敬业乐业精业的职业精神等，都会对学生有耳濡目染、潜移默化的作用，从而表现在学生的感悟反馈中。评价可以通过“掌握事物发展基本规律/‘扬弃’观点/普遍联系/矛盾的对立统一观点”“理性思维能力、科学精神、探索创新”“文化历史增强人文底蕴”“获得家国认同感和文化自信、道路自信、制度自信”“思政内容学习提高责任担当”“理性思维能力、科学精神、探索创新”等观测点展开。

第六章
高校教学评价与过程考核一体化数据星

第一节　教学评价与过程考核一体化数据星的设计

教学双主体在教与学的过程中产生价值事实，为了获取能够准确反映价值事实的有效信息，项目组依据教学评价与过程考核一体化指标体系设计了系列伴随数据采集单，连续获取教学活动中教与学双主体履责过程状态数据，并称其为数据星。数据星是本项目研究思想内涵、指标体系的具体体现，是采集关键有效伴随数据和实现价值事实判断的前提和基础，在整个教学评价与过程考核中发挥着承上启下的重要作用。项目组依据教学评价与过程考核一体化指标，紧密围绕各指标核心观测点，从课堂教学各环节、内容、行为的内在逻辑设计数据星主线、逻辑和切入点，对数据星题型和相应内容进行反复推敲、多次实验和不断完善，形成了教学评价与过程考核一体化数据星体系。

一、数据星设计的目标

数据星设计的目标是通过设计不同类型、不同题型的数据星要实现或要达到的目的，获取能够反映价值事实特征的关键有效信息，在此基础上实现对师生的大数据画像、教学评价、教学过程考核、师生自我优化和群体进化四方面内容。

（一）大数据画像

大数据画像是指通过连续采集教学活动中教与学双主体双客体的数据

信息，对其履责状态即教师的教学状态、学生的学习状态以及课堂场域进行的客观描述。教师的教学状态信息主要包括教师的职业形象、教学态度、专业水平、课程设计以及教学文件资料等内容；学生的学习状态信息主要包括学习态度、学习能力、课堂专注度、课堂参与度、课程任务或作业完成情况以及启发与感悟等内容；课堂场域信息主要是指师生共同创造的课堂氛围。

（二）教学评价

教学评价是在大数据画像基础上，根据教学活动状态数据，利用“智能评鉴模型”，对教师的教学效果和学生学习效果分别给予综合评价。教学效果评价是对每位教师进行职业形象、教学态度、专业水平、课程设计以及教学文件资料等教学状态信息的分析，总结其好的做法与经验，指出其存在的问题与不足，并针对性指出解决问题的建议和路径。学习效果评价是指对学生学习态度、学习能力、在课堂的专注度、参与度、任务及作业完成情况、启发与感悟等状态信息的分析，对其表现优秀和突出以及进步的方面予以肯定，对其存在的问题和不足进行指正和引导。

（三）过程考核

过程考核是依据不同教学周的教学内容、教学规律设计不同的数据采星，真正实现对教师教学和学生学习的过程信息的把握和评价。不同于传统教学评价在期末集中进行的打分评价，教学评价与过程考核一体化项目通过第一堂课数据数据星、中间数据星、期中数据星和期末数据星的设计，在不同教学周进行针对性的数据采集，突出了对教师教学全过程、学生学习全过程状态信息的把握，是对状态数据的连续采集，在此基础上进行数据画像，形成教学评价，是对教学与学习效果的系统全面客观的分析总结。

（四）自我优化和群体进化

教学评价与过程考核一体化项目的最终目标是形成教与学相互促进、互相约束的教学评价机制，实现师生的自我优化和群体进化。首先，每份数据星既是学生对教师教学效果进行的评价，同时又反映了学生自身的学习效果，在连续不断的状态信息采集过程中，通过优秀信息的反馈机制，促使教师更认真地备课、更用心地讲课，引导学生认真地听课、用心地思考，逐渐形成师生的互相监督与自我约束。其次，师生填写数据星过程也是对数据星进行学习、对课堂教学反思与总结的过程，通过对数据星题目的学习与回答，促使教师重视题目中蕴含的教育教学思想、一般规律和课程设计的具体要求；同时学生在此过程中既是一个听讲者也是一个评价者、鉴赏者，可以促使学生更加认真听课，提升课堂集中度与参与度。最后，教学评价结果不再体现为一个单独的评价分数，而是一个反映教学效果的状态信息数据的综合分析，是一个对优点与不足的辩证性评价，不仅指出问题，更为问题的解决提供了建议和路径。因此，数据星的设计目的是引导师生实现自我认知，找到努力的方向，实现整体教学能力水平和学习能力效果的提升，达到自我优化和群体进化的目标。

二、数据星的设计要求

教学评价与过程考核一体化数据星依据教学评价与过程考核一体化指标，紧密围绕各指标核心观测点，从课堂教学各环节、内容、行为的内在逻辑设计数据星主线、逻辑和切入点，综合考虑了教师和学生的心理反应、主观意愿、客观能力等诸多因素，精心选择观测内容和题型，确保数据星的信度和效度。为确保获取真实关键有效的数据信息，数据星的设计体现了客观性、实时性、隐含性、逻辑自洽性、可度量、可共识性的原则和要求。

（一）客观性

数据星必须是对教学全过程关键有效信息的客观描述与记录。设计数据星的目的在于形成价值事实的判断标准，因此每个问题的设计、每份数据星的编制要符合客观实际、尊重客观事实、实事求是，如果缺乏客观性就失去了评价的意义，甚至出现错误而导致严重的后果。项目组充分考虑学生和教师的心理反应、主观意愿、客观能力等诸多因素，做到深入了解多种信息，广泛听取多方意见，全面搜集文献资料，多方法多轮次实验，在此基础上进行问题设计和数据星编制修订，保证数据星结果特别是最终的价值事实判断标准真实可靠、高度可信。

（二）实时性

实时性要求是指数据星要伴随教学全过程，能够及时采集每周的教学状态数据并进行分析。因此，要根据不同教学周的教学内容和教学规律设计不同的数据星类型和题型。项目组共设计了第一堂课数据星、中间过程数据星、期中数据星以及期末数据星等适应不同时间段的数据采集单，并根据不同教学周的教学内容特点设计了不同的题型和观测内容。

（三）隐含性

隐含性是指为了获取真实的状态数据信息，数据星题型的选择以及题目和答案选项的设计要具有一定的艺术性，要改变以往教学评价问卷的简单直接提问的调研方式，注重采用迂回同位的沟通式交流。

例题 1：教师如何处理不认真听课的情况（　　）?（不定项）

A. 用表情、口头或手势进行提示

B. 点名回答问题

C. 走过去提示

D. 不去理会

例题 1 的设计充分体现了“无标准”的特点，也就是答案选项没有明显的好与坏的标准，教师应该根据课堂情况相机抉择，采取有利于课堂氛围促进的方法驾驭课堂。教师既不能不关注不处理学生不认真听课的情况，也不能多课堂总是采用一种方式处理不认真听课的情况，更不能用影响课堂氛围或教学进度的方法处理此种情况。该题主要有三个考察点：一是考察教师对课堂的秩序的把控、学情的关注；二是考察学生听课过程精力是否集中的情况；三是考察教师的方法性，也就是考察当教师遇到学生不注意听课情况时是否会根据课堂情况相机抉择，采取有利于讲课氛围的方法进行处理。此外，该题的设计如果直接提问“课堂有无不认真听讲的情况？老师对不认真听讲的学生是否关注?”，会使学生倾向于选择否定的答案即不真实客观的选项；而在本题中“教师如何处理不认真听课的情况?”这样的题干和选项的设计使学生能够在轻松回顾课堂上教师对不认真听课情况的处理方式同时作出真实客观的回答。

（四）逻辑自洽性

逻辑自洽性是确保采集的数据信息真实客观有效的重要原则，要求数据星问题的设计符合教学的规律性和教学内容的特点，题目与题目之间，不同的数据星之间具有一定逻辑关联，可以相互印证，在数据分析过程中发挥去伪存真的作用。一般数据星从一堂课教学课堂导入、课堂展开、课堂深入、课堂总结四个环节入手，层层递进地采集一堂课教学内容、方法、氛围、收获方面的数据；期中数据星重点考虑教师课堂的一贯的行为和非经常的行为；期末数据星重点考虑学生收获、课程思维、专业思维、学生整体听课状态、课程精彩度方面的数据。以下是一般数据星的例题。

例题 2：本堂课教师讲授的内容主要是哪个方面（　　）。

A. 名词概念　B. 职能作用　C. 应用推广　D. 原理机制　E. 案例分析

例题 3：本堂课的收获是（　　）。

A. 信息量很大　B. 收获不明显　C. 加深理解　D. 掌握了方法　E. 明白道理

例题 4：本课堂讲授与互动的比例（　　）。

A. 100% 讲授　B. 90% 讲授　C. 80% 讲授　D. 70% 讲授　E. 50% 讲授

例题 5：本课堂互动的形式是（　　）。

A. 老师问学生　B. 学生问老师　C. 讨论　D. 群体回应　E. 分享

例题 6：本堂课教师提出了什么样的问题（　　）。

A. 预习/教材中的问题　　B. 简单，为提问而提问的问题

C. 启发深入思考的问题　　D. 现实中与讲授内容相结合的问题

例题 2 – 例题 6 从学生对教学内容的认识和理解入手，了解其课堂的收获，再通过和其交流课程讲授节奏，互动形式内容，获取课堂氛围和质量信息，既遵循了教学讲授的一般规律，又符合学生对课堂的直观感受。同时，数据星在不同题目与选项间设计了逻辑关联线，可以通过互相印证判断数据采集的可信度和质量。比如，根据课堂讲授内容可以推演出教师常用的适合的讲授方法，可以和课堂讲授方法题目进行印证；通过互动形式的回答可以和提出了什么样的问题进行相互联系。

（五）可度量

可度量是指在数据星题型和答案选项设计过程中，要使数据采集结果可以或方便测量分析，要求针对不同观测内容和角度设计不同的题型以达到或实现可度量目标。项目组针对不同的观测内容选择使用了单选、不定项选择、矩阵、李克特量表等不同的题型。选择、矩阵题属于客观题，易于统计测度；对于想获取师生自己的观点、看法、感受等信息的主观题，课题组采用了李克特量表，该题型克服了传统主观题题型（简单、论述）不易统计测量的缺点。

例题7：本堂课收获情况描述，见表6－1。

表6－1　　　　　　　　　　课堂收获情况

序号	描述	非常不符合	不太符合	难以判断	比较符合	非常符合
1	激发了我学习本课程的兴趣和热情	1	2	3	4	5
2	我愿意与这位老师有更多的交流	1	2	3	4	5
3	我觉得本课程很重要	1	2	3	4	5

该量表由三组陈述组成，每一陈述有“非常符合”、“比较符合”、“难以判断”、“不太符合”、“非常不符合”五种回答，分别记为5、4、3、2、1分，每个学生的总分就是对各道题的回答所得分数的加总，这一总分可说明他的态度强弱或他在这一量表上的不同状态。

（六）可共识性

可共识性是指数据星的题目与答案选项的设计都经过深思熟虑，答案选项覆盖课堂教学的实际状态信息，但没有非好即坏的标准答案，而是通过所有参与主体的真实感受数据信息的采集，实现对课堂教与学状态的价值事实的判断。

三、数据星类型

根据每学期17周的一般教学要求，项目组按照教学进程将数据星划分为第一堂课数据星、上半学期数据星、期中数据星、下半学期数据星和期末数据星五种类型。第一堂课数据星在第一周使用；上半学期数据星在第二周到第八周使用；期中数据星在第九周使用；下半学期数据星在第十周到第十五周使用；期末数据星在第十六周使用。

（一）第一堂课数据星

美国心理学家洛钦斯提出“首因效应”，也可称为“第一印象效应”，指的是交往双方形成的第一次印象对今后交往关系的影响，也就是“先入为主”带来的效果。第一印象虽非总是正确的，但却是最鲜明、最牢固的，决定着以后双方交往的进程。第一堂课是整个学期课程的启动，教师留给学生的第一印象直接影响学生是否喜欢任课教师，能否对这门课程产生兴趣，进而影响以后的教学活动是否能顺利进行和学生的学习效果，因此第一堂课至关重要。第一堂课讲授过程中，很多青年教师把握不好教学的内容、课程切入的点、授课的节奏、激发学生兴趣和主动性的方法；有些中老年教师虽然积累了一定的授课经验，但是却没能积极地践行、严格地履行，导致授课效果仍存在一定的差距。第一堂课数据星通过教师人格魅力、学科魅力、教学过程、学习内容、学习兴趣、学习方法、拓展推介、课堂气氛等方面问题的设计，引导教师展现良好的第一印象，上好第一堂课。同时通过完成数据星问题的回答，引导学生成为课堂教学欣赏者、评价者。

（二）上半学期过程数据星

上半学期过程数据星对2—8 周教学情况进行考察，重点观测课堂教学结构，通过对某些核心点持续进行观测，分析判断教学结构的水平模式，引导教师“严谨规范 守正创新”，不断改进教学结构，指导学生优化听课方法。

何克杭教授定义教学结构为：“教学结构是指在一定教育思想、教学理论指导下的，在某种环境中展开的由教师、学生、教材和教学媒体这四个要素的相互联系、相互作用而形成的教学活动的进程的稳定结构形式。”典型的教学结构主要有以教师为中心、以学生为中心、“主导—主体”等形式，项目组评价的教学模式是“互为主客体的师生成长共同体”的模式。

教学结构有三种不同的水平模式：第一种模式，师生之间的关系是一种单项反馈的结构，它的表现形态就是记忆水平的教学，主要是要求学生识记、再现教学，很少引导学生理解思考，学生处于被动的受教状态。第二种模式是双向反馈的结构模式，表现形态是理解水平的教学。第三种模式是师生之间、学生之间以及学生自身的多向反馈结构，表现形态是思考水平的教学，即在教师启发下学生积极主动解决问题的教学。

教学评价与过程考核一体化数据星对教学结构的考察主要包括：一是课堂引入，是否引起学生注意力，是否激发学生的思维，是否与将要教学的内容有密切联系。二是授课过程，教学环节是否完整，教学方法是否得当，教学内容的逻辑性，如何进行课程思政等。三是是否注意思维能力的培养，是否有针对性和规律性。四是是否创设良好的教学情境，是否引发学生的思考和兴趣，学生学习效果、收获感悟，教与学的环节是否环环相扣。

（三）期中数据星

期中数据星对上半学期课堂教学情况进行综合性考察，在教学过程中起到承前启后的作用。数据星重点观测教师课堂的一贯的行为，非经常的行为等需要阶段性才能考察的问题和需要进行阶段性总结的问题，包括教师驾驭课堂能力、教学进度、交流互动、PPT、作业、课下辅导等。通过期中数据星，教师对前一段的教学情况有一个阶段性认识，通过学生反馈信息，了解学情，完善课程设计和方案；学习过半，学生也对前一阶段的学习情况进行自我总结审视，对今后的学习策略进一步调整优化。

（四）下半学期过程数据星

下半学期过程数据星对10—15周课堂教学情况进行考察，重在观测教师是不是做到“授之以渔”和学生自我优化情况。问题主要包括教师对学生创新思维的培养、课堂练习情况、课堂提问和答疑情况，观测学生专业收获、理论实践相结合、思想收获。学生通过答题进行不断反思，不断调整自我学习策略，自我优化，实现共鸣、共生、共创课堂。

（五）期末数据星

期末数据星对整个学期课堂教学情况进行综合性考察，考察学生课程把握、能力提升和思想感悟等情况，重点观测学生收获、课程思维、专业思维、学生整体听课状态、课程精彩度方面的数据。

四、数据星题型

教学评价与过程考核一体化数据星是教学评价的基础，问题要做到清晰明了、通俗易懂、易于回答，能够充分体现具体指标，便于答案的汇总、统计和分析，这就需要根据评价目标选择恰当的题型。数据星主要包括客观题和主观题两种类型，客观题主要包括选择题、矩阵题、填空题和标签题；主观题主要为李克特量表题和词云题。

（一）客观题型

客观题主要包括单选题、矩阵题、填空题、标签题。这些题型比较适合用来考察学生对事实性知识的掌握程度，问题的取样范围较大，可容纳大量的评价内容，学生可以在很短的时间内完成大量的评价题目；省时省力，而且比较客观。

客观题的编制一般应遵循以下要求：在指导语中不使用晦涩的语言；在题目中不使用模棱两可的陈述；在题目中不使用生僻的词汇或过于复杂的句型；不给学生提供正确答案的线索，如正确项的陈述通常比错误选项的陈述长，在是非判断题的陈述中使用“从不”或“总是”这样的字眼；不在同一个题目中考查两个概念，一个题目应集中考查一个概念；在判断题的陈述中少用否定句，尽量不使用双重否定句；在选择题中，应尽可能把内容放在题干中，选项应简洁；在选择题中，应随机安排正确答案出现的位置；不要使用“以上选项都正确”这样的选项，但可以使用“以上都不对”这样的选项来增加题目的难度。

（二）主观题型

主观题包括李克特量表题和词云题，多采用量表形式。李克特量表是由美国社会心理学家李克特于 1932 年在原有的总加量表基础上改进而成的。这种量表由一组与某个主题相关的问题或陈述构成，通过计算量表中各题的总分，可以了解人们对该调查主题的综合态度或看法。

李克特量表的尺度形式有多种，我们常见的是五级量表，即五个答项，另外还会有七级量表、九级量表或者四级量表等。其范围从一个极端的态度到另一个极端，如从“非常可能”到“根本不可能。”或者从“非常同意”到“非常不同意”。该量表由一组陈述组成，每一陈述有“非常同意”、“同意”、“不一定”、“不同意”、“非常不同意”五种回答，分别记为 5、4、3、2、1 分，每个被调查者的态度总分就是他对各道题的回答所得分数的加总，这一总分可说明他的态度强弱或他在这一量表上的不同状态。

与只提供两个答案选项的二元问题相比，李克特式问题可以更精确地反馈出被调查者对该问题的态度，从而收集到更加准确的数据。同时大多数统计方法均只能针对量表使用，如信度分析、效度分析、探索性因子分析（Exploratory Factor Analysis，EFA）等。

词云题是为获取更多主观感受建议评价信息而设计的题型，该种题型不设计具体的答案，由学生自由回答，不做限制，学生可以自由地构建对问题的反应，充分地表达自己的思想观点与情感。

第二节　教学评价与过程考核一体化数据星的问题设计

问题是数据星的基础。教学评价一体化指标体系由直观评价、专业评价、效果评价和感悟评价四个一级指标构成，项目组通过对四个一级指标细致研究分析，精心梳理核心观测点，对每个观测点的含义、特点、作用、重要性、必要性等方面进行阐述，围绕这些核心观测点精心设计问题，为科学编制数据星提供充分保障。

一、直观评价问题设计

直观评价是学生通过视觉、听觉等直观感受对课堂师生各方面的表现、整个教学过程和整体课堂氛围作出的基本评价，主要包括教师评价、教学过程评价和课堂氛围评价。

（一）教师评价

习近平总书记系列讲话明确了新时代教师的标准和要求，要做“四有好老师”，做学生的“四个引路人”，做到“四个相统一”，做好“三个传播”和“三个塑造”。教师评价重点观测教师的精神状态和具体表现，通过教师留给学生的直观印象对师德师风、职业形象、教学态度进行评价。

1. 教师精神状态

教师精神状态是其课堂上的表现传递给学生的感觉，反映了教师当时的思想意识。课堂上教师应该精神饱满、积极向上、认真负责，能够带动影响学生跟随教师进入课堂知识和内容的学习之中。

2. 教师具体表现

教师具体表现是教师在课堂上衣着、言谈、举止等形象的整体反映。学生首先通过教师的衣着打扮、教学语言和行为举止这些外在表象，对教师职业形象作出最直观的印象和判断，学生通过听其言、观其行，然后亲其师、信其道。

衣着打扮属于教师的外在形象，关系着教学中的风范和仪态，一定程度上体现了教师的思想理念、人格品德、文化修养、审美情操等。教师的衣着打扮要符合职业要求，应衣冠整洁、端庄文雅、朴素大方，能体现彬彬有礼、自尊自重、情趣高雅的个人风貌。

教学语言是教育活动的主要媒介，是教师传授知识技能、沟通思想情感的桥梁，是教师思想品质、文化素养、审美倾向和教学艺术水平等方面的直接反映。教学语言要使用普通话，吐字清楚、用词准确、音调语速适宜；要有良好的语言表达技巧，表意准确、逻辑性强；要注意感情投入，做到形象生动，感染学生。

行为举止是教师的身体语言，包括了面部表情、身体姿态、手势、服饰、空间距离等。教师借助于身体语言可以强调传递某些言语信息，可以体现自己的某些态度和情感，可以增强自己言语的说服力。

例题 8：在学生回答问题时，老师经常使用什么样的表述？

A. 这个问题回答得对不对，好不好

B. 这个问题回答的不完整

C. 这个问题其他同学怎样看

D. 谁来总结一下刚才各位同学的观点

E. 老师对某位同学问题回答的复述是……

选项 A 只是体现师生在课堂上的简单互动，连贯问答，但实质性内容不多，含有的智慧性成分有限。选项 B 体现了教师能够引导学生分析自身认识的局限、思维的障碍，进而得出正确的答案，学生藉此有可能获得一定的进步，就会在深化认识中提升自己的解题水平，在多向思维中超越自己的现有状态。教师在学生回答问题过程中的驻足停留，对学生问题回答不准确原因进行即时判断与分析，不仅会对学生产生积极影响，而且也会为后续教学提供支撑。选项 C 激励学生面对一个问题寻找多种解决问题的思路与方案，不固守答案，在思维的发散中产生创新火花。选项 D 教师让学生尽可能充分地发表意见、质疑问难，是在让学生用自己的眼睛观察外部世界，运用自己的视野去分析所面临的各种复杂场景，无疑对激发学生的创造热情有一定的帮助。教师让同学对其他人的观点作出评析，更是促使这些同学用分析、甄别、判断、评论的眼光去看待他人的认识，通过更为复杂的智慧活动学会批判地认识外部世界，进而形成“人云亦云不云，老生常谈不谈”的创新品质。选项 E 对这种复述，可以理解为对这位同学的一种难得的正面评价；对其他同学的一种带有艺术性的负面评价。这种复述所具有的评价含义是潜在的，是用一种隐蔽的方式对不同学生的不同表现进行批判。在不露痕迹之间让学生感受到老师的表扬或批评，在无声无息之间让学生体会到老师倡导的方向。

例题9：本堂课教师的仪态描述，见表6－2。

表6－2　　教师的仪态描述

序号	描述	非常不符合	不太符合	难以判断	比较符合	非常符合
1	衣着得体、打扮适宜					
2	举止端庄、教态自然					
3	语言标准规范、表述清晰流畅					
4	语速快慢适中、音量大小适中					

（二）教学过程评价

教学过程是师生有目的、有计划、有组织地进行知识传授、技能培养、思维锻炼、素质养成等教与学活动的过程。教学过程评价重点考察师生对教学过程核心要素和教学环节的把握，同时也是考察教师对教学内容和教学方法的理解与运用。

1. 教学核心要素

教师首先要做到教学核心要素清晰。一是教学目标中必须明确掌握哪些知识、提升什么能力、拓展什么思维、启发哪些感悟；二是教程安排要合理，既要凸显教学重点，又要化解教学难点，要善于运用逻辑推理、形象比喻等思维方法带领学生排解学习的障碍；三是对于引入的案例或言简意赅或引人入胜都必须目的明确，有利于理解分析；四是对于课堂提问互动要从诱导学生思辨启迪的角度去设置，什么时间提问，提问什么问题都要体现缜密的思维逻辑，严谨的分析推理；五是对于板书和PPT，板书要体现教程的逻辑关系，PPT要精准提炼、观点明晰，依据段不如句、句不如点的原则，从有利于学生的理解和记忆的角度设计；六是对于参考文献要从拓展知识、完成课下作业和任务的需要去考虑；七是对于课程思政要结合内容，贴切启迪，要能够实现从专业到一般规律的感悟，举一反三，分析解决经济、社会、现实生活中的问题。

例题10：我对教师板书风格的理解是（　　）。

A. 使用PPT很少，使用板书

B. 提要式板书，以精要文字组成板书的骨架

C. 结构式板书，以某种图形（造型）对教学内容进行提炼

D. 词语式板书，以关键词语帮助学生连贯思索

教师板书在教学过程中发挥着重要的作用，板书能体现教学意图，提炼一堂课的精华；能揭示教材思路，突出教学重点、关键，解决教学难点；能强化直观形象，引起学生兴趣，便于集中注意，巩固记忆；甚至能够启发学生的思维，给学生带来美的感受。A 选项考察教师是否进行板书教学；B、C、D 三个选项指向不同的板书风格，考察教师是否能根据教学内容用心设计并运用板书教学。

2. 教学进程安排

教学进程包含了课程导入、课程展开、课程深入、课程小结四个环节。重点考察教师是否对每个环节都进行了精心的设计。比如课程导入是否做到了开宗明义、非常清晰？教师能否承上启下，关联清晰，讲清楚本次课与上次课的关系；能否激发兴趣，吸引注意，通过一个例子、案例引发学生的学习兴趣，抓住学生进入课程；能否明确重点，一语中的，让学生清楚知道需要掌握的重点问题。课程深入与展开是否做到方法得当、重点突出、逻辑推理、层层解析。课程小结是否做到了归纳、提升和扩展。让学生知道讲的是什么，重点在哪里，核心是什么，怎样提升自己。

例题 11：本堂课教师如何导入（　　）？

A. 复习/提问上节课的知识点

B. 讲述故事/案例/时政事件等启示新课

C. 设置问题，引发思考

D. 展示、播放视频/材料

（三）课堂氛围评价

课堂氛围是课堂教学活动中师生之间和学生之间表现出来的某些占优势的知觉、注意、情感、意志和思维等的综合心理状态。课堂氛围的优劣直接制约和影响师生双方信息与情感的交流，影响教学的效果和效益。课堂气氛分为积极良好课堂气氛和消极对抗课堂气氛。积极良好课堂气氛表现为师生双方热情饱满、精神焕发、情感交融；课堂活动井然有序；教与学态度端正、目标明确，学生求知欲强烈、参与广泛、思维活跃；师生之间积极互动、配合默契、交流充分，心理共振。课堂氛围重点观测课堂状

态与秩序、参与度与交流情况。

1. 课堂组织管理

课堂组织管理是指为保障和促进学生的学习而设置的行为标准及施加的动态调控。教师作为整个教学活动的管理者要了解学生个性差异，关注课堂形势变化，充分发挥主导作用，运用科学方法驾驭课堂，维护良好课堂秩序，保障教学活动顺利进行。

例题 12：本堂课教学情况描述，见表 6－3。

表 6－3　　课堂教学情况

序号	项目	非常不符合	不太符合	难以判断	比较符合	非常符合
1	课堂教学活动井然有序					
2	本堂课老师讲得面面俱到、主次不分					
3	我愿意与这位老师有更多的学习和交流					
4	本堂课老师的课堂导入很精彩					
5	课堂活动或任务浪费了宝贵的教学时间					

2. 课堂参与度

课堂参与度是学生积极参与课堂教学过程并保持较强的学习迫切性的程度。理想的课堂应该努力追求学生全员参与、全程参与和深度参与，学生参与度越高、参与得越深入，课堂教学的有效性就会越高。学生参与度可以从专注度、配合度、反馈度等三个维度进行观测。

学生是否专注取决于自身的意志品质和课堂的吸引程度，教师要努力提高课堂吸引力，培养学生兴趣。提高学生配合度可以从以下几个方面入手：一是创建民主、平等和谐的师生关系和学习环境；二是创设良好的课堂情境和氛围；三是提高课堂的趣味性；四是增加课堂教学的互动性；五是教师把自己定位为引导者、组织者和合作者的角色。

例题 13：我对本堂课的活动表现出的热情、参与度（　　）。

A. 积极参与，较高完成度

B. 被迫参与，较高完成度

C. 被迫参与，较低完成度

D. 无热情，不想参与

例题 14：本堂课收获情况描述，见表 6－4。

表 6－4　　课堂收获情况

序号	描述	非常不符合	不太符合	难以判断	比较符合	非常符合
1	激发了我学习本课程的兴趣和热情					
2	我愿意与这位老师有更多的交流					
3	我觉得本课程很重要					

二、专业评价问题设计

习近平总书记在中国人民大学考察时指出，我们的教师既要精通专业知识、做好“经师”，又要涵养德行、成为“人师”，努力做精于传道授业解惑的“经师”和“人师”的统一者。专业评价注重“经师”与“人师”的双重要求，对教学活动中的专业知识和专业技能进行评价。依据专业理论课与实训课的不同特点，专业评价二级指标分为专业知识和专业技能两个方面，同时体现了教育部金课建设标准的“三性一度”的相关要求。

（一）专业知识

专业知识评价是对课堂教学内容专业性的评价，包括教师对专业基本理论和规律的理解和掌握，教学内容的内在逻辑性与系统性，教师的感悟与总结以及对综合性与不确定性的处理情况。

1. 专业的基本理论与基本规律

专业是人才培养的基本单元，课程是人才培养的核心要素，课堂教学专业性首先表现为对课程中蕴含的专业基本理论和规律的理解和运用。专业基本理论和规律是支撑学科专业不断发展的基础，深入学习和掌握这些专业理论和规律是学习专业知识的基本要求，是指导学生分析解决问题和开展科学研究的前提，是帮助学生理解运用并形成专业思维的关键。因此对师生分别提出了必须具备扎实的理论基础和必须学好专业基础理论和规律的要求。

以《西方经济学》课程为例，经济学的核心思想是资源的优化配置与优化再生，是通过研究经济规律，再利用经济规律去指导市场实践来实现资源的优化配置与利用。最终目标是最大限度创造、转化、实现价值，以满足人类物质文化生活的需要与促进社会可持续发展。经济学的基础理论就是微观经济学和宏观经济学，微观经济学研究消费者行为理论、生产者行为理论（包括生产理论、成本理论和市场均衡理论）、分配理论、一般均衡理论；宏观经济学研究国民收入决定理论、就业理论、通货膨胀理论、经济周期理论、经济增长理论、财政与货币政策。正是通过微观经济学、宏观经济学课程的学习，帮助学生建立起一个系统的经济学理论基础。其他如金融学、财政学等专业都是建立在经济学专业基础上的，微观金融对应的是微观经济学的理论，宏观金融就是宏观经济学和金融的关系。

2. 教学内容的内在逻辑性与系统性

专业知识的讲授必须注重其内在的逻辑性与系统性分析，一是要明晰课程内部的知识结构，注重梳理、挖掘课程内容本身的内在逻辑，对知识的理解与讲解顺理成章；二是要明晰课程与专业的关系，从专业人才培养方案与培养的目标中找准课程定位；三要对专业课程有从单门课程的“点”，到一学期同时开设的其他专业课程的“线”，再到四年整体专业课程体系的“面”的全局性和系统性了解。

要求教师，一要了解专业的历史、现状与前沿，知道过去、现在与未来，熟知专业的理论、案例与概念。二要重难点明确，能够准确把握与理解课程讲授内容的重点与难点，掌握讲授与处理的方法。三要注重逻辑思维和形象思维能力的培养与应用。要注重挖掘课程内容之间的因果关系，一环扣一环地解析，层层推进，使学生对知识的理解顺理成章；通过挖掘课程内容的内在逻辑，启发学生怎样认识问题、怎样思考分析、怎样解决问题；能够将复杂问题因式分解，将复杂问题进行科学的简单化，找出事物最主要的影响因素；能够通过形象比喻解决处理课程的重点难点问题，启发学生用已知感知未知。

3. 教师的感悟与总结

教学过程本身也是一种教学相长的过程，教师也只有在不断的学习积累与实践中才会产生感悟，不断总结，逐渐提升自身的专业理论素养，积累教学经验并提升教学能力水平，实现从教书到教学再到教育的目标。教师的感悟与总结就是要考察教师是否有学习与感悟，是否注重启发学生思考与感悟，要求教师既注重专业知识的学习又能够掌握教学技巧，实现教学创新目标。例如，教师教学要注重基础、系统、逻辑与启发，还要体现一定的学术性，主要表现为涉猎专业领域的前沿信息，学科的交叉渗透，知识的纵横延及，目的是启发学生思考与感悟。因此要考察教学内容有没有涉及专业经典、热点、前沿等相关内容，涉及多少，学生能否感受到并接受，有何收获；要考察教师是否能够及时进行教学反思与总结，不断改进或完善教学方法与手段，并形成有关教学改革与研究成果。

4. 综合性与不确定性的处理

综合性是指专业知识的学习是从每章节的具体知识点到一门课程的基础理论再到一个专业的核心思想与思维方法的过程，是一个由简单知识点到综合知识体系、由知识向能力转化的过程。要求授课内容不能仅停留在基础知识层面，更要超越知识本身，讲授知识的应用、课程与专业的思维和方法、学科的思想和精神。

不确定性是指很多专业问题没有一个非常明确标准的解释或答案，具有一定争议性，有的问题从不同的角度分析有不同的侧重点，可谓仁者见仁智者见智；有的问题在社会和事物发展过程中不断发展变化，未知性明显。要求教师要对这些专业问题进行学习与研究，能够辩证地分析，根据需要引导帮助学生进行进一步深入的学习和研究。当教师遇到自己不能解决的学生提出的问题时，要能够分析问题提出的背景、立场、角度、缘由，引导学生共同进行思考和学习，并将其作为后续教学资源加以利用。

学生在学习具有综合性和不确定性的教学内容时需要“想一想”“试一试”“做一做”，当其在老师指导下通过自己的思考、探究而完成学习内容时，能够获得更大的成就感。教师也可以通过布置课下任务与作业，让学生既能感受到一定的学业压力和紧迫感，同时也能激发学生的学习动机，引导学生从知识的被动接受者转变为主动构建者，在挑战性学习中得到不同的发展和提升。比如，可以将课下任务与课程专业对应的职业资格认证、学科竞赛或老师的课题项目相关联。

（二）专业技能

专业技能评价是指对专业工具、专业方法、专业思维和专业能力的教学评价，能够运用专业工具与方法分析解决问题是具备专业思维和能力的具体体现，只有具备专业思维和专业能力，才能够运用专业工具和方法分析解决问题。专业思维和专业能力培养，一要懂得专业技能原理与逻辑，二要熟悉掌握操作规范与流程，三要做到能够举一反三，联系实际。

首先，要知其然也要知其所以然，知识与技能的学习更要知其所以然。专业技能的原理与逻辑是学习掌握专业技能、能够在不同场景下熟练运用专业工具与方法的基础。比如，在专业知识学习过程中如果理解了资金的时间价值和机会成本概念，就能够深入理解资金使用权让渡过程中利息的意义以及各种金融资产定价的原理与方法。其次，熟悉专业工具与方法，并能够按照操作规范与流程进行熟练的业务操作是专业能力的具体体现。教学过程中要注重操作规范与流程的解析与练习。最后，要能够举一反三，联系实际。专业技能的学习不仅限于单一的场景和某一具体业务流程的操作，更重要的是通过一个场景和业务流程的学习做到触类旁通，举一反三。

以《金融建模与 MATLAB 应用》实训课程为例，该课程以金融市场学、金融工程学、投资学等课程介绍的理论与模型为出发点，在量化交易、程序化交易的大背景下进行金融实例计算实验，从理论模型的验证、问题解决方法的实操等方面实现对金融知识的深入学习与掌握。该课程主要培养学生利用 MATLAB 综合软件构建各类金融模型的能力，而掌握这一专业能力的基础有两个：一是理解固定收益、权益、投资组合管理、衍生品等领域的金融理论，明白债券的定价与估值、利率期限结构、投资组合绩效评价、期货期权等衍生品的定价原理等内容；二是熟悉 MATLAB 软件各种功能与实现方法，能够熟练使用金融工具箱各种工具。只有掌握了以上两点，才能够按照各类金融模型原理，遵照 MATLAB 编程规范进行数据分析和模型构建，帮助金融行业决策者作出更明智的决策。课程既包含了相关的金融理论、模型和思想，又能利用 MATLAB 金融工具箱、金融衍生品工具箱、固定收益工具箱、金融时间序列工具箱等工具箱中的内嵌函数，将抽象的金融模型通过 MATLAB 的数据处理和图形形式来加以解释、验证和求解，使学生既熟悉当前的金融理论、模型和思想，又能够熟练使用 MATLAB 软件来处理经济金融中的定量计算与分析问题。实现在掌握现代金融知识基础和理论的基础上，运用数理方法和计算技术研究多种金融问题的目标。

三、效果评价问题设计

教学效果就是教学活动所产生的结果。效果评价是学生对一堂课或一段时间教学情况的反映和价值判断，它是保障教学质量的重要手段，对教学工作具有检测和方向指引功能。效果评价二级指标主要有课堂效果和拓展效果。

（一）课堂效果

良好的课堂效果表现为对所学专业知识的“知会懂用”，需要教师运用科学恰当的教学方法开展教学，实现知识学习的“授之以鱼”和思维、方法与能力培养的“授之以渔”的目标。要求教师能够从系统全局角度分析问题，找准分析问题、解决问题的切入点和撬动杠杆的支撑点，逻辑推理清晰、形象比喻恰当，能够理论联系实际，师生积极交流互动。课堂教学要关注课堂效率和课堂效益，力争构建效率较高、效果较好并取得教育教学较高影响力和社会效益的高效课堂。

1. 课堂效率

高效率的课堂表现为课堂讲述详略得当、重难点突出、语言精炼、表达到位。课堂效率观测点包括教学活动和教学目标匹配度、教学方法合乎学情、教学方法合乎学理、正确处理个体与整体间的关系、方法指导或演示合乎科学性、课堂容量、师生互动、学生参与度。

（1）教学活动和教学目标匹配度。教学目标是教学活动使学生发生何种变化、达到何种学习效果的明确表述。教学目标分为课程目标、课堂教学目标和教育成才目标三个层次。我们这里的教学目标主要是课堂教学目标，是课堂教学活动的出发点，也是落脚点，影响着教学内容的选择和编排。课堂教学活动和教学目标的匹配度可以从知识与技能目标、过程与方法目标以及情感态度与价值观目标三个维度进行考察。

（2）教学方法合乎学情。教学方法合乎学情是指教师从不同类型和不同能力水平学生的实际情况出发，有的放矢地设计教学方法，因材施教，使每个学生都能扬长避短，获得最佳发展。因材施教策略的设计和施行应遵循以下原则：一是要观察分析学生学习的特点，发现每个学生独特的认知特征和动机倾向；二是对待差生要做具体分析、区别对待，从动机的激发维持和学习方法的指导等方面入手，采取不同的方法措施使学生在自尊自信的状态下学习；三是要了解学生学习风格，教学中有针对性地提供与风格相匹配的教学方式；四是有意识地引导学生认识自己的学习风格特点，主动扬长避短，促使学生有意识调节学习策略，把学习风格转化为学习策略。

（3）教学方法合乎学理。学理就是科学上的法则和原理，每一学科都有自己的学理，课堂教学要根据每一学科的学理使用适恰的教学方法，因课施教，保证教学效果。

（4）个体与整体间的关系。教师既要面向全体学生又要关注个体差异，正确处理个体与整体间的关系。课堂教学活动过程中，问题情境的设计、教学过程的展开、练习的安排等要让所有学生都能主动参与，鼓励学生解决问题策略多样化，恰当评价学生在解决问题过程中的表现，引导学生与他人交流，选择合适的策略，提高思维水平。对于学习有困难的学生，教师要鼓励他们主动参与学习活动，用自己的方式解决问题、发表自己的看法，肯定他们的点滴进步，增强学习的兴趣和信心；对于学有余力的学生，教师要为他们提供足够的材料和思维空间，进一步挖掘他们的潜能。

（5）方法指导或演示合乎科学性。课堂上教师对学生的指导或演示以科学思想为指导，遵循科学性原则，符合科学标准和富有科学依据，这样才能够获得良好的教学效果。

（6）课堂容量适当。课堂容量就是一堂课里教师讲授了多少知识。知识讲得少，课堂容量小，学生会感觉学得不够；只是讲得多，课堂容量大，学生会感觉囫囵吞枣，消化掌握不好。课堂容量很重要，课堂效果更重要，不但要考察教师讲了多少，更要看学生掌握了多少、掌握到什么程度。要想课堂容量适当，需要了解学生接受能力，做好教学设计。

（7）师生互动。师生互动是指课堂上师生互相交流、共同探讨、互相促进的一种教学组织形式。

如何提高师生互动的有效性？第一，要创设民主教学氛围，做到师生平等，教师要平等地对待每一个学生，尊重学生的人格和品质，真正赋予学生自主学习的时间和空间；第二，要从教材出发，根据学生实际设立预期的目标，使互动过程有序化，师生在解决问题的过程中超越预期目标产生新的问题，对问题的理解就更加深入、全面，增强有效性；第三，要设置有针对性的高质量的问题，所提的问题能够开启学生的思维，有利于思维的创新，必须是经过认真思考与反复的探讨才能解决的问题；第四，教学要形式多样，形式多样的教学能使学生始终有新鲜感，不会厌倦，有利于师生进行良好的互动，产生教学共振、共鸣、共创，提高教学效果。

例题 15：老师提问时，主要问的是什么样的问题（　　）?（单选）

A. 预习/教材中的问题

B. 简单，为提问而提问的问题

C. 启发深入思考的问题

D. 现实中与讲授内容相结合的问题

2. 课堂效益

课堂效益是指完成教学过程后学生所获得的具体进步和发展，学生有无进步或发展是教学效益的唯一指标，以此课堂教学效果可分为有效课堂、高效课堂、低效课堂和无效课堂。

课堂效益观测点主要有：课堂提问启发质疑、引导学生独立思考、引发课上共生创新、掌握基础性学科方法和思维方法、培养科学精神、引发对所学知识逻辑性及逻辑思维养成。

（1）课堂提问启发质疑。教师在教学过程中从学生的实际出发，根据教学任务和学习客观规律，精心设置问题情境，通过课堂提问启发学生产生疑问，让求知欲由潜伏状态转入活跃状态，培养质疑问难思维习惯。观念上教师要鼓励学生质疑，逐步培养质疑习惯，可以采取激励机制，让学生能提问题、多提问题，尤其是“发现型”与“创新性”问题等高质量的问题。

（2）引导学生独立思考。独立思考就是从实际出发，实事求是，对任何事情都要问一个为什么，想一想它是否合乎实际、是否真有道理，绝对不盲从、不提倡奴隶主义，用自己的眼光观察事物，用自己的头脑思考问题、判断是非曲直、辨别美丑善恶，提出符合实际的见解。教师，一要鼓励学生发表自己的意见；二要保护学生的好奇心；三要给学生创造思考的情境；四要设置问题，引导学生思考，鼓励自己探寻答案。

（3）课上引发共生创新。学生和老师是构成课堂最主要的两个要素，课堂教学过程中需要师生共同成长，不断创新。课堂共生创新是一种理想的教学状态，是一种高效的课堂效果。

如何引发共生创新？一是建立和谐师生关系，只有师生之间的关系和谐，课堂上的共生创新才有可能产生；二是确保话语场境安全，老师耐心、欣赏、倾听的姿态，会给学生很大的安全感和自信心，使他们愿意表达与分享自己的观点，不再担心自己会说错，不再觉得自己是一个无关紧要的人；三是共生创新也要彰显“个性”，共生创新既要课堂上多元共存、互惠共进、和谐共振，又要凸显“尊重、互惠、和谐、个性化发展”的价值追求，师生都能获得最优化、个性化的发展。

（4）掌握基础性学科方法和思维方法。每一学科都有本学科基础性学科方法和思维方法，掌握基础性学科方法和思维方法是专业教学目标的基本要求，是衡量教学效果的一项重要指标。

（5）培养科学精神。科学精神就是实事求是、求真务实、开拓创新的理性精神，如：理性精神、实证精神、求实求真精神、探索精神、协作精神、民主精神、开放精神、批判精神等。教学内容是否涉及相关科学精神，教师是否引导培养学生的科学精神，学生是否理解感悟到科学精神。

（6）引发对所学知识逻辑性及逻辑思维养成。逻辑思维是人们在认识事物的过程中借助概念、判断、推理等思维形式能动地反映客观现实的理性认识过程，只有经过逻辑思维，人们对事物的认识才能达到对具体对象本质规律的把握，进而认识客观世界。教师要引导学生了解掌握运用一定的逻辑思维方法，如归纳与演绎、分析与综合、抽象与概括、比较思维法、因果思维法、递推法、逆向思维法等。

例题 16：

①本堂课有没有产生疑问（　　）？（矩阵有/没有）

②你的疑问是________________（填空）

③你产生疑问的原因（　　）（不定项）

A. 老师设计问题，引导产生疑问

B. 联系现实，产生疑问

C. 联系过去所学，产生疑问

D. 老师未深入解析，引起疑问

（二）拓展效果

拓展效果主要有认知拓展和创新拓展。

1. 认知拓展

认知拓展主要有以下几个观测点：知识结构认知拓展、知识相关性认知拓展、启发实现自我优化。

（1）知识结构认知拓展。知识结构是经过学习后形成的知识体系的构成情况与结合方式。合理的知识结构是人才成长的基础，是担任现代社会职业岗位的必要条件。现代社会的职业岗位对求职择业者的知识结构的多样性要求越来越多，对知识结构的实用性的要求也越来越强。当代大学生要根据当今社会发展和职业的具体要求，将自己所学到的各类知识，科学地组合起来，构建合理的知识结构，成为适应社会要求的人才。

建立知识结构需要注意以下原则：一是整体性原则，知识结构具有整体性，组成整体的各部分之间相互依赖、相互联系、相互作用、相互制约；二是层次性原则，合理知识结构的建立必须从低到高，从核心到外围；三是比例性原则，各种知识在顾全大局时，数量和质量之间合理配比；四是动态性原则，知识结构要适应快速发展的时代步伐的需要，不能处于僵化状态，要不断进行自我调节。

（2）知识相关性认知拓展。知识不是孤立的存在，知识与知识之间、知识与现实之间是相互关联的。教学中注意知识的关联，可以有效促进学生的学习动机和兴趣，使学生的学习更加有效。教授新知识时，尽量让新知与学生已学过的知识和已有的生活经验相关联；指导学生应用所学知识去解决生活中的实际问题，把新知识和现实生活相关联，让学生意识到所学的知识是有用的；向学生说明教学的目标和学习内容的价值，对未来生活的影响，让学生明白知识与未来生活和工作之间的关联，使学生对学习内容产生兴趣，促进主动学习。

（3）启发实现自我优化。教师要转变课堂上单一、被动与封闭的学习方式，提倡和发展多样化的学习方式，特别要提倡自主、探究、合作的学习方式，让学生成为学习的主人，使学生的主体意识、能动性和创造性不断得到发展，培养学生的创新精神和实践能力。

例题 17：本堂课老师讲授的主要是（　　）？

A. 知识点

B. 基本理论

C. 专业方法

D. 专业思维

2. 创新拓展

创新拓展主要有以下几个观测点：启发学生创新意识、培养学生创新思维、引导学生掌握创新方法。

（1）启发学生创新意识。创新意识是人们根据社会和个体生活发展的需要，引起创造前所未有的事物或观念的动机，并在创造活动中表现出的意向、愿望和设想。培养学生具有创新意识，就是要学生改变传统的思维方式，改变传统的提出问题、思考问题的方式。创新意识包括创新动机、创新兴趣、创新情感和创新意志。

（2）培养学生创新思维。创新思维是指以新颖独创的方法解决问题的思维过程，通过这种思维能突破常规思维的界限，以超常规甚至反常规的方法、视角去思考问题，提出与众不同的解决方案，从而产生新颖独到、有社会意义的思维成果。创新思维的本质在于用新的角度、新的思考方法来解决现有的问题。

（3）引导学生掌握创新方法。教师要结合课程，有意识引导锻炼学生掌握某些创新方法。常见的创新方法有：一是综合法，将两种以上不同的事物加合到一块；二是嫁接法，在一个事物的本体上，附加新的功能、赋予新的表现形式、形成新的产物；三是类比法，在两种以上不同的事物之间，找出相同点，或者在看似相同的事物之间找出不同点；四是延伸法或类推法，顺着事物的发展方向和轨迹不断延伸、不断提高，形成新的认识、新的探索，获得新的成果；五是逆向思维法，与常人和传统的做法，反其道而行之。

例题18：教师组织和学生参与情况，见表6－5。

表6－5　　　　教师组织和学生参与情况

序号	项目	非常不符合	不太符合	难以判断	比较符合	非常符合
1	学生参与面广，师生处于互动积极的状态					
2	老师以民主教学组织教与学活动					
3	我对这门课的学习兴趣和热情逐渐加深					
4	我在这门课课堂上的注意力更加专注					
5	老师教学上很有激情感染了我					
6	老师为学生搭建展示自己的舞台					

四、感悟评价问题设计

感悟就是学习过程中在学习和思想等方面产生的感触、领悟或其他收获。感悟评价以学生为主体，主要包括自我审视在学习和思想方面产生的感触、领悟和收获。学习感悟主要是感知自己的学习能力和对课堂的鉴赏；思想感悟主要包括以马克思主义基本原理认知课程、感悟专业知识体系中所蕴含的思想价值和精神内涵、感悟马克思主义基本原理和思想政治感悟。

（一）学习感悟

学习感悟是学习主体的能动反映与思索，要让学生有所感悟需要注重对学生的启发与创造能力培养。教师，一要做到因材施教；二要能够理论联系实际，学习的落脚点就在于能够运用所学分析解决实际问题，因此一定要善于结合实际问题开展教学；三要营造良好的课堂氛围，教师要投入与专注，进入角色，对学生产生带动影响效应，创造师生精神力交互的理想场域；四要注重对悟道能力和课程思政能力的培养。悟道能力要求教师要善于总结、凝炼、提升，能够对知识进行分析与总结，然后进行高度的凝炼与概括，在此基础上实现知识的提升与扩展，即有所联想与感悟。思政能力要求教师能够从专业学习中总结出一般规律，能够做到联系实际举一反三。学习感悟主要有以下几个观测点：学习内容和学习方法感悟、学习能力感悟等。

1. 学习内容和方法感悟

学习内容和方法感悟主要有以下几个观测点：课堂内容深度感悟、课堂内容广度感悟、授课方法适洽度感悟、授课表述适洽度感悟。

例题19：本堂课对我的启发和影响是（　　）?

A. 让我更加求真务实

B. 有助于我独立发现问题、分析问题、解决问题

C. 让我处理问题更加灵活

D. 让我更加多方面、多角度综合地分析问题

2. 学习能力感悟

学习能力是学生进行学习活动的各种能力和潜力的组合，是学生成功完成学习目的所必需的个性心理特征，与教学过程相辅相成。学习能力观测点：自律自控、注意力、观察思考、质疑反思、思维方法、知识理解、学习习惯、学习方法、学习计划、自我调节学习。

例题20：本堂课你对自己的审视反思有哪些（　　）?

A. 能够总结学习没有学好的教训，分析错误的原因，并能形成改进的措施

B. 能在解决问题过程中寻求最佳的途径和思路，培养理性思维能力

C. 能够根据自己的学习特点选择其他的学习方法

（二）思想感悟

习近平总书记在全国高校思想政治工作会议上提出了提高学生思想政治素质的明确要求，即“四个正确认识”，其要义就在于要学会用正确的立场、观点和方法分析问题，把学习、观察、实践同思考紧密结合起来，善于把握历史和时代的发展方向、把握社会的主流和支流、现象和本质，养成历史思维、辩证思维、系统思维和创新思维。

“育人”先“育德”，教师要注重传道授业解惑、育人育才的有机统一，始终坚持以德立身、以德立学、以德施教，注重加强对学生的世界观、人生观和价值观的教育，传承和创新中华优秀传统文化，积极引导当代学生树立正确的国家观、民族观、历史观、文化观，从而为社会培养更多德智体美劳全面发展的人才，为中国特色社会主义事业培养合格的建设者和可靠的接班人。

思想感悟主要有：感悟专业知识体系中所蕴含的思想价值和精神内涵、感悟马克思主义基本原理和思想政治感悟。

1. 感悟专业问题设计

感悟专业知识体系中所蕴含的思想价值和精神内涵主要有以下几个观测点：专业思想感悟、专业科学精神感悟、思政性视角启发。

（1）专业思想感悟。从课程所涉专业、行业、国家、国际、文化、历史等角度，理解课程的知识性、人文性，提升引领性、时代性和开放性。

（2）专业科学精神感悟。大学专业课是学习科学知识和培养科学精神的主要领域，要充分发挥其培养和塑造大学生科学精神的作用，应树立培养大学生科学精神的教学理念；在课堂教学中融入科学精神的培养；通过深入科研实践体会科学精神的社会需求；通过亲身参与科研活动提高学生塑造科学精神的主动性，使科学精神融入学生的思想意识和行动中。

（3）思政性视角启发。学生要树立正确的世界观、人生观和价值观。

世界观是人们对世界的总的看法和观点，要用马克思主义世界观科学地认识世界，客观地认识事物。

人生观是人们在实践中形成的对于人生目的和意义，对人生道路、生活方式的总的看法和根本观点，它决定着人们实践活动的价值取向及目标、人生道路的选择，也决定着人们的具体行为模式和对待生活的态度。人生的价值和意义在于对社会所尽的责任和所作的贡献，人生的最大价值和意义在于努力为人民服务，只有全心全意为人民服务的人生观，才是社会主义社会公民的正确人生观。

价值观是人们对人与人之间、人与物之间价值关系的总看法，只有以个人利益与集体利益相结合，集体利益高于个人利益为原则的价值观，才是唯一正确的价值观。

例题 21：你觉得本堂课反思对你未来哪些领域会产生影响（　　）？

A. 专业知识

B. 思想品质

C. 人格素养

D. 未来社会生活

2. 感悟基本规律问题设计

感悟马克思主义基本原理主要有以下几个观测点：领悟事物发展基本规律、了解学科专业背景和历史依据、自觉分析和解决问题。

（1）领悟事物发展基本规律。辩证唯物主义认为一切物质都是在不断运动和变化的，事物之间是相互联系、相互渗透、相互影响的。对立统一规律（事物矛盾规律），质量互变规律和否定之否定规律是唯物辩证法的三大规律。

（2）了解学科专业背景和历史依据。从创造知识和科学研究的角度来看，学科是一种学术的分类，指一定科学领域或一门科学的分支，是相对独立的知识体系；从传递知识和教学的角度看，学科就是教学的科目。专业是“高等教育培养学生的各个专门领域”，大学中的专业是依据社会的专业化分工确定的，具有明确的培养目标。一个专业要完成培养人才的任务，首先根据社会对人才的需求，其次必须依托与它相关的学科来组织课程体系，最后实施教学过程，获得教学效果。

（3）自觉分析和解决问题。分析和解决问题首先要明确问题的性质，弄清有哪些矛盾、哪些矛盾方面和它们之间有什么关系，以确定所要解决的问题要达到什么结果，所必须具备的条件、其间的关系和已经具有的条件，从而找出重要矛盾和关键矛盾。

例题22：学完本门课程后，我实现了如下能力优化，见表6－6。

表6－6　　　　能力优化情况

序号	描述	非常不符合	不太符合	难以判断	比较符合	非常符合
1	分析与解决问题能力明显提高	1	2	3	4	5
2	沟通协作能力明显提高					
3	创新与实践能力明显提高					
4	自主学习能力明显提高					
5	创造方法的能力明显提高					

3. 思想政治感悟问题设计

思想政治感悟主要有以下几个观测点：新时代中国特色社会主义思想感悟、社会主义核心价值观感悟、中华优秀传统文化感悟、宪法法治感悟、职业理想和职业道德感悟。

（1）新时代中国特色社会主义思想感悟。我们要厘清“新时代中国特色社会主义思想”立场、观点和方法，了解中国特色社会主义思想的核心内容。

（2）社会主义核心价值观感悟。2017年10月18日，习近平同志在党的十九大报告中指出，要培育和践行社会主义核心价值观。要以培养担当民族复兴大任的时代新人为着眼点，强化教育引导、实践养成、制度保障，发挥社会主义核心价值观对国民教育、精神文明创建、精神文化产品创作生产传播的引领作用，把社会主义核心价值观融入社会发展各方面，转化为人们的情感认同和行为习惯。

教师要深化对社会主义核心价值观的认识，真正将社会主义核心价值观的精髓理解到位，将社会主义核心价值观的内涵准确传递给学生；教师要站在学生的角度去考虑问题，思考以什么样的形式、什么样的诠释以及什么样的方式，才能促进学生对社会主义核心价值观从单纯的认知上升到情感的认同及至行为习惯；教师要耐心引导，步步为营，逐渐深入，着眼于实处，不敷衍了事。

学生要认真深入地学习社会主义核心价值观的相关论述材料，深刻领会其内涵、要求及精神实质，深刻理解大学生为什么要积极践行社会主义核心价值观，真正在心里树立社会主义核心价值观标准体系，用先进的思想武器武装自己，不断提高自己的政治素质和理论修养；要努力培育、践行社会主义核心价值观，内化于心，外化于行，将践行社会主义核心价值观深入骨髓，成为习惯，铸成品德，把个人理想和国家需求紧密结合起来，勤奋学习、勇于担当、开拓进取、奉献祖国。

（3）中华优秀传统文化感悟。中华优秀传统文化是中国几千年文明发展史在特定的自然环境、经济形式、政治结构、意识形态的作用下形成、积累和流传下来，并且至今仍在影响当代文化的“活的中国古代文化”。中华优秀传统文化形式多样，内容丰富，对我国精神文明的传承发挥着不可替代的作用。

教师要明确中华优秀传统文化对学生的积极意义和重要作用，从核心思想理念、中华传统美德、中华人文精神三个方面，对传统文化进行梳理，萃取精华，提炼符合当今时代的思想观点，并作出当代性的阐释。学生要大力弘扬讲仁爱、重民本、守诚信、崇正义、尚和合、求大同等核心思想理念，大力弘扬自强不息、敬业乐群、扶危济困、见义勇为、孝老爱亲等中华传统美德，大力弘扬有利于促进社会和谐、鼓励人们向上向善的思想文化内容。

师生要把握传承发展中华优秀传统文化和借鉴吸收外来优秀文化的关系，坚持交流互鉴、开放包容。以我为主、为我所用，取长补短、择善而从，既不简单拿来，也不盲目排外，吸收借鉴国外优秀文明成果，积极参与世界文化的对话交流，不断丰富和发展中华文化。

（4）宪法法治感悟。其一要学习宪法，了解宪法的历史、意义、地位、作用。其二要信仰宪法，树立宪法权威。自觉遵守宪法的规定，用宪法保护我们的合法权益，增强自身对宪法和法律的敬畏感、责任感、使命感，维护宪法尊严，彰显宪法权威，让宪法成为一种信仰、一种基因。其三要宣传宪法，弘扬宪法精神。向社会传播宪法精神，用宪法凝聚社会共识，让弘扬宪法精神成为一种生活、一种常态。

（5）职业理想和职业素养感悟。职业理想是学生依据社会要求和个人条件确立的未来职业目标。人生发展的目标是通过职业理想来确立并最终通过职业理想来实现。大学生树立了明确的、高尚的职业理想，就会为了理想奋发进取，学习热情高涨，学习效果增强，人生发展目标就会实现。

学生要根据时代和社会发展的要求，坚持以辩证唯物主义和历史唯物主义的立场、观点和方法看待人生，坚持以最广大人民群众的根本利益为核心，坚持以实现社会主义的共同理想为目标，树立为人民服务的正确的人生观，使自己的职业理想符合人民大众的根本利益。

职业素养指的是大学生就业时应具备的与职业有关的性格、知识、能力、品质和价值观等方面的综合表现。职业素养培养是学生就业和创业的需要，要教育学生在学习过程中把形成优秀的职业道德品质和追求高尚的职业理想结合起来。通过教育，培养大学生热爱本职工作的敬业精神和奉献意识，使大学生深刻感受到自己将来的社会责任和使命，树立正确的就业观念和创业理念。从个人发展的角度来看，只有具备了良好的职业素养，才能较快地适应职业岗位的要求，进而成长为训练有素的骨干人才，为自己进一步又好又快地发展提供平台。

例题 23：学完本门课程后，我的思想收获，见表 6－7。

表 6－7　　思想收获情况

序号	描述	非常不符合	不太符合	难以判断	比较符合	非常符合
1	坚定了奉献社会的思想信念					
2	了解了国情、社情、行业境况					
3	学会了正确把握事物发展规律					
4	培养了求真务实的科学精神					

第三节　教学评价与过程考核一体化数据星的应用实践

教学评价与过程考核一体化项目组于 2020—2021 学年第二学期、2021—2022 学年、2022—2023 学年分别在项目组所在高校的七个二级学院应用数据星进行了教师教学效果和学生学习效果数据采集。项目组周密组织，与师生充分沟通，获得了客观详实的伴随数据，实现了教学评价与过程考核目标，同时对数据星进行了持续的完善和优化，并为智能评价模型体系构建和智能评价一体化多终端测评系统开发提供了数据基础和经验。

一、数据星的作用

教学评价与过程考核一体化项目组在完成评价指标以及数据星的顶层设计之后，通过智能评价一体化多终端系统，对数据星进行了应用与实践，对教与学的效果进行客观度量与科学评价。数据星是整个项目付诸应用与实践的首要环节，发挥着非常重要的作用。

第一，数据星以价值标准为出发点、价值事实为落脚点，通过价值标准引导师生树立正确的价值观念，起到引领作用。比如，关于教师提问的问题设计，其目的在于引导教师在课程设计过程中思考应该在什么时间什么情况下提问，应该提问什么样的问题。课堂提问要从诱导学生思辨启迪、集中注意的角度去设置，什么时间提问，提问什么问题都要体现缜密的思维逻辑，严谨的分析推理。一般来说，课堂上的提问包括记忆性问题、理解性问题、应用性问题和评价性问题四类。记忆性问题通过回忆相关知识可以回答；理解性问题需要用自己的语言进行解释或者说明；应用性问题需要将学习的知识应用于解决实际问题；评价性问题需要对所学知识进行评判分析，提出自己的看法和认识。四个选项的设计概括了课堂提问的实际情况，但其中包含的智慧由低到高，不断深入。

第二，数据星是对教师教学过程以及学生学习过程的客观记录与科学反映。数据星贯穿整个学期，从第一周到第十七周，包括第一次课、中间教学周的测评以及期中、期末的阶段性测评，每堂课的教学全过程以及作业、答疑、小测、期末考试、教案、PPT 等每个教学环节的全过程，动态系统记录了课程整个教与学的过程。

第三，数据星是对师生教与学效果评价以及过程考核的主要依据，也是师生成长画像的重要基础。其目的是利用智能评价建模体系对师生教学与学习效果进行评价并进行师生成长画像的分析，而这种评价与画像是建立在对数据的连续收集、清洗、整理与分析的基础上的。数据星不仅提供了可信详实的数据基础，而且还通过智能评价建模体系进行数据的清洗、整理与分析，最终实现效果评价与成长画像目标。

第四，数据星是对评价指标体系是否科学合理的验证与检验。任何理论都要经过实践的科学检验，同样评价指标体系也需要在实践中不断完善，数据星形成的价值事实标准恰恰也是对评价指标体系及数据采集单的验证与检验的过程，需要针对采集过程及结果反映出来的问题，不断优化评价指标体系与数据星。

第五，数据星的应用为智能评价一体化多终端系统的开发提供了建议与指导。数据星的应用也是智能评价一体化多终端测评系统的测试应用过程，通过不断收集用户体验与感受，促使系统的功能更加完备，界面更加友好，操作更加便捷。

二、数据星应用流程

数据星应用或者数据采集过程包括组单、数据预处理、数据采集、问题反馈、数据收集与清洗、数据整理与分析六个具体环节。

组单是指项目组根据教学周的要求及特点，从数据星题库中随机抽取题目，组成相应教学周的数据采集单的过程。组单应体现与对应教学周相匹配，针对性强以及不同同学间题目顺序差异的特点。

数据预处理是保证有效信息采集的重要手段。要求在数据采集前设定数据采集的时间节点和历史数据库，预处理的目的有两个，一是通过采集时间节点确保获取及时的准确的信息；二是通过历史数据库中学生的平时表现、之前的学习成绩、师生的评价等信息与采集的数据进行对比，以形成客观的价值事实判断。

数据采集是师生填写数据星的过程，在试点阶段由教师或学生干部组织学生利用课程结束前的简短时间（3—5 分钟）进行；在应用推广阶段学生通过登录智能评价一体化多终端系统自主自发完成数据信息的上传。

问题反馈是指建立特殊情况与突发问题的反馈机制，由学院教学办公室相关负责人以及学生干部针对教学周工作安排和教学计划变动以及采集过程中师生出现的突发情况进行及时反馈，以保证如实记录反映教学过程，确保采集数据信息和教学评价结果的科学客观。

数据收集与清洗是指采集结束后进行的数据归集与处理无效值和缺失值的过程。首先是每次课采集以及期中、期末等阶段性采集结束后数据的自动汇总；其次是检查并发现有可能出现的残缺、错误或重复的数据，并针对以上问题进行原因分析判断。

数据整理与分析分为数据整理和数据分析两个步骤。数据整理是对数据进行检验、归类编码和数字编码的过程。数据分析是指用适当的分析方法对收集来的大量数据进行分析，提取有用信息和形成结论而对数据加以详细研究和概括总结的过程。在本项目中，数据整理与分析是指利用智能评价建模体系对师生教学与学习效果以及成长过程进行画像分析的过程。首先需要从同一专业、不同课程、不同任课教师，同一专业、同一课程、不同任课教师，同一教师、不同教学周等多角度对数据进行分类整理，为横向、纵向的对比分析提供数据基础；然后是利用智能评价建模体系进行针对性的分析，形成对教师教、学生学、师生成长以及整体教学效果的综合评价。

三、数据星数据标准

（一）高可信度

高可信度是指数据星采集数据过程中获得的数据信息是高度可信任的，客观记录了教师“教”与学生“学”的过程，真实反映了教师的知识储备、教学态度、课程设计与讲授过程，学生的学习态度、听课状态、学习效果与学习感悟等信息。数据的高可信度是教学评价与过程考核一体化实践的首要标准，也是最重要的特征。数据的高可信度，一是基于区块链作为底层技术对项目的支撑；二是源于项目组对数据星的科学设计。

首先，区块链是去中心化的存储，公开透明，链上数据具有不可篡改和可溯源的特征，确保了数据本身的可信；此外，项目组建立了以智能评价模型体系为基础的共识机制，将个人数据经过模型算法得出客观的评价结果，这种结果不是传统教学评价中以学生或者管理者为中心的主观评价，而是基于教与学双主体过程大数据形成的价值事实的共识结果。

其次，为确保数据的客观真实性，项目组重点开展了两个方面的研究。一是对数据星每个题目和选项进行了科学设计，不仅变以往教学评价问卷的简单直接提问式调研为迂回同位的沟通式提问，更针对选项进行了全面考量，力求选项达到严谨规范、全面客观。二是在数据星问题之间设计了逻辑与关联关系，使题目之间可以相互印证，可以在数据分析过程中实现去伪存真。

例题的考察点主要有三个方面：一是考察教师在讲授过程中是否有提问，提问了什么类型的问题，是否是有效提问；二是考察教师是否进行了课程设计，根据教师提问问题的类型与目的性，可以反映出教师是否进行了课程设计以及课程设计的水平；三是考察学生注意力是否集中，是否认真地听课。本题的意义在于：一是引导教师注重课程设计、学会课程设计，要围绕教学目标的实现科学设计课堂教学的每个环节；二是引导学生要注重听课学习的过程、要集中精力认真听课；三是引导学生学会评价，学生答题过程也是评价的过程，要能从教师提问这一行为中判断出教师课程设计的思想和方法。通过此类题型的设计，客观要求学生必须要认真听课才能得到或者答出共识的结论，教师教学必须目的明确、教学设计得当、措施和方法有效，最终促使师生不断成长、课堂场域不断优化。

（二）系统完整性

系统性是指一个层次分明的整体，不同维度的指标处于不同层级，形成一定的秩序，同层级指标之间、指标层与指标层之间具有清晰的逻辑关系。整个体系中的单个指标能反映评价对象发展的某个侧面，而指标的综合又能反映整体情况。完整性是数据在统计信息内容含量上的体现，统计数据在内容上应该包括使用者所需的所有项目，不能残缺不全。

本项目中数据的系统完整性体现在三个维度：一是数据星数据既可以连续获得每堂课的具体情况，又能够反映课堂期中、期末不同阶段的情况；二是数据既反映单个专业课任课教师相关信息，又包含每个专业不同班级任课教师的整体相关信息，既有横向的分类汇总又有纵向的对比分析；三是数据既是对教师教学效果的评价，又是对学生学习效果的评价。为此，项目组在数据星设计过程中，既包含了每周每堂课数据采集单又包含了期中、期末阶段性数据采集单；在题目的设计上，体现了既有侧重又有结合的特点，有些题目重点观测教师，有些题目重点观测学生，有些题目则是双向观测。

（三）及时准确性

及时性是数据质量在统计信息的时间价值上的体现，是对数据形成和提供的高速度、快节奏、强效率的要求，准确性是数据质量在记录信息客观真实性方面的体现。本项目数据信息的及时准确性是指严格按照评价工作规定的时限采集相关数据信息。比如，每堂课的采集必须要在下课前五分钟完成，第一周、第三周、第五周以及期中、期末等不同周次的数据星一定在相对应的教学周进行采集。为此，项目组对数据采集工作进行了周密组织，对数据采集流程进行了严谨规范的设计与要求。

四、数据星应用的组织实施

数据星的应用分试点和应用推广两个阶段，分别使用问卷星和项目组开发的课堂教学评价一体化多终端系统两个平台。在试点前期，利用问卷星在线调查问卷平台进行，在试点后期和应用推广阶段，使用项目组开发的课堂教学评价一体化多终端系统进行。为确保数据星采集工作顺利进行，试点学院进行了系统细致的工作部署与安排。

（一）聚焦评价的目的与意义开展应用前培训

试点学院分别针专业课教师和学生开展了数据采集工作培训，围绕教学评价与过程考核一体化实践目的和意义进行了详尽说明，使师生对数据采集相关事项有深刻的理解，认识到项目不只是对教师教学效果和学生学习效果的简单结果性评价，更是为了引导教师认认真真教学，从“教”向“会教、教会”转变，引导学生认认真真学习，从“学”向“学会、会学”转变，最终目的是建立师生相互监督、互相促进的教学评价机制，实现师生的自我优化与成长。通过培训，不仅确保了数据采集工作的顺利进行，更使学校“以师生成长为中心、构建师生成长共同体”的理念得到了广泛认同，激发了学院师生自我优化的意识。

（二）根据数据采集流程作出统一部署与安排

项目组将数据采集流程划分为组单、数据预处理、数据采集、问题反馈、数据收集与清洗、数据整理与分析等环节，分别由项目组成员与试点学院负责人、专业课教师、学生骨干负责每个环节具体工作。首先，项目组在数据采集的前一周，都会根据相应教学周的特点和教学目标要求从题库中抽取题目提前制作数据采集单，并在平台发布，生成对应的链接和二维码。其次，将采集链接发给试点学院的师生，任课教师与学生骨干会在每次课结束前3—5分钟组织同学们填写数据星。师生也会将采集过程中出现的问题进行及时的反馈，然后项目组成员会及时将采集数据进行每日和每周的收集汇总，并进行整理与分析。最后，项目组会围绕师生画像与分析结果进行进一步的研判与探讨，确保项目在试点初期的科学性。

（三）针对数据采集问题建立及时反馈机制

一是通过采集前的沟通了解相应教学周的教学安排与内容，比如是否因疫情等各种客观因素影响实施了线上教学，是否是实训教学周，大一学生是否在本周开展军训等，确保数据星的适用性；二是通过定期的座谈交流，听取师生对数据采集组织工作的意见和建议，不断优化数据采集实施过程，提高效率，增加师生友好体验；三是针对单课程单课堂的突发状况和问题做好记录与及时反馈，确保采集过程数据的客观性。

（四）围绕采集数据进行及时的收集与清洗

2021 年春季学期对试点学院 22 名专业教师 34 门课程进行了 7 周的数据采集，共获得有效数据星 20891 份（见表 6－8）；2021 年秋季学期对试点学院 28 名专业教师 34 门课程进行了 8 周的数据采集，共获得有效数据星 16631 份；2022 年春季学期分别对两个试点学院 22 名老师的 24 门课程、12 名专业教师的 17 门课程进行了数据采集，两个学院共获得有效数据星 38115 份。2022 年春季学期还对两个试点学院金融工程、互联网金融以及应用统计学专业不同年级学生的不同课程进行了数据采集，共获得有效数据星 24884 份。

表 6－8　2021 年春季学期教学评价一体化项目组数据采集工作计划

序号	任务内容	完成时间	负责人
1	开展专业教师培训，明确教学评价与过程考核一体化项目的目的、意义与具体做法；再次确认第一份数据星内容，申请专用问卷星账户进行数据的收集与整理	4.11	试点学院 项目组
2	开展第一次（第 7 周）单次课堂数据采集，及时进行数据的收集与分析	4.12－4.17	试点学院
3	向项目组汇报第一次课堂数据采集结果，开展研讨	4.18	项目组
4	开展第二次（第 8 周）课堂数据采集，及时进行数据的收集与整理	4.19－4.24	试点学院
5	向项目组汇报第二次课堂数据采集结果，组建第三次数据星	4.25	项目组

续表

序号	任务内容	完成时间	负责人
6	开展第一次阶段性数据采集（期中数据星，第 9 周），及时进行数据的收集、整理与分析，与任课教师进行沟通交流	4. 26 – 4. 30	试点学院
7	汇报期中数据星结果，安排部署下一步采集任务	5. 9	项目组
8	开展第三次（第 10 周至第 15 周）课堂数据采集，及时进行数据的收集、整理与分析，依据数据对教师教学效果和学生学习效果进行初步分析评价，并不断完善数据星题库和相应指标	5. 10 – 6. 20	试点学院 项目组
9	开展第二次阶段性数据采集（期末数据星，第 16 周）	6. 21 – 6. 26	试点学院
10	与项目组进行单次课采集结果与阶段性采集结果的对比分析	6. 27	项目组
11	分别召开师生座谈会或与每位专业教师以及学生代表进行谈话，了解师生对本学期数据采集工作的认识和效果	6. 28 – 7. 3	试点学院
12	对本学期单次课数据和阶段性数据工作进行总结，制定 9 月份数据采集工作计划	7. 4	项目组
13	利用数学建模与应用开发组的成果，做好下学期测评工作安排部署	7. 5 – 8. 21	项目组

（五）针对采集数据进行整理与比较分析

项目组根据获得的数据分别进行了横向与纵向比较分析，一是对同一专业同一课程不同任课教师数据进行分析；二是对同一专业不同班级的数据进行分析；三是对同一教师期初、期中、期末的数据进行分析。分析结果表明，同一课程不同任课教师数据、同一专业不同班级的数据存在客观差异；同一教师期初、期中、期末的数据以及同一教师不同学期的数据体现了教师的成长与进步。

五、数据星的完善与优化

在数据采集过程中，项目组根据采集数据结果以及对于课程设计和课堂教学规律的研究，不断进行数据星的完善与优化，丰富了数据星类型、优化了数据星题型、题目，更加聚焦观测点和数量合理。

（一）数据星类型不断丰富

数据星共有1.0、2.0、3.0三版，22份，问题500多个，构成了丰富的数据星题库。1.0版数据星共有第1、3、5、7、11、13、15周以及期中、期末9份采集单。2.0版在1.0版基础上又设计了5份采集单，分别是：第一堂课数据星，用于第一堂课数据采集；上半学期数据星，用于第2—8教学周连续数据采集；期中数据星，用于第9教学周数据采集；下半学期数据星，用于第10—15教学周连续数据采集；期末数据星，用于第16教学周或第17教学周数据采集。项目组应用1.0版、2.0版数据星在2021年春季、秋季学期分别对试点学院师生教学与学习效果进行了数据采集和评价。3.0版数据星在总结1.0、2.0版经验基础上，进一步明晰了不同教学周不同数据星的目标定位与观测点，设计了针对观测点内容更聚焦更全面的第1、3、5、11、13、15周以及期中、期末8份数据采集单。项目组应用3.0版数据星在2022年春季学期对两个试点学院金融工程、互联网金融、应用统计学等财经类专业师生教学与学习效果进行了数据采集和教学评价。

（二）数据星题型不断优化

1.0版9份数据星主要包括单项选择题、不定项选择题两种题型，初始采集过程中存在部分题目高度共识，学生的答题选择高度趋同的现象，主要原因在于题型设计单一，题目选项过于直观，学生答题过程中存在明显的趋利避害心理。因此，项目组进一步深化对数据星题型特点和效果的研究，2.0版数据星在单选和不定项选择两种题型基础上，设计增加了矩阵题、标签题、词云题、五级程度题，并且更加注重题目与题干的科学性、全面性和迂回性的设计。3.0版数据星在2.0版基础上进一步优化，设计了量表题为主，与单选、不定项选择、矩阵题、标签题、词云题相结合的题型结构（见表6－9）。

表 6－9　不同数据星题型及数量分布情况

测评卷版本 1.0

第一堂课测评卷		第三周测评卷		第五周测评卷		第七周测评卷		期中测评卷			第十一周测评卷			第十三周测评卷		第十五周测评卷		期末测评卷	
单选	不定项	单选	不定项	单选	不定项	单选	不定项	单选	不定项	填空	单选	不定项	填空	单选	不定项	单选	不定项	单选	不定项
3	7	5	6	6	6	6	6	8	9	1	5	6	2	7	3	7	3	10	12

测评卷版本 2.0

第一堂课测评卷			第三周测评卷				期中测评卷				第十一周测评卷			期末测评卷			
不定项	填空	矩阵题	单选	不定项	填空	矩阵题	单选	不定项	填空	矩阵题	单选	不定项	填空	单选	不定项	填空	矩阵题
1	3	4	2	5	2	3	4	6	1	1	4	5	3	11	1	1	1

测评卷版本 3.0

第一堂课测评卷				第三周测评卷					第五周测评卷					期中测评卷				
单选	填空	量表题	矩阵题	单选	不定项	填空	量表题	矩阵题	单选	不定项	填空	量表题	矩阵题	单选	不定项	填空	量表题	矩阵题
3	1	3	2	4	3	2	3	1	4	3	2	3	2	3	1	1	7	2

第十一周测评卷				第十三周测评卷					第十五周测评卷					
单选	不定项	填空	量表题	单选	不定项	填空	量表题	矩阵题	单选	不定项	填空	量表题	矩阵题	NPS 量表题
6	1	3	5	6	1	2	5	1	4	1	3	5	4	1

测评卷版本 1.0 汇总			测评卷版本 2.0 汇总				测评卷版本 3.0 汇总					
单选	不定项	填空	单选	不定项	填空	矩阵题	单选	不定项	填空	量表题	矩阵题	NPS 量表题
57	58	3	25	23	13	9	30	10	14	35	8	1

（三）数据星题目数量更加合理

先期数据采集中，项目组致力于通过每份数据星实现较多的观测目标，题目观测点多而分散，存在部分课堂测评时长超过五分钟、占用了相对较多的课堂教学时间问题。后期数据采集中，项目组根据对课程设计与课堂教学规律的研究，在实现题型优化的同时，题目数量也根据数据星定位和考察内容进行了调整。使每份数据星观测点更加聚焦，题目数量保持15 道左右，实现了采集的科学高效。

六、数据星的应用与成效

数据星主要有五个方面的应用：一是通过关键有效数据的采集，形成价值事实的判断标准；二是为师生画像，实现对教师教学效果和学生学习效果的评价；三是在数据采集过程中引发师生的思考，对照题目和选项进行教学反思与总结，实现师生自我优化与共同成长；四是促进学校与学院的教育教学管理改革；五是为智能评价模型体系构建和课堂教学评价一体化多终端系统开发提供了数据基础和开发经验。

（一）采集关键有效数据，形成价值事实的判断标准

教与学过程产生价值事实，价值事实是一种主体性事实，仁者见仁、智者见智。如何准确地反映价值事实是首先要解决的问题。数据星根据指标体系确定价值事实中关键数据信息的选择，通过共识机制形成价值事实的判断标准，解决了数据真实性有效性的判断标准问题。过去的评价标准，是讲人对事情的认可，人自身有一个标准，一个事实与自身标准的差异，加上人的主观意识，是评价的标准。我们的“评价”是非先验性、去中心化的，没有事先确定标准，而是数据有效性的判断标准和价值事实的判断标准。这一判断过程是通过去中心化的共识机制以及其他历史数据的对比、师生的互相印证来完成和实现的。另外，还需要对数据采集过程中一些不科学、不客观的主观性的行为进行剔除，比如伴随数据采集过程中的单向滑道问题、随意答题现象等。

（二）为师生画像，开展教师教学与学生学习效果评价

数据星通过数据的自动归集、整理、分析与应用，实现了对师生的教学画像，既有对教师如何教的分析评价，又有对学生怎样学的分析评价，

还有对教学场域的分析评价。与传统教学评价的结果性评价不同，教学评价与过程考核一体化实践实现了教与学的系统的全过程评价。首先是对一学期一门课程从第一次课到最后一次课的全过程评价。其次是对每堂课从课程导入、课程展开再到课程深入、课程总结的全过程的评价。再次是对教案、PPT、作业、答疑、小测、参考书目、期末考试等每个教学环节的全过程的评价。最后是对一堂课、一次课、一门课，教师、学生以及师生共同创造的课堂氛围的整体效果评价。既是对教师教学效果的检验，同时又是对学生学习效果的测评；既涵盖了一次课的效果与收获，又涵盖了阶段性的效果与收获；既有对师生一学期教与学的评价，又有对师生年度性、大学四年的教与学的评价。

2021 学年两个学期，作为试点的两个学院依据数据星数据整理与分析结果，实现了对 28 名专业教师 68 门课程课堂教学的画像分析；项目组依据画像结果，形成了每位专业教师的评价结论，并给出了改进意见与建议。同时，项目组也实现了对 4 个专业 20 个班级 1174 名学生 68 门课程的学习效果评价，将画像结果作为主要依据计入学生的平时成绩当中。

（三）形成了机制，实现师生自我优化与共同成长

教学评价的目标是促进教师从“教”向“会教、教会”转变，学生从“学”向“学会、会学”转变，以师生发展为中心，实现师生共同成长。教学评价的双主体教师与学生是鉴赏者和被鉴赏者的关系，强调了学生从欣赏的视角对教师教学进行感受、体验与分析、判断，提出建议和意见。评价的出发点是双方相互促进，不断自我优化。同时教师“会教、教会”自然是对学生学习的一种引导和激励，学生“学会、会学”自然是对教师教学的一种鞭策与提升。因此，教学评价会促使师生双方形成一种自觉的互相监督与共同成长机制。

学校教学评价与过程考核一体化实践项目的研究与实施，促使教师高度重视课程设计与课堂教学，不断对照数据星题目和选项进行总结反思，挖掘课程内容本身的内在逻辑，凝练课程的专业思维与方法，感悟从专业到一般的科学道理，深化了对课程设计与课堂教学的研究、理解与实践。教师在教学过程中既注重树立自身良好的职业形象，又注重培养自身语言表达的逻辑性、流利性和语感；既追求课程设计的严谨规范，又力求讲授

过程的精彩高效；既努力提升自身的专业素养，又思索探讨用已知感知未知的教育教学方法；促使教师逐步从课堂教学教必有法、教需学法的“必然王国”走向教于得法、教无定法的“自由王国”，实现高效课堂的教学目标，提升了教学与人才培养质量。

同时，学生在参与数据采集过程中，转化了自身角色与定位，从知识的被动接受者逐渐转变为主动倾听、积极参与的学习者、课堂的鉴赏者，从关注成绩与知识到更关注能力、思维与方法，不仅提高了知识学习效率，更掌握了专业学习的方法，培养了自主学习的能力。

（四）促进学校与二级学院的教育教学管理改革

传统教学评价是对教师教学的结果性评价。评价的对象是教师；参与评价的主体多元，包括学生、督导、同行、领导等，但更注重学生的中心地位；评价指标相对直观简单，多通过纸质调查问卷或学校的教务系统平台打分方式进行；最终形成的是对教师教学的结果性评价，是一种多主体综合性评价模式。

教学评价与过程考核一体化实践是对教师教与学生学的全过程考核与综合性评价。评价的对象是教学，包括教师的教、学生的学、教学的场域和氛围；参与评价的主体为教学活动的双主体双客体教师和学生；评价指标体系具备科学性、思想性、精准性、效度性，依托智能评价模型体系和课堂教学评价一体化多终端测评系统进行，充分利用了区块链、人工智能、大数据技术的去中心化、共识机制等优势，实现了测评数据和结果的高可信度；评价最终形成的是对教师教与学生学的过程性评价和增值评价，是基于区块链、大数据技术，在结果评价基础上强化了过程评价、增值评价的综合性评价。

教学评价与过程考核一体化实践意义就在于促进了学校与二级学院的教育教学管理的深度变革，主要体现在以下几个方面。

1. 节约了人力与物力成本，促进了教学管理与评价管理体制的变革。

传统教学评价模式下，高校需要设立独立的部门履行教学质量监控职责，还需要聘请一定规模的教学经验丰富的教师作为督导进课堂听课，由于高校专业和课程门数较多，督导教师数量有限，督导教师每天的听课工作任务繁重，很难实现每位督导教师听课范围的全覆盖，即便实现了听课范围的全覆盖，也没有办法实现全程的督导与指导。同行以及学院和校级领导也往往因为行政工作或者自身的教学科研任务，进课堂听课的次数一定程度上也会受到限制。由此可见，传统教学评价模式下，高校在教育教学管理方面付出了较高的人力物力成本。教学评价与过程考核一体化注重挖掘教学双主体的内在职责与具体要求，促使其积极地履职尽责，变外部监督评价为教学双主体之间的相互约束与监督，极大降低了外部监督的人力物力成本。

2. 变结果性评价为增值和过程评价，实现了真正意义上的过程考核。

传统教学评价结果往往是学生期末集中评价和督导、同行以及领导一次听课的评价分数加权平均的结果，忽略了教师教学过程中的整体表现以及进步与改变，容易出现以偏概全的现象。教学评价与过程考核一体化通过对每次课教学伴随数据的连续采集，实现了对教学全过程的信息覆盖与分析，可以关注到师生在教学过程中的成长与变化，不仅是客观全面的教学与学习效果的评价，更做到了真正意义上的过程性考核。对老师的评教结果不再是一个简单的分数，而是一份综合的分析报告，对学生的平时成绩不再仅仅是出勤和完成作业情况的简单加总，更是基于每次听课状态和收获的客观判断得出的结果。

3. 变单向评教为双向评价，构建了师生互相监督、相互促进的教学相长机制。

学校教学评价一体化实践项目不仅围绕“直观、专业、效果、感悟”指标体系进行测评，更突出了对课程设计过程、课程讲授过程、学生学习过程（具体包括听课、完成任务或作业、研讨和测试等）的考核要求。与传统的学校教务处、质量监控中心、二级学院分层听课督导和较直观的评价问卷调研不同，评价一体化测评体系以时间为轴，反映不同时间节点教师、学生、教室（场、氛围）具体情况，使师生既是教与学的主体，又是相互监督、互相约束的双方，相互影响促进，实现共同成长。该项目类似“市场中看不见的手原理”，依靠评价一体化系统能够客观进行教学与学习效果的评价，实现了师生自我优化，彻底解决了传统教学评价依靠外部力量管、督，评价不全面、不够具体深入等问题。

4. 充分利用先进的信息技术手段，提升了教学管理的数字化和信息化水平。

教学评价与过程考核一体化实践充分利用了区块链、大数据、人工智能等信息技术的优势特点，构建了智能评价模型体系，开发了智能评价一体化多终端系统，在获取大数据信息的同时简化了教学评价的程序、提高了教学评价的效率，实现了评价信息数据的客观、科学与系统准确性，极大提升了高校教学管理的数字化和信息化水平。

第七章
高校教学评价与过程考核一体化模型构建

第一节 大数据背景下的课堂教学评价发展

随着移动互联网技术的迅速发展，网络信息传播已经成为人们日常生活中学习与交流的主要方式，每个人都是数据的生产者、传播者和消费者。大数据与教育的结合是大势所趋，大数据的应用为教育信息化、智慧教育、数字校园的建设带来了积极影响。在推动实施国家大数据战略的背景下，积极利用大数据技术分析评价教育教学逐渐成为提高教学效率的有效手段，尤其当前大数据技术对高等教育的影响更加深远。高校课堂中教学评价是促进教师提高课堂教学效率、精准明确教学重难点、优化教学方式方法、有效设计课堂讨论，同时也是诊断学生学习效率、培养自我学习能力、决定教学努力方向的主要方法。众多研究表明，将大数据引入教学评价可以有效地将学生学习与教师讲授过程中的课堂教学数据加以分析利用，通过数据挖掘技术来分析得到客观有效的课堂教学情况反馈，进而以此来确定最佳的教学策略，并通过大数据技术分析课堂教学数据来不断提高教师的课堂讲授水平以及学生的课堂学习效率。

一、大数据驱动高校课堂教学评价发展

（一）从经验评价到数据评价

教学评价活动主要是学校督导部门在听课和分析学生考试成绩的基础上对授课教师的教学过程进行评价，或者教师根据学生课堂表现、作业完

成情况以及考试成绩等方面对学生的学习过程进行评价。传统的教学评价主要针对教师教学和学生学习的浅层次方面进行评价，对于教师教学能力和学生学习能力的评价只能依据评价者的经验，这样的评价具有一定的主观性，且受评价者个人偏好的影响，有时表现为对于同一位教师或学生，不同的评价者给出的评价结果相差较大。教学评价中引入大数据技术可以改善传统评价的一些弊端，大数据教学评价平台可以有效记录并保存学生的整个学习过程以及教师教学的全过程。教学过程数据化会有效促进教学评价的客观性。大数据时代表明，教学评价不能仅仅依靠评价者的经验进行评判，而是要通过教学全过程的数据进行归纳、分析，进而对教师的教学及学生的学习情况进行客观评价及反馈。大数据技术逐渐使教学评价的依据从经验评价走向数据评价。

（二）从单因素评价到多因素评价

传统教学评价大多根据简单学评教来评判学生学习过程及教师教学过程，从比较单一的因素来判别学生对知识点理解偏差、未掌握做题方法、学习效果不佳等，这样由较少因素的评判方式往往过于狭隘，容易造成误判，教师教学效果不能达到以及学生学习效果不明显。但是这样的数据很难被试卷捕捉到，大数据可以将学生所有的试卷及测试结果纳入其中，通过对知识的相关关系进行分析生成个人的专属学习报告。通过对数据的挖掘可以分析出学生是否真正地掌握了知识点，对易错问题进行重点关注、对模糊领域进行深度讲解，可以有效提高学生的学习效率，同时也有利于教师因材施教。

（三）从总结性评价到过程性评价

传统教学评价多以测试成绩为评价依据，对于学生学习过程的评价只能依靠教师自身的教学经验。而大数据可以记录下学生学习的全过程，通过横纵向对比呈现出学生的学习状态、对知识的掌握程度，有利于教师进行过程性评价。完善综合素质评价，探索促进学生发展的多种评价方式，提供持续改善学习效果的评价目标，体现了评价内容从以往注重认知水平的“总结性评价”向注重综合素养的“过程性评价”转变的趋势。

二、大数据驱动下的高校课堂教学评价变革

（一）大数据驱动教学评价内容丰富化

大数据鲜明的特征之一是数据的容量巨大，从而使大数据技术评价教学内容的质量有比较大的优势。第一，大数据技术使评价不再是抽样分析，而是全样本处理。受技术条件的限制，传统教学数据的采集只能选取具有代表性的样本进行分析，并以此判断教学过程的整体情况。大数据技术使数据采集全覆盖，能够录入每位教师的教学信息及每个学生的学习信息，避免了样本推断的局限性，提高了教学评价的准确性。第二，教学评价内容的全面性也可以体现个人信息搜集的全面性。大数据技术可以全过程追踪到学生在学习过程中产生的各种数据并进行量化处理，通过记录学生的真实客观学习过程，更加客观、准确、有效地进行教学评价。第三，大数据可视化技术可以直观呈现教学评价中的各种信息。在日常学习过程中，教师一般从学生回答问题的表现、测验成绩、作业完成质量等方面来判断学生掌握所学知识的效果，关于学生思维、学习状态等数据却难以准确捕捉，然而，利用大数据技术可以准确记录各种有效数据。例如，学生的合作探究能力、拓展迁移能力、知识感悟能力、解决实际问题的能力等情况均能可视化。大数据能够精准记录到每个学生的课堂表现、提问与回答问题次数、测验完成时间、分数等，然后以可视化技术直观清晰地呈现教学评价效果。大数据技术分析教学评价数据可以更加全面，客观评价教学效果，进而促进高效课堂的形成。

（二）大数据驱动教学评价标准多极化

《国家中长期教育改革和发展规划纲要（2010—2020 年）》提出：“关注学生的不同特点和个性差异，发展每一个学生的优势潜能。”要贯彻落实这一要求，就“要为学生构建个性化教育环境，根据学生的实际学习步调和学习情况开展有针对性的学习指导，使其真正融入学习过程中，这就需要对学生已有的学习准备、能力、兴趣和天分、学习风格等进行评估。”大数据技术可以准确全面地对教学情况进行有效记录，切实挖掘每个教学环节的真实情况，进而通过挖掘分析数据对每个学生的学习情况进行精准画像，针对学生知识结构差异因材施教。实际教学过程中不同水平的学生

会有不同的数据记录，差异性的学习数据必然导致教学评价标准存在一定的差异，进而形成多极化教学评价，以此促进学生个性化发展。大数据技术逐渐推动教学评价标准多极化，使评价更具有针对性，利用大数据画像精准挖掘学生潜力，为每个学生设计学习平台，从而促进学生成人成才。

（三）大数据驱动教学评价方法多样化

大数据技术能收集到之前不可挖掘与量化的状态，教学评价的发展多样化正在形成。大数据驱动教学评价方法的多样化表现为量化、质性评价方法的结合。日常教学评价的数据信息均可通过数据量化的方式直观呈现，深入挖掘量化后的数据并进行质性分析，以达到教学评价量性与质性相结合。大数据技术使教学评价的思维方式得到了有效创新，更加关注数据之间的相关分析，在此基础上进一步挖掘数据的内在逻辑并找出问题所在，有效进行教学评价。大数据驱动教学评价方法多样化并整合多样化评价方式，为教学评价拓宽了思路。

第二节　高校课堂教学评价的主要方法

一、传统的高校课堂教学评价方法

（一）模糊综合评价法

模糊综合评价法是基于模糊数学理论的一种综合评价方法。该评价方法利用模糊数学中的隶属度概念将实际问题中的具体评价过程进行相应的量化处理，即利用模糊数学方法对不同评价主体的不同评价因素进行整体评价。实践表明，该方法在一定程度上可以处理复杂模糊性问题。

课堂教学质量评价是一种多评价因素、多评价方法的模糊数据处理方法，而在实际的课堂教学中不能简单以好、坏对教学效果进行区分，这样的简单区分在一定程度上会产生不合理的评价结果。同时，人的主观评价从一定程度上会对评价结果产生一定的模糊性，并且这种模糊性的有效处理必定也会影响最终的课堂教学评价结果。因此，利用模糊数学的理论方法可以更好地对课堂教学质量进行有效评价。

模糊综合评价法的基本步骤如下：

1. 确定评价的因素集

课堂教学评价的因素集一般根据评价指标体系各级指标的性质特征和不同需要来确定。例如，课堂评价指标是“教态和语言”，则可以将“教态和语言”分解为“衣着得体、语言标准规范、表述清晰流畅、语速适中、音量大小适中”这五个因素，并且构成一个评价“教态和语言”的因素集。

$U = \{u_1, u_2, u_3, u_4, u_5\}$

这里 u_i ，$i = 1,2,3,4,5$ ，分别表示“衣着得体”、“语言标准规范”、“表述清晰流畅”、“语速适中”、“音量大小适中”五个因素。具体评价指标及对应的评价因素见表 7 - 1。表 7 - 1 中数据是 46 名同学对某堂课教师“教态和语言”的评价。

表 7 - 1　　教师的教态和语言评价量表

描述（评价因素）	非常不符合	不太符合	难以判断	比较符合	非常符合
衣着得体	2（4.35%）	0	0	3（6.52%）	41（89.13%）
语言标准规范	2（4.35%）	0	1（2.17%）	6（13.04%）	37（80.43%）
表述清晰流畅	2（4.35%）	0	0	4（8.7%）	40（86.96%）
语速适中	2（4.35%）	0	1（2.17%）	2（4.35%）	41（89.13%）
音量大小适中	2（4.35%）	0	0	2（4.35%）	42（91.3%）

2. 确定课堂教学评价因素的权重

模糊综合评价中评价因素的权重设定办法主要有经验法、德尔菲法、讨论法、层次分析法、主成分分析法、熵值法等。上述各种方法中多以主观赋权法为主，主观赋权法的优点是专家可以根据以往的经验以及实际问题具体情况，较为合理地确定各指标之间的重要程度排序，也就是说，尽管主观赋权法不能准确客观地确定各指标的权重系数，但在一般情况下，主观赋权法可以在一定程度上有效地确定各指标按重要程度给定的权重系数的先后顺序。该类方法的优点是权重确定过程简单易行，而主要的缺点就是主观随意性大，选取的专家不同，得出的权重系数也不同，这一点并未因采取诸如增加专家数量、优选专家等措施而得到根本改善。因而，在某些特殊情况下应用主观赋权法得到的权重结果可能会与实际情况存在较大差异。例如，上面提到的课堂教学评价中“教态和语言”五个因素的权重可以根据主观赋权法确定为0.1、0.2、0.3、0.3、0.1。

3. 确定课堂教学评价因素评语集合

课堂教学评价的主要目的是提高教师的教学质量和学生的学习质量，通过评价结果，一是不断优化教师的教学方法和教学手段，二是有效引导学生的听课方式，这样不仅教师在教学水平上有所提升，而且学生能更加有效地学习，逐渐提高学习水平。通过制定合理的课程教学评价的评语集，可以对课堂教学评价指标进行具体的划分来覆盖课堂教学的各个方面。因此，根据课堂教学各指标的自身特点，可以分别制定各指标相应的评语集。一些文献中多采用四级或五级评语集，例如，四级评语集可以确定为不好、一般、较好、很好；五级评语集可以确定为不好、较差、一般、较好、很好。根据评价指标的具体内容也可以将五级评语集确定为非常不符合、不太符合、难以判断、比较符合、非常符合。对于上述表7-1中课堂评价指标“教态和语言”中的各因素可以制定如下评语集。

$$V = \{v_1, v_2, v_3, v_4, v_5\}$$

这里v_j，$j = 1,2,3,4,5$，分别表示“非常不符合”、“不太符合”、“难以判断”、“比较符合”、“非常符合”五个等级。但是，以上的评语集确定方法在实际应用中常常表现出界限太过明细，有时会造成课堂评价结果并不合理。为了更加合理地表明评语集的客观性，有时也采用模糊数学中的隶属函数来确定评语集的等级。例如，可以构造如下评语集的隶属函数，其中，评价者对于评价因素的评价设定为百分制。

评语集等级“非常不符合”的隶属函数：

$$\mu_{V_1} = \begin{cases} 0 & x \geqslant 65 \\ \frac{1}{25}(65 - x) & 40 \leqslant x < 65 \\ 1 & 0 \leqslant x < 40 \end{cases}$$

评语集等级“不太符合”的隶属函数：

$$\mu_{V_2} = \begin{cases} 0 & x \geqslant 65 \\ \frac{1}{15}(80 - x) & 65 < x \leqslant 80 \\ \frac{1}{15}(x - 40) & 40 \leqslant x < 65 \\ 0 & x < 40 \end{cases}$$

评语集等级“难以判断”的隶属函数：

$$\mu_{V_3}=\begin{cases}0 & x>90\\ 0.1(90-x) & 80<x\leqslant 90\\ \dfrac{1}{15}(x-65) & 65<x\leqslant 80\\ 0 & x<65\end{cases}$$

评语集等级“比较符合”的隶属函数：

$$\mu_{V_4}=\begin{cases}0 & x>95\\ 0.2(95-x) & 90<x\leqslant 95\\ 0.1(x-80) & 80\leqslant x\leqslant 90\\ 0 & x<80\end{cases}$$

评语集等级“非常符合”的隶属函数：

$$\mu_{V_5}=\begin{cases}1 & 95<x\leqslant 100\\ 0.2(x-90) & 90\leqslant x\leqslant 95\\ 0 & x<90\end{cases}$$

例如，某位学生对于评价因素“衣着得体、语言标准规范、表述清晰流畅、语速适中、音量大小适中”进行百分制打分分别为 96 分、92 分、85 分、70 分、78 分，则依据上面给出的隶属函数就可以分别计算出该学生对五个评价因素的模糊评价向量分别为：

$R_1=(1,0,0,0,0)$，$R_2=(0.4,0.6,0,0,0)$，$R_3=(0,0.5,0.5,0,0)$，$R_4=(0,1/3,2/3,0,0)$，$R_5=(0,13/15,2/15,0,0)$。

4. 建立因素集的模糊矩阵

首先，通过对单一评价因素进行评价，得出评价对象对各个元素的隶属度 r_{ij}，（其中 r_{ij} 代表的一般含义是：对于评价因素 u_i 给出评语 v_j 的人数占总评价群体人数的比例），其次，由隶属度 r_{ij} 构成单一因素评价集，即：

$r_{ij}=\{r_{i1},r_{i2},\cdots,r_{im}\}$

最后，对单因素评价集进行组合，可得到单因素评价集的模糊矩阵：

$$R=\begin{pmatrix}r_{11} & r_{12} & \cdots & r_{1m}\\ r_{21} & r_{22} & \cdots & r_{2m}\\ \cdots & \cdots & \cdots & \cdots\\ r_{n1} & r_{n2} & \cdots & r_{nm}\end{pmatrix}$$

5. 选择评价模型

根据不同的实际情况，模糊综合评价模型主要有四种不同的形式，每一种模型对应着一种算法，现将这四种算法简单阐述如下：

（1）模型Ⅰ　$M(\wedge, \vee)$：

设 $R=(r_{ij})_{n\times m}$ 表示模糊评价矩阵，$W=(w_1,w_2,\cdots,w_n)$ 表示加权向量（W 中的各个元素之和等于1，即 $w_1+w_2+\cdots+w_n=1$），相应的综合评价矩阵 $B=(b_1,b_2,\cdots,b_m)$。此模型的计算公式为：

$b_j=\vee_{i=1}^{n}(w_i \wedge r_{ij})$，$j=1,2,\cdots,m$

模型Ⅰ的算法 $M(\wedge, \vee)$ 突出了主因素的作用，适用于主因素起决定作用的综合评价。

（2）模型Ⅱ　$M(\cdot, \vee)$：

模型Ⅱ的计算公式与模型Ⅰ相比较利用相乘代替了取小法则，即：

$b_j=\vee_{i=1}^{n}(w_i \cdot r_{ij})$，$j=1,2,\cdots,m$

在模型Ⅱ中，相乘运算虽然没有丢失任何因素，但取大运算还是忽略了次要因素，所以模型Ⅱ还是突出了主要因素，突出了单因素评价的隶属度。

（3）模型Ⅲ　$M(\wedge, +)$：

模型Ⅲ的计算公式与模型Ⅰ相比较利用加法代替了取大法则，即：

$b_j=\sum_{i=1}^{n}(w_i \wedge r_{ij})$，$j=1,2,\cdots,m$

模型Ⅲ以加法代替取大，每一个因素都起到了一定的作用，因此，主因素的作用不是那么突出了。在实际使用的过程中，当权重最大的因素即主因素在评价中起主要作用时，首先考虑采用模型Ⅰ，其次是模型Ⅱ、模型Ⅲ。

（4）模型Ⅳ　$M(\cdot, +)$：

模型Ⅳ的计算公式与模型Ⅲ相比较利用相乘代替了取小法则，即：

$b_j=\sum_{i=1}^{n}(w_i \cdot r_{ij})$，$j=1,2,\cdots,m$

在模型Ⅳ的算法中采用先乘积后再求和的形式，没有忽略任何因素，均衡兼顾了所有的因素，所以此模型适用于所有因素起作用的综合评价。

6. 计算综合评价值

根据模糊综合评价的基本原理得出以下计算方法：

$$B = W \cdot R = (w_1, w_2, \cdots, w_n) \cdot \begin{pmatrix} r_{11} & r_{12} & \cdots & r_{1m} \\ r_{21} & r_{22} & \cdots & r_{2m} \\ \cdots & \cdots & \cdots & \cdots \\ r_{n1} & r_{n2} & \cdots & r_{nm} \end{pmatrix} = (b_1, b_2, \cdots, b_m)$$

对表 7 - 1 中的评价数据进行分析，并依据上面主观赋值法假设教师的“教态和语言”因素集中各因素的权重分别为 0.1、0.2、0.3、0.3、0.1。分别得到各因素的评价等级向量如下：

对“衣着得体”这一因素的评价，选择“非常不符合”的有 2 人，占评价学生总数的 4.35%，选择“不太符合”的没有学生，选择“难以判断”的没有学生，选择“比较符合”的有 3 人，占评价学生总数的 6.52%，选择“非常符合”的有 41 人，占评价学生总数的 89.13%。因此，可以得到因素“衣着得体”的评价向量是：

$R_1 = (0.0435, 0, 0, 0.0652, 0.8913)$

类似地，可以得到因素“语言标准规范”、“表述清晰流畅”、“语速适中”、“音量大小适中”的评价向量分别为：

$R_2 = (0.0435, 0, 0.0217, 0.1304, 0.8043)$

$R_3 = (0.0435, 0, 0, 0.087, 0.8696)$

$R_4 = (0.0435, 0, 0.0217, 0.0435, 0.8913)$

$R_5 = (0.0435, 0, 0, 0.0435, 0.913)$

综上，得到一个各因素的评价矩阵为：

$$R = \begin{pmatrix} 0.0435 & 0 & 0 & 0.0652 & 0.8913 \\ 0.0435 & 0 & 0.0217 & 0.1304 & 0.8043 \\ 0.0435 & 0 & 0 & 0.087 & 0.8696 \\ 0.0435 & 0 & 0.0217 & 0.0435 & 0.8913 \\ 0.0435 & 0 & 0 & 0.0435 & 0.913 \end{pmatrix}$$

假设采用模型Ⅰ $M(\wedge, \vee)$ 来计算模糊综合评价向量，具体计算方法是：

$$B = W \cdot R = (0.1, 0.2, 0.3, 0.3, 0.1) \cdot \begin{pmatrix} 0.0435 & 0 & 0 & 0.0652 & 0.8913 \\ 0.0435 & 0 & 0.0217 & 0.1304 & 0.8043 \\ 0.0435 & 0 & 0 & 0.087 & 0.8696 \\ 0.0435 & 0 & 0.0217 & 0.0435 & 0.8913 \\ 0.0435 & 0 & 0 & 0.0435 & 0.913 \end{pmatrix}$$

其中，上述的评价结果 B 共有 5 个因素，具体计算过程为：

$$b_1 = (0.1 \wedge 0.0435) \vee (0.2 \wedge 0.0435) \vee (0.3 \wedge 0.0435) \vee (0.3 \wedge 0.0435) \vee (0.1 \wedge 0.0435)$$
$$= 0.0435 \vee 0.0435 \vee 0.0435 \vee 0.0435 \vee 0.0435$$
$$= 0.0435$$

$$b_2 = (0.1 \wedge 0) \vee (0.2 \wedge 0) \vee (0.3 \wedge 0) \vee (0.3 \wedge 0) \vee (0.1 \wedge 0)$$
$$= 0 \vee 0 \vee 0 \vee 0 \vee 0$$
$$= 0$$

$$b_3 = (0.1 \wedge 0) \vee (0.2 \wedge 0.0217) \vee (0.3 \wedge 0) \vee (0.3 \wedge 0.0217) \vee (0.1 \wedge 0)$$
$$= 0 \vee 0.0217 \vee 0 \vee 0.0217 \vee 0$$
$$= 0.0217$$

$$b_4 = (0.1 \wedge 0.0652) \vee (0.2 \wedge 0.1304) \vee (0.3 \wedge 0.087) \vee (0.3 \wedge 0.0435) \vee (0.1 \wedge 0.0435)$$
$$= 0.0652 \vee 0.1304 \vee 0.087 \vee 0.0435 \vee 0.0435$$
$$= 0.1304$$

$$b_5 = (0.1 \wedge 0.8913) \vee (0.2 \wedge 0.8043) \vee (0.3 \wedge 0.8696) \vee (0.3 \wedge 0.8913) \vee (0.1 \wedge 0.913)$$
$$= 0.1 \vee 0.2 \vee 0.3 \vee 0.3 \vee 0.1$$
$$= 0.3$$

因此，评价结果 B 可以表示为：

$$B = W \cdot R = (0.0435, 0, 0.0217, 0.1304, 0.3)$$

依据“最大隶属度”原则，可以从上述结果中得到 46 名同学的综合评价结果是“非常符合”，这个结果也说明全班同学总体认可教师本堂课的“教态和语言”。

（二）层次分析评价法

高校课堂教学评价过程中一般涉及多个评价因素，而不同的评价因素在整个评价过程中的重要程度会有所不同，为了合理区分不同因素的重要程度，需要根据各评价因素在评价体系中所起的作用大小设置相应的权重值。在这种情况下，权重取值的合理性将对高校课堂教学评价的最终评价结果具有十分重要的意义。同时，评价因素的权重值也会随着不同的具体情况而变化，例如，随着时间的推移，评价体系关注的因素会发生一定转变，此时权重值就会随之改变，并依据实际的需求进行重新确定。一般情况下，评价因素权重的确定方法可以采用如下方法：经验法、德尔菲法、讨论法、层次分析法、主成分分析法、熵值法等。一方面主观赋值方法可能存在主观为主确定权重的情况，有时候确定一定的客观分析从而造成权重存在一定的不合理性。德尔菲法是指通过多轮信息反馈，从而确定比较重要的评价因素，此方法需要较长时间的信息收集，适合长期或中期预测。为了更好地客观真实反映课堂教学评价因素的重要程度，层次分析法在处理定性、定量结合问题时更为有效，并且对复杂、较多评价影响的教学评价问题更为有效。

层次分析法（AHP）是美国匹兹堡大学教授 T. L. Saaty 提出的一种简便、灵活而且实用的多准则决策方法。它的基本思想是将研究对象分解为不同的组成因素，按照各因素之间的隶属度关系建立阶梯层次结构。对同层的各元素进行两两比较，根据每一层的相对重要性予以定量表示，并利用数学方法确定每一层各项因素的权值。下面以某高校本科课堂教学为例来说明层次分析法在课堂教学评价中的应用（见表 7－2）。

表 7－2　　某高校课堂教学质量评价体系

一级指标	二级指标	指标含义
学习情况 B_1	学习感受 $C1$	学习兴趣、主动性、积极性提升情况
	学习活动 $C2$	自主探究能力、协同学习能力提升情况
	学习方法 $C3$	学习方法与学习规律掌握情况
	学习效果 $C4$	知识技能、深度和广度情况，知识批判性情况
教学情况 B_2	学习激励 $C5$	课堂气氛的创设以及对学生学习动力的激发情况
	教学组织 $C6$	教学方法多样及适宜、教学活动逻辑清晰及有效
	学习指导 $C7$	学生自主探究能力、协同学习能力的培养
	资源利用 $C8$	各种教学资源丰富且有效利用
	教学素养 $C9$	教学语言、肢体动作、板书、PPT、交流等基本功扎实有效
教学内容 B_3	内容层次 $C10$	教学内容层次分明，重难点突出
	内容切入 $C11$	内容的切入顺其自然，利于学生理解和接受
	内容讲解 $C12$	讲解逻辑清晰，层层递进，由浅入深便于学生学习
教学效果 B_4	目标实现 $C13$	课程的教学目标达成度情况（知识、能力和素质）
	个性效果 $C14$	不同层次学生都有不同程度的成长
	课堂效果 $C15$	课堂气氛活跃轻松，学生参与课堂教学的积极性高

1. 建立指标的层次结构

在某高校建立课堂教学质量评价体系的过程中，需要对其实际中涉及的各教学环节进行有效梳理，在此基础上针对各项教学指标进行数据的统计分析，利用数据展现出其目前课堂的具体教学情况，从而有利于后续课堂教学评价层次分析模型的设计。将建立指标的层次结构分解成目标层、准则层、指标层三个层次。其中，目标层是指某高校课堂教学质量评价；准则层是指学生的学习情况、教师的教学情况、课堂的教学内容以及课堂的教学效果；指标层由 15 个指标组成，如表 7－3 所示。

表 7－3　　某高校课堂教学质量评价层次结构表

目标层	课堂教学质量评价 A			
准则层	学习情况 B_1	教学情况 B_2	教学内容 B_3	教学效果 B_4
指标层	$C1$ $C2$ $C3$ $C4$	$C5$ $C6$ $C7$ $C8$ $C9$	$C10$ $C11$ $C12$	$C13$ $C14$ $C15$

一般而言，根据教育专家的意见，可以确定重要的评价体系指标，这里选择 B_1—B_4、$C1$—$C15$ 作为整个层次结构中的指标，并根据每个指标的实际意义及其对课堂教学评价质量的重要程度，分别赋予不同的权重系数。

2. 建立判断矩阵

下面从层次结构模型的准则层开始，对于隶属于上一层各评价因素的同一层诸因素，利用 T. L. Saaty 等人提出的成对比较法和表 7－4 中的比较尺度构造成对比较矩阵，直到层次结构模型中的指标层。

表 7－4　　成对比较矩阵尺度及其含义

比较尺度	含义
1	表示两个因素相比，具有同等重要性
3	表示两个因素相比，一个因素比另一个因素稍微重要
5	表示两个因素相比，一个因素比另一个因素明显重要
7	表示两个因素相比，一个因素比另一个因素强烈重要
9	表示两个因素相比，一个因素比另一个因素极端重要
2，4，6，8	上述两相邻判断的中间值
1，1/2，…，1/9	相应两因素交换顺序比较的重要性

该指标分值具有一定的主观性，因此在向相关专家征询意见的基础上，对准则层及指标层各因素进行两两比较并赋值，得出判断矩阵，如表7－5至表7－10所示。

3. 计算指标权重

计算判断矩阵的特征向量和最大特征根，可通过求解公式：

$$BW = \lambda_{max} W$$

获得排序值，其中 λ_{max} 是矩阵的最大特征根，W 为排序矢量。分别计算出判断矩阵的每一行元素的几何平均值，并对行向量进行归一化处理。具体计算结果见表7－5至表7－10。

表7－5　　准则层的判断矩阵及各指标权重系数值

	B_1	B_2	B_3	B_4	权重系数 W_i
B_1	1	1/2	1/5	1/3	0.0870
B_2	2	1	1/3	1/2	0.1641
B_3	5	3	1	2	0.4708
B_4	3	2	1/2	1	0.2782

通过计算可得准则层的一致性检验指标分别为：

$\lambda=4.0177$，$CI=0.0059$，$CR=0.0066$。

表7－6　　学习情况指标层的判断矩阵及各指标权重系数值

	C1	C2	C3	C4	权重系数 W_i
C1	1	1/3	1/5	1/2	0.078
C2	3	1	1/5	2	0.2379
C3	5	5	1	3	0.5371
C4	2	1/2	1/3	1	0.1471

表7－7　　教学情况指标层的判断矩阵及各指标权重系数值

	C5	C6	C7	C8	C9	权重系数 W_i
C5	1	1/5	1/3	2	2	0.1595
C6	5	1	2	3	3	0.4035
C7	3	1/2	1	2	2	0.245
C8	1/2	1/3	1/2	1	1	0.0961
C9	1/2	1/3	1/2	1	1	0.0961

表 7－8　教学内容指标层的判断矩阵及各指标权重系数值

	C10	C11	C12	权重系数 W_i
C10	1	2	1/2	0.3088
C11	1/2	1	1/3	0.1618
C12	2	3	1	0.5294

表 7－9　教学效果指标层的判断矩阵及各指标权重系数值

	C13	C14	C15	权重系数 W_i
C13	1	5	3	0.6413
C14	1/5	1	1/2	0.1211
C15	1/3	2	1	0.2375

表 7－10　准则层各指标的最大特征根及一致性检验计算结果

	λ_i	CI_i	RI_i	CR_i
B_1	4.2142	0.0714	0.9	0.0793
B_2	5.2804	0.0710	1.12	0.0626
B_3	3.0112	0.0056	0.58	0.0097
B_4	3.0049	0.0025	0.58	0.0043

4. 计算组合权向量

根据以上计算结果，并利用组合权向量的计算公式可得：

指标层组合一致性指标 CI：

$$CI = 0.0714 \times 0.0870 + 0.0710 \times 0.1641 + 0.0056 \times 0.4708 + 0.0025 \times 0.2782 = 0.0212$$

指标层组合一致性指标 RI：

$$RI = 0.9 \times 0.0870 + 1.12 \times 0.1641 + 0.58 \times 0.4708 + 0.58 \times 0.2782 = 0.6965$$

指标层组合一致性比率 CR：

$$CR = \frac{CI}{RI} = 0.0304$$

系统组合一致性比率 CR^*：

$$CR^* = \sum CR = 0.0304 + 0.0066 = 0.037$$

（三）主成分分析评价法

1. 模型基本原理

主成分分析评价法的基本原理是将原始问题中存在的众多个可能具有相关关系的变量，通过正交变换法转换成一组新的变量，同时要求这组新生成的变量之间不仅要互不相关，而且要具有代表性，即能够尽可能地体现原始变量全部信息。该方法是一种常用的降维统计方法，具有广泛的应用性。

其实现步骤如下：

第一，对原始问题中的变量作线性组合，线性组合即为生成的新综合变量 F_i；

第二，为了让新生成的综合指标能够较好地反映原始变量信息（用方差来衡量包含“信息”程度），选择方差较大的综合变量作为第一个主成分 F_1，即 F_1 的方差 $Var(F_1)$ 是所有线性组合中最大的；

第三，如果 F_1 不能包含绝大多数的原始信息，这时就需要再选取一个主成分 F_2。其选取原则是除 F_1 外，F_2 的方差在剩余线性组合中是最大的，并且 F_2 与 F_1 不相关，即：$Cov(F_1,F_2)=0$；

第四，如需再额外选取主成分，按照 F_2 的选取方法依次完成第三、第四……第 p 个主成分的选择，此时，各主成分的方差依次递减。用新生成的主成分去代表原始信息，从而达到简化问题，抓住主要矛盾的目的。

2. 主成分分析的数学模型

以某一班级的学评教数据为基础，筛选出 p 个指标 $x_1,x_2,\cdots,x_p$。那么由 n 个学生生成的学评教数据可用如下矩阵表示：

$$X=\begin{pmatrix} x_{11} & x_{12} & \cdots & x_{1p} \\ x_{21} & x_{22} & \cdots & x_{2p} \\ \vdots & \vdots & \vdots & \vdots \\ x_{n1} & x_{n2} & \cdots & x_{np} \end{pmatrix}=(x_1,x_2,\cdots,x_p)$$

其中，

$x_j=(x_{1j},x_{2j},\cdots,x_{nj})^T,j=1,2,\cdots,p$。

根据主成分分析的基本思想，对原有 p 个评价指标进行线性组合进而生成 p 个新的综合指标，用数学语言则可表示为：

$$\begin{cases} F_1 = a_{11}x_1 + a_{12}x_2 + \cdots + a_{1p}x_p \\ F_2 = a_{21}x_1 + a_{22}x_2 + \cdots + a_{2p}x_p \\ \quad\quad\quad\quad \vdots \\ F_p = a_{p1}x_1 + a_{p2}x_2 + \cdots + a_{pp}x_p \end{cases}$$

简写为：

$F_j = \alpha_{j1}x_1 + \alpha_{j2}x_2 + \cdots + \alpha_{jp}x_p$, $j = 1,2,\cdots,p$。

要求模型满足以下条件：

第一，F_i,F_j 互不相关（$i \neq j$, $i,j = 1,2,\cdots,p$）；

第二，$F_1,F_2,\cdots,F_p$ 的方差依次递减；

第三，$(\alpha_{j1})^2 + (\alpha_{j2})^2 + \cdots + (\alpha_{jp})^2 = 1$, $j = 1,2,\cdots,p$。

则称 F_i 为第 i 个主成分，一共有 p 个；称 a_{ij} 为第 i 个主成分的系数。

若用矩阵表示，上述模型可写为：

$F = AX$

一般地，称

$$A = \begin{pmatrix} a_{11} & a_{12} & \cdots & a_{1p} \\ a_{21} & a_{22} & \cdots & a_{2p} \\ \cdots & \cdots & \cdots & \cdots \\ a_{p1} & a_{p2} & \cdots & a_{pp} \end{pmatrix} = \begin{pmatrix} a_1 \\ a_2 \\ \cdots \\ a_p \end{pmatrix}$$

为主成分系数矩阵。

$F = (F_1,F_2,\cdots,F_p)^T$, $X = (x_1,x_2,\cdots,x_p)^T$

3. 主成分分析计算方法

已知教学评价的数据矩阵为：

$$X = \begin{pmatrix} x_{11} & x_{12} & \cdots & x_{1p} \\ x_{21} & x_{22} & \cdots & x_{2p} \\ \cdots & \cdots & \cdots & \cdots \\ x_{n1} & x_{n2} & \cdots & x_{np} \end{pmatrix}$$

（1）对教学评价数据进行标准化处理：

$$x_{ij}^* = \frac{x_{ij} - \bar{x}_j}{\sqrt{\operatorname{Var}(x_j)}} \quad (i = 1,2,\cdots,n;\ j = 1,2,\cdots,p)$$

其中，$\bar{x}_j = \frac{1}{n}\sum_{i=1}^{n} x_{ij}$, $\operatorname{Var}(x_j) = \frac{1}{n-1}\sum_{i=1}^{n}(x_{ij} - \bar{x}_j)^2$, $j = 1,2,\cdots,p$。

（2）建立评价指标之间的相关系数矩阵 R ，则有：

$$R = \begin{pmatrix} r_{11} & r_{12} & \cdots & r_{1p} \\ r_{21} & r_{22} & \cdots & r_{2p} \\ \cdots & \cdots & \cdots & \cdots \\ r_{p1} & r_{p2} & \cdots & r_{pp} \end{pmatrix}$$

假设在步骤（1）中标准化的数据仍表示为 X ，则有：

$$r_{ij} = \frac{1}{n-1}\left(\sum_{t=1}^{n} x_{ti}x_{tj} - n\bar{x}_i\bar{x}_j\right)(i,j = 1,2,\cdots,p)$$

（3）计算相关系数矩阵 R 的特征值以及与特征值对应的特征向量。

这里使用雅克比方法求解，不失一般性，用 $\lambda_1,\lambda_2,\cdots,\lambda_p$ 表示特征值，用 $a_i = (a_{i1},a_{i2},\cdots,a_{ip})$ ，$i = 1,2,\cdots,p$ 表示特征向量。

（4）写出主成分，计算贡献率。

经过以上步骤可以生成 p 个主成分，这 p 个主成分的方差（即所含有效信息）不同且呈递减趋势，但是进行主成分分析的目的是数据降维，因此在实际应用中并不是将 p 个主成分全部拿来进行分析，而是根据主成分的累计贡献率的大小优先选取前 k 个，一般地 $k<p$。

这里的贡献率是指主成分所含有效信息（主成分的方差）与全部有效消息（全部方差之和）的比值，贡献率的值越大，表明该主成分代表原始信息的能力越强。其等同于某个特征值与所有特征值之和的比值，即：

$$贡献率 = \lambda_i\left(\sum_{i=1}^{p}\lambda_i\right)^{-1}$$

k 值取多少比较合适，并没有明确的限定，一般以所取的 k 值能满足累计贡献率达到85%以上即可，这样既能简化问题，又能涵盖绝大部分有效信息。

（5）计算主成分的综合得分。

将标准化后的评教数据按照原有顺序依次代入到主成分的表达式中，这样就得到了主成分的综合得分，记为：

$$(F_1 \quad F_2 \quad \cdots \quad F_p)$$

（6）确定回归数据。

$$F_1 = \alpha_{11}x_1 + \alpha_{12}x_2 + \cdots + \alpha_{1p}x_p$$

二、大数据背景下的高校课堂教学评价方法

（一）相关分析评价法

数据相关系数的处理公式为：

$$\rho = \frac{Cov(x,y)}{\sqrt{\mathrm{Var}(x)}\ \sqrt{\mathrm{Var}(y)}}$$

例如，已知教学评价数据矩阵为：

$$X = \begin{pmatrix} x_{11} & x_{12} & \cdots & x_{1p} \\ x_{21} & x_{22} & \cdots & x_{2p} \\ \cdots & \cdots & \cdots & \cdots \\ x_{n1} & x_{n2} & \cdots & x_{np} \end{pmatrix}$$

（1）对学评教指标数据进行标准化处理。

$$x_{ij}^{*} = \frac{x_{ij} - \bar{x}_j}{\sqrt{\mathrm{Var}(x_j)}} \quad (i = 1,2,\cdots,n, j = 1,2,\cdots,p)$$

其中，

$$\bar{x}_j = \frac{1}{n}\sum_{i=1}^{n} x_{ij}, \mathrm{Var}(x_j) = \frac{1}{n-1}\sum_{i=1}^{n} (x_{ij} - \bar{x}_j)^2 (i = 1,2,\cdots,n, j = 1,2,\cdots,p)$$

（2）计算样本相关系数矩阵。

$$R = \begin{pmatrix} r_{11} & r_{12} & \cdots & r_{1p} \\ r_{21} & r_{22} & \cdots & r_{2p} \\ \cdots & \cdots & \cdots & \cdots \\ r_{p1} & r_{p2} & \cdots & r_{pp} \end{pmatrix}$$

假定原始数据标准化后仍用 X 表示，则经标准化处理后的数据的相关系数为：

$$r_{ij} = \frac{1}{n-1}\left(\sum_{t=1}^{n} x_{ti}x_{tj} - n\bar{x}_i\bar{x}_j\right) \ (i,j = 1,2,\cdots,p)$$

（3）计算各个指标的权重。

$$w'_i = r_{ii} - \frac{1}{2}\sum_{j \neq i} r_{ij}, i = 1,2\cdots p; w_i = \frac{w'_i}{\sum_{j=1}^{p} w'_j}, i = 1,2,\cdots,p$$

（4）总隶属度的计算：

$$D = w_1x_1 + w_2x_2 + \cdots + w_px_p$$

（二）聚类分析评价法

1. 聚类分析的根源

在学评教的研究中，由于事先没有建立教师最终的类别，因此使用聚类分析，需要通过聚类分析挖掘学评教信息的共识，以便对教师的教学行为进行评价。聚类分析主要是研究在事先没有分类的情况下如何将数据归类的方法。聚类分析方法主要包括系统聚类法、动态聚类法、分裂法、最优分割法、模糊聚类法、图论聚类法、聚类预报等多种方法。

聚类分析是一种基于相似性来对数据进行分类以达到简化数据的统计方法，主要是将研究对象或者客观事物按照某种相似度分为不同的类别，使同一类别的对象之间的相似性比较大，而不同类别的对象之间的相似性比较小。聚类与分类有着明显的区别，分类所要划分的类是明确的，而聚类却与之正好相反。

在社会经济以及自然科学等各个领域，都会面临着众多的分类研究问题，比如数学、统计学、经济学等领域都在不同程度上促进了聚类分析的发展；反之，聚类分析的一些技术方法又不断地应用到不同的领域，较好地反映出研究对象之间的区别与联系。

聚类分析方法的主要特征有以下几点：

其一，聚类分析简单、直观。

其二，事先无需明确分类对象的类别，甚至有时即便研究对象不存在相同的类别，按照聚类分析方法也能进行分类。

其三，在聚类分析中，最关键的一步是不同类之间聚类距离的选取，距离的定义不同产生的分类结果将有很大的差异。

其四，要注意变量的量纲是否相同，如果不一致时要先对数据进行标准化，以防异常值对聚类结果产生巨大的影响。

2. 聚类分析的基本思路

（1）划分思想。根据研究对象，将原始数据划分为 K 个组，使每个组均不为空，每个对象要能够属于某个组且只能属于一个组。在初始阶段每个组自成一类，然后通过聚类分析多次迭代，使每次迭代后的分组效果优于上一次。其评价标准就是同一组别中对象的相似性较大，不同组别中对象的差异性较小。

（2）层次思想。“自底向上”思想——每个数据自成一组，经过多次迭代之后，相似性较大的组合并产成一个新的组，迭代停止的标志为所有组合并为一个组或者达到预设的某个条件。

“自顶向下”思想——将整个数据集作为一组，通过反复迭代的方法，将与整个数据组相似性较低的数据分离出来形成一个新的组，迭代停止的标志为生成 k 个分组或者达到预设的某个条件。

3. 数学模型

（1）欧氏距离。

假设有两个 n 维样本 $x_1 = (x_{11}, x_{12}, \cdots, x_{1n})$ 和 $x_2 = (x_{21}, x_{22}, \cdots, x_{2n})$，则它们的欧氏距离为：

$$d(x_1, x_2) = \sqrt{\sum_{j=1}^{n} (x_{1j} - x_{2j})^2}$$

（2）标准化欧氏距离。

假设有两个 n 维样本 $x_1 = (x_{11}, x_{12}, \cdots, x_{1n})$ 和 $x_2 = (x_{21}, x_{22}, \cdots, x_{2n})$，则它们的标准化欧氏距离为：

$$sd(x_1, x_2) = \sqrt{(x_1 - x_2) D^{-1} (x_1 - x_2)^T}$$

其中：D 表示 n 个样本的方差矩阵，$D = diagonal(\sigma_1^2, \sigma_2^2, \cdots, \sigma_n^2)$，$\sigma_j^2$ 表示第 j 列的方差。

（3）马氏距离。

假设共有 n 个指标，第 i 个指标共测得 m 个数据（要求 $m > n$）：

$$x_i = \begin{pmatrix} x_{i1} \\ x_{i2} \\ \cdots \\ x_{im} \end{pmatrix}, X = (x_1, x_2, \cdots, x_n) = \begin{pmatrix} x_{11} & x_{21} & \cdots & x_{n1} \\ x_{12} & x_{21} & \cdots & x_{n2} \\ \vdots & \vdots & \vdots & \vdots \\ x_{1m} & x_{2m} & \cdots & x_{nm} \end{pmatrix}$$

于是，我们得到 $m \times n$ 阶的数据矩阵 $X = (x_1, x_2, \cdots, x_n)$，每一行是一个样本数据。$m \times n$ 阶数据矩阵 X 的 $n \times n$ 阶协方差矩阵记作 $Cov(X)$。

两个 n 维样本 $x_1 = (x_{11}, x_{12}, \cdots, x_{1n})$ 和 $x_2 = (x_{21}, x_{22}, \cdots, x_{2n})$ 的马氏距离如下：

$$mahal(x_1, x_2) = \sqrt{(x_1 - x_2)(Cov(X))^{-1}(x_1 - x_2)^T}$$

马氏距离考虑了各个指标量纲的标准化，是对其他几种距离的改进。

马氏距离不仅排除了量纲的影响，而且合理考虑了指标的相关性。

（4）布洛克距离。

两个 n 维样本 $x_1=(x_{11},x_{12},\cdots,x_{1n})$ 和 $x_2=(x_{21},x_{22},\cdots,x_{2n})$ 的布洛克距离如下：

$$b(x_1,x_2)=\sum_{j=1}^{n}|x_{1j}-x_{2j}|$$

（5）闵可夫斯基距离。

两个 n 维样本 $x_1=(x_{11},x_{12},\cdots,x_{1n})$ 和 $x_2=(x_{21},x_{22},\cdots,x_{2n})$ 的闵可夫斯基距离如下：

$$m(x_1,x_2)=\left(\sum_{j=1}^{n}|x_{1j}-x_{2j}|^p\right)^{\frac{1}{p}}$$

注：$p=1$ 时，称为布洛克距离；$p=2$ 时，称为欧氏距离。

（6）余弦距离。

$$d(x_1,x_2)=\left(1-\frac{x_1x_2^T}{\sqrt{x_1x_1^{\ T}}\sqrt{x_2x_2^T}}\right)$$

该距离常用于识别图像和文字数据的过程中。

（7）相似距离。

$$d(x_1,x_2)=1-\frac{(x_1-\bar{x}_1)(x_2-\bar{x}_2)^T}{\sqrt{(x_1-\bar{x}_1)(x_1-\bar{x}_1)^T}\sqrt{(x_2-\bar{x}_2)(x_2-\bar{x}_2)^T}}$$

4. 聚类分析计算流程

（1）数据预处理。确定数据的特征、数量和类型的标度，将孤立点从整体数据中分离出来（孤立点是不依附于一般数据行为或模型的数据）。

（2）选择距离函数。定义一个距离函数来度量各数据点之间的相似度。显然，数据的相类似性本身就是数据分类的基础，因此不同数据之间在同一个特征空间相似度的度量是聚类步骤的关键指标。由于特征类型与标度的多样性，从而距离函数的选择必须依赖于实际的数据应用问题。例如，一般通过定义在特征空间的距离函数来评估不同对象的差异性。欧氏距离常用于反映不同数据间的相异性。

（3）聚类或分组。划分和层次方法是将数据分到不同类中的主要步骤。Crisp Clustering 和 Fuzzy Clustering 是数据划分的两个主要方法。Crisp Clustering 的每个数据都属于单独的类；Fuzzy Clustering 的每个数据可能在不同的类中；层次方法一般基于某个标准产生一个嵌套的划分系列，它可以度量不同类之间的相似性或一个类的可分离性用来合并和分裂类。

（4）评估输出。评估聚类结果的质量主要是通过一个类有效索引来评价。一般来说，几何性质（类间的分离和类内部的耦合）常用来评价聚类结果的质量。类有效索引在决定类的数目时经常扮演一个重要角色，类有效索引的最佳值常在真实的类数目中获取，常用的决定类数目的方法是选择一个特定的类有效索引的最佳值，这个索引能否真实地得出类的数目是判断该索引是否有效的标准，很多已经存在的标准对于相互分离的类数据集合都能得出很好的结果。

第三节　当前高校课堂教学评价方法的分析与思考

一、基于熵值法的课堂教学评价模型

（一）计算题目的平均信息熵

$$\bar{H}(X) = -\frac{1}{\ln|X|}\sum_{x\in X}p(x)\ln[p(x)] = -\frac{1}{\ln 4}\sum_{i=1}^{4}p_i\ln[p_i]$$

例如，学生对于某一单选题目的选择情况是 $p_1 = 0.25$，$p_2 = 0.25$，$p_3 = 0.25$ 和 $p_4 = 0.25$，此时题目的平均信息熵为

$$\bar{H}(X) = -\frac{1}{\ln 4}\sum_{i=1}^{4}p_i\ln[p_i] = -\frac{1}{\ln 4}\sum_{i=1}^{4}0.25\times\ln[0.25]$$

$$= -\frac{1}{\ln 4}\times 4\times 0.25\times\ln[0.25] = -\frac{1}{\ln 4}\times(-\ln 4) = 1$$

当学生选择情况是 $p_1 = 1$，其余均为 0，此时题目的平均信息熵为：

$$\bar{H}(X) = -\frac{1}{\ln 4}\sum_{i=1}^{4}p_i\ln[p_i] = -\frac{1}{\ln 4}\times 1\times\ln 1 = 0$$

从计算结果可知，当学生选择 A、B、C、D 的频率相同时，平均信息熵的值是 1，表明学生评价的结果越平均，此题目的平均信息熵越大，且题目产生的不确定性越大，评价共识度越低。然而，当学生集中选择 A 时，平均信息熵的值是 0，表明学生评价的结果越集中，此题目的平均信

息熵越小，且题目产生的不确定性越小，评价共识度越高。

（二）计算题目的评价共识度

根据平均信息熵与共识度之间的反向关系，即题目的平均信息熵越小，题目产生的不确定性就越小，评价共识度就越高。因此，计算题目的评价共识度公式如下：

$$C(X) = 1 - \bar{H}(X) = 1 + \frac{1}{\ln|X|}\sum_{x \in X} p(x)\ln[p(x)] = 1 + \frac{1}{\ln 4}\sum_{i=1}^{4} p_i \ln[p_i]$$

从上面的两个例子也能看出，当平均信息熵的值为 1 时，可知题目的评价共识度为 0；反之，当平均信息熵的值为 0 时，可知题目的评价共识度为 1。

1. 挖掘单选项共识题目评价共识度的数值特点

（1）绘制出评价共识度曲线，如图 7－1 所示。

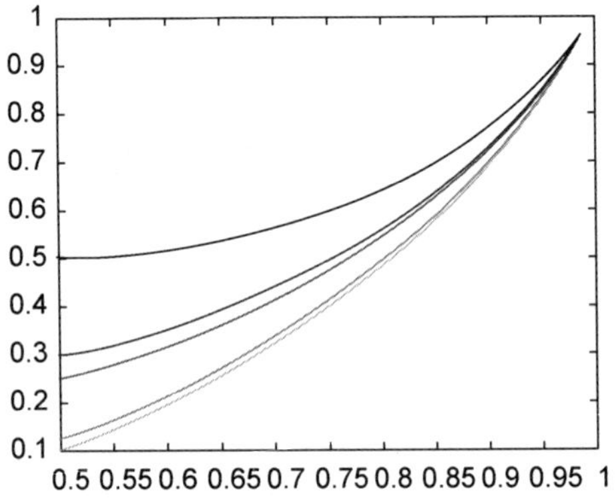

图 7－1　单选项共识度曲线（$p \geqslant 0.5$ 的情况）

（2）分析图形的特点：

图 7－1 中从上至下的曲线函数分别是：

①单选项共识二元情况：

$$C_1(X) = 1 + \frac{[p\ln p + (1-p)\ln(1-p)]}{\ln 4}$$

② $C_2(X) = 1 + \dfrac{p\ln p + 0.75(1-p)\ln[0.75(1-p)] + 0.25(1-p)\ln[0.25(1-p)]}{\ln 4}$

③单选项共识三元情况：

$$C_3(X) = 1 + \frac{p\ln p + (1-p)\ln[0.5(1-p)]}{\ln 4}$$

④ $C_4(X)=1+\frac{p\ln p+0.5(1-p)\ln[0.5(1-p)]+0.5(1-p)\ln[0.25(1-p)]}{\ln 4}$

⑤单选项共识四元情况：

$$C_5(X)=1+\frac{p\ln p+(1-p)\ln\frac{(1-p)}{3}}{\ln 4}$$

注：①函数的用途（共识区域利用共识曲线进行覆盖）；②函数特点：从图7－1中可以看出共识度低的曲线衰变较快，对于共识区间测定要着重考虑；③各条线将整个区域进行了总体面积切割。

（3）图形的拉伸变换（拉伸原因是起点比较低，从数据本身不易识别共识情况），如图7－2所示。

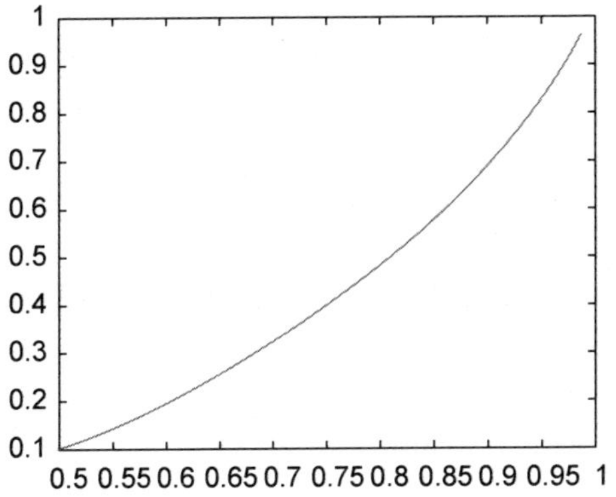

图7－2　单选项共识四元情况共识度曲线（图7－1中最低位置曲线）

图7－2中曲线的函数表达式为：

$$C_5(X)=1+\frac{p\ln p+(1-p)\ln\frac{(1-p)}{3}}{\ln 4}$$

拉伸函数表达式为：

$$\tilde{C}_5(X)=0.5+(0.9517-0.5)\times\frac{C_5(X)-0.1038}{0.9517-0.1038}$$

$$=0.5+0.4517\times\frac{C_5(X)-0.1038}{0.9517-0.1038}$$

从图7－3中可以看出，原单选项共识四元情况共识度曲线函数的取值区间是[0.1038,0.9517]，左端点是0.5，0.5/3，0.5/3，0.5/3的情况，右端点是0.99，0.01/3，0.01/3，0.01/3 的情况，在这样的情况下对原有区间进行等价拉伸，拉伸后的区间变为［0.5,0.9517］。

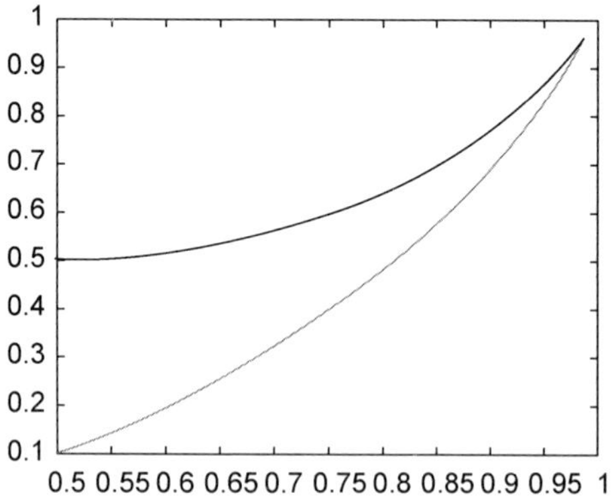

图 7－3　单选项共识四元情况共识度曲线的拉伸曲线

图 7－4 中的中间位置的曲线是：

$$C_1(X) = 1 + \frac{[p\ln p + (1-p)\ln(1-p)]}{\ln 4}$$

从图 7－4 中的比较可以看出，原共识度曲线（单选项共识二元情况）比拉伸共识度曲线偏低，这种情况是不太合理的（原因是拉伸后比最好的情况都要好）。因此，对拉伸曲线进行必要调整以满足现实情况（见图 7－5 和图 7－6）。

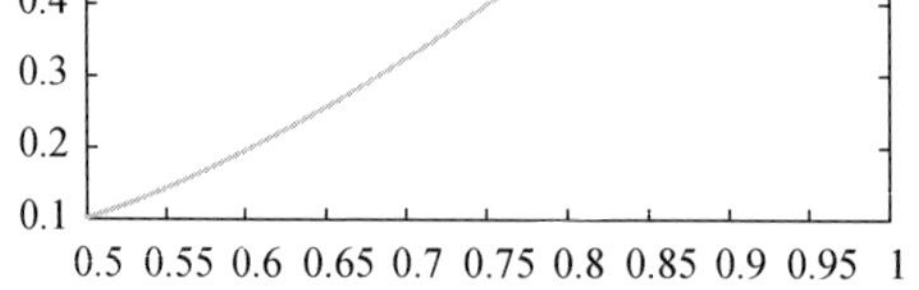

图 7－4　单选项共识四元情况共识度曲线的拉伸曲线与原图比较

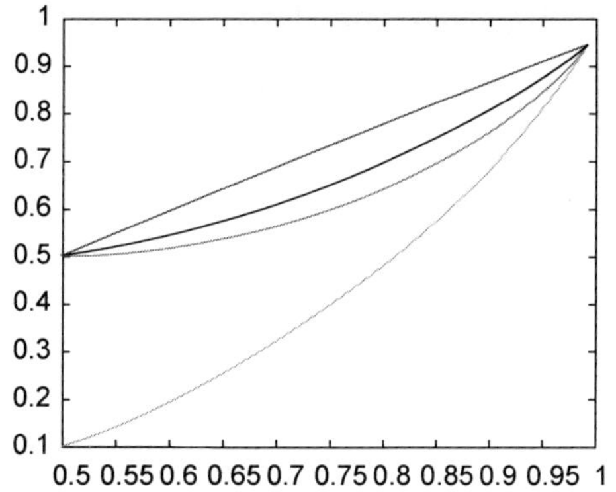

图 7－5　单选项共识四元情况共识度曲线的拉伸曲线的对称轴

对称轴函数是过点（0.5，0.5）与（0.99，0.9517）的直线，即图中位于最上边的直线，具体的函数表达式为：

$$L(X) = \frac{0.9517 - 0.5}{0.99 - 0.5}(p - 0.5) + 0.5$$

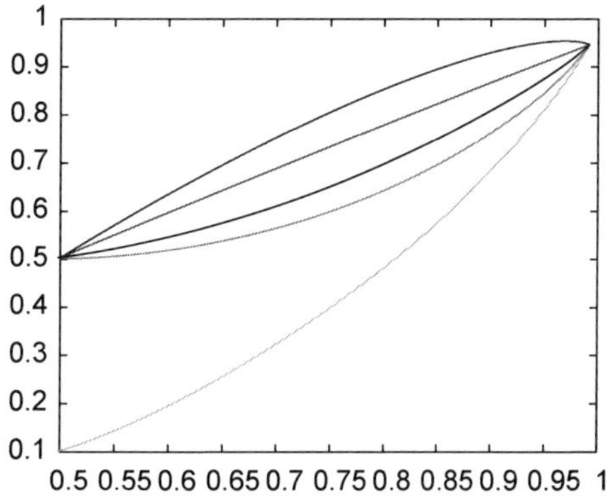

图 7－6　单选项共识四元情况共识度曲线的拉伸曲线的对称图

单选项共识四元情况共识度曲线的拉伸曲线的对称图的函数表达式具体为：

$$\overset{\frown}{C}_5(X) = 2L(X) - \tilde{C}_5(X)$$

这里，$\overset{\frown}{C}_5(X)$ 是 $\tilde{C}_5(X)$ 的反函数。

（4）计算题目评价共识度的统计特征：

①计算每条评价共识度曲线的平均评价共识度。

以拉伸评价共识度曲线为例进行计算：

$$\overline{C}_1(X)=\frac{\int_{0.5}^{0.99}\widehat{C}_1(X)\mathrm{d}p}{0.99-0.5}=\frac{\int_{0.5}^{0.99}1+\frac{[p\ln p+(1-p)\ln(1-p)]}{\ln 4}\mathrm{d}p}{0.99-0.5}$$

$$\approx 0.7777$$

②计算每条评价共识度曲线的评价共识度标准差。

$$\sigma[\widehat{C}_1(X)]=\sqrt{\frac{\int_{0.5}^{0.99}[\widehat{C}_1(X)-\overline{C}_1(X)]^2\mathrm{d}p}{0.99-0.5}}\approx 0.1383$$

（5）计算题目评价共识度曲线的衰变特征：

①计算题目评价共识度曲线的上凸系数。

利用曲线的两个端点（0.5，0.5）与（0.99，0.9517）绘制出比较直线，利用该直线与题目评价共识度曲线围成的面积除以直线围成的三角形面积计算出上凸系数 λ。

②上凸系数计算公式：

$$\lambda=\frac{\int_{0.5}^{0.99}[\widehat{C}_1(X)-0.5]\mathrm{d}p-0.1016325}{0.1016325}\approx 0.7703$$

2. 确定单选项共识题目的共识区间

（1）测定计算题目评价共识度的统计界限：

①强共识区间：

$$(\overline{C}_1(X)+\lambda\sigma,0.9517]=(0.8843,0.9517]$$

②基本共识区间：

$$[\overline{C}_1(X)-(1-\lambda)\sigma,\overline{C}_1(X)+\lambda\sigma]=[0.7459,0.8843]$$

③弱共识区间：

$$[0.5,\overline{C}_1(X)-(1-\lambda)\sigma)=[0.5,0.7459)$$

为了更好地理解以上的拉伸情况，下面给出几组例子进行验证如下（见表 7－11）：

表 7－11　原共识度与拉伸共识度对照数据

首选项频率值	原共识度	拉伸共识度	共识强度
0.7	0.3216	0.7527	基本共识

续表

首选项频率值	原共识度	拉伸共识度	共识强度
0.8	0.4805	0.8524	基本共识
0.82	0.5173	0.8697	基本共识
0.83	0.5364	0.8779	基本共识
0.84	0.5560	0.8859	强共识
0.85	0.5762	0.8936	强共识
0.9	0.6863	0.9271	强共识

（2）确定题目的评价共识权重。

对于强共识题目，若评价共识度达到强共识的条件，即题目拉伸评价共识度超过强共识区间$(\overline{C}_1(X)+\lambda\sigma, 0.9517] = (0.8843, 0.9517]$的左端点，则首共识选项的学生赋予权重为1，其余选项学生赋予权重为0。若评价共识度达到基本共识和弱共识的条件，即题目的评价共识度超过弱共识区间$[0.5, \overline{C}_1(X)-(1-\lambda)\sigma) = [0.5, 0.7459)$的左端点0.5，则首共识选项的学生赋予权重为：

$$\frac{\kappa-0.5}{(\overline{C}_1(X)+\lambda\sigma)-0.5}=\frac{\kappa-0.5}{0.3843}$$

这里，κ表示某个题目的拉伸评价共识度，并且此时其余选项学生赋予权重参考首选项的频率，分别赋予具体权重。

例如，当$\kappa=0.8524$时，首共识选项学生的权重为0.9170；当$\kappa=0.8697$时，首共识选项学生的权重为0.9620；当$\kappa=0.8779$时，首共识选项学生的权重为0.9833；当$\kappa=0.8859$时，首共识选项学生的权重为1；从结果可以看出，首共识选项学生的权重是一个渐变值，符合客观的情况。

二、基于主成分分析的课堂教学评价模型

本次教学评价中学生成绩主要通过学生个体评价与课程平均教学评价之间的偏差进行确定，并据此将学生分为五类。与大多数学生评价相近的学生具有较高权重，与大多数学生评价相差较远的学生具有较低的权重。以教师甲《统计学》以及教师乙《供应链金融理论与应用》为例展示。

（一）分析思路

本次教学评价与过程性考核的思路如图 7－7 所示。整个教学评价成绩的度量分为两个部分：教师得分的评定及学生成绩的评定。

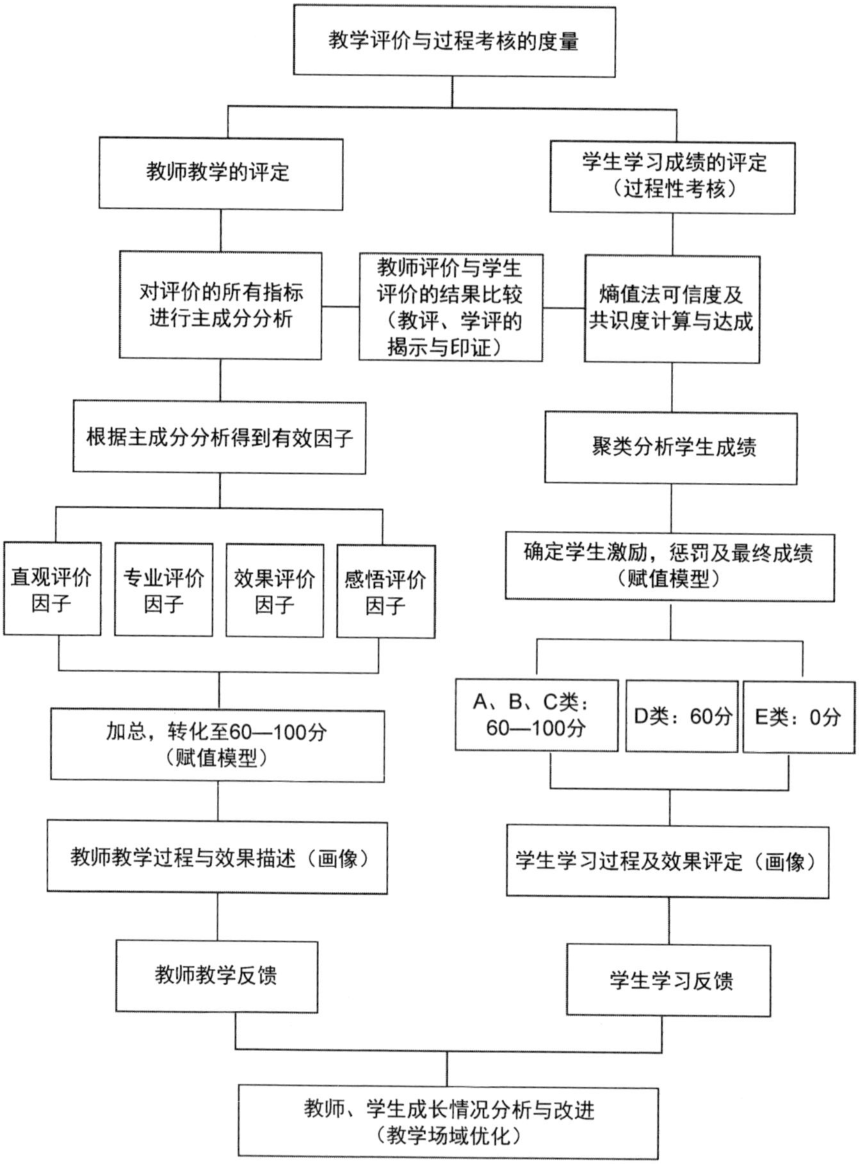

图 7－7　教学评价分析流程

教师得分的评定主要依靠主成分分析方法。首先，向学生发放调查问卷，并由学生进行打分；其次，根据各项问题打分使用主成分分析方法进行降维，寻找教师得分因子；最后，根据得分因子的具体数值将教师得分转化至60－100分。

学生得分的评定主要依靠评分与平均分的差异进行确认。首先在确定评价课程及教师的基础上，计算教师的平均得分。其次，使用Z值标准化法计算该授课班级各位学生评分与平均成绩的差异；最后根据该差异值对学生最终成绩进行赋值确认。

（二）教师教学评定

教师分数的评定存在两条思路。第 ·，对所有评教问题进行主成分分析，提取关键因子，并获得最终分数。第二，借助李克特量表，将教学内容、学生理解、教学效果得分进行简单加总得到教师总分。在经过分析后发现，第二种方法中各个问题权重相同，无法反映实际问题，因此将采用第一条思路，使用主成分分析法进行确定。

1. 教师教学评价指标体系构建

本次教师教学评价指标体系共选取以下14个指标（见表7－12）。选取指标涉及教学内容、教学态度、教学风格、教学效果等多个方面，是学生对于教师教学过程的直接感受。在选项的设置上采取了5分李克特量表法，即非常符合、比较符合、难以判断、不太符合、非常不符合。

表7－12　　教师教学评价指标体系

A1：内容充实	B3：掌握了理论与方法
A2：内容新颖且结合实际	C1：老师有饱满的热情
A3：内容重难点突出	C2：学生有饱满的热情
A4：内容详略得当	C3：老师能唤起我的学习兴趣和热情
A5：内容逻辑清晰	C4：本堂课教学目标清晰明确
B1：理解了所有知识	C5：老师PPT和板书配合使用效果好
B2：理解了知识点间的逻辑	C6：老师完全按照教材PPT来讲课

2. 基于主成分分析的教师教学评价得分评定

将本次教学评价试点中所有问卷进行主成分分析，结果如表7－13所示：

表 7－13　　**KMO 和巴特利特检验**

KMO 取样适切性量数		0.953
近似卡方		65613.029
巴特利特球形度检验	自由度	91
	显著性	0.000

由表 7－13 可知，KMO 值为 0.953，巴特利特球形度检验近似卡方值为 65613，对应 p 值为 0，且小于 0.05，显著性较强，教学评价相关系数矩阵与单位矩阵的差异性较强。这表明本次对教师教学效果评价选取的相关指标较好，非常适合通过主成分分析方法提取因子，进而得到教学评价得分。

由表 7－14 可知，本次主成分分析提取出两个因子，两个因子的累计解释百分比为 68%，效果较好。通过主成分分析提取出的两个因子能够解释 68% 的数据变异情况。这表明通过因子分析提取出来的因子能够代替原有的 14 个变量数据，能够使用两个因子对教师的教学效果进行评价。

表 7－14　　**总方差解释**

成分	初始特征值		
	特征值	方差贡献率	累计方差贡献率
1	8.468	60.487	60.487
2	1.072	7.658	68.146
3	0.744	5.315	73.461
4	0.598	4.269	77.73
5	0.524	3.742	81.472
6	0.432	3.086	84.558
7	0.369	2.634	87.192
8	0.336	2.4	89.592
9	0.28	1.998	91.591
10	0.277	1.976	93.566
11	0.26	1.856	95.422
12	0.246	1.754	97.176
13	0.216	1.54	98.715
14	0.18	1.285	100

由表7－15旋转后的成分矩阵可知，本次数据共抽取出两个主成分因子。

表7－15　　旋转后的成分矩阵

	成分	
	1	2
内容充实	0.857	0.250
内容逻辑清晰	0.824	0.302
内容详略得当	0.791	0.345
内容重难点突出	0.788	0.345
内容新颖且结合实际	0.763	0.344
老师有饱满的热情	0.565	0.538
掌握了理论与方法	0.410	0.742
理解了所有知识	0.391	0.733
理解了知识点间的逻辑	0.419	0.720
老师完全按照教材PPT来讲课	0.035	0.711
学生有饱满的热情	0.432	0.701
老师能唤起学生的学习兴趣和热情	0.481	0.676
老师PPT和板书配合使用效果好	0.415	0.628
本堂课教学目标清晰明确	0.523	0.604

在第一个主成分中，内容充实、内容逻辑清晰、内容详略得当、内容重难点突出、内容新颖且结合实际、老师有饱满的热情等变量的载荷系数较大，因此可以解释为学生对于教师教学内容以及教学态度的综合评价指标，因此命名为“教学内容得分因子”。

在第二个主成分中，掌握了理论与方法、理解了所有知识点、理解了知识点间的逻辑、老师完全按照教材PPT来讲课、学生有饱满的热情、老师能唤起学生的学习兴趣和热情、老师PPT和板书配合使用效果好、本堂课教学目标清晰明确等变量的载荷系数较大，因此可以解释为学生学习效果以及学习态度等的综合评价指标，因此可以命名为“教学效果得分因子”。

将两部分得分加总得到总分。

表7－16展示了学生对教师教学评价的各项得分以及总分的分布情况，由于已经进行了标准化处理，因此均值为0，样本量为6116，总分最低分为－7.85分，最高分为1.3分。

表7－16　因子分析各项得分的描述统计

项目	最小值	最大值	均值	标准差
教学内容得分	－6.54052	2.33505	0	1
课堂效果得分	－6.27873	4.75763	0	1
总分	－7.85	1.3	0	1.41421

3. 教师最终得分的生成

根据教学评价要求，借助最大最小化方法计算各评分所在位置，将得分转化到（60，100）区间中，并进行四舍五入，得到各位学生对教师的最终评分。结果如表7－17所示。

表7－17　学生对教师评分的分布情况

项目	最小值	最大值	均值	标准差
教学内容评分	60	100	89.35	4.474
教学效果评分	60	100	82.78	3.641
最终评分	60	100	94.52	6.280

由表7－17可知，教学内容评分的均值为89.35分，教学效果评分的均值为82.78分，最终评分的均值为94.52分。由标准差可知，学生对于教师的评价中教师教学内容的评分差异性较大，由此可见，教师在教学内容的充实性与完备性等方面存在较大差异。

由图7－8可知，学生对于教师教学评分主要集中于90分以上，部分教师得分在80—90分，仅有极少部分教师得分较低。

（三）学生得分评定

考虑到不同课程、不同教师的教学效果不同，不能够进行直接比较，也不能使用统一的方案对学生的成绩进行划分。因此，在对学生评分权重进行确定时需根据具体的课程及具体教师进行确定。即需对每一个班学生的成绩分别进行分类。

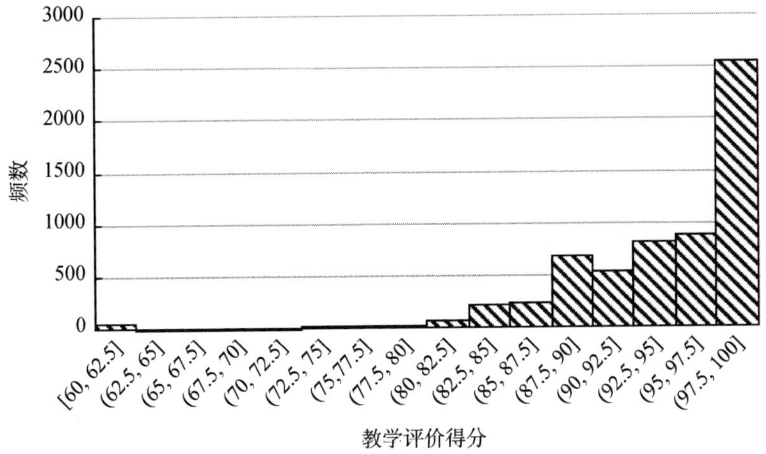

图 7－8　教学评分分布直方图

1. 授课教师得分评定

由于前文所计算的教师评分仅为该门课学生对于其授课教师该堂课教学效果的评价，不同学生对其评分不同。因此，采用该堂课所有学生对教师评分的平均分作为该名教师该门课程的最终得分。

2. 教师评分的标准化处理

对教师评分进行标准化处理得到标准化得分。学生对于教师教学的评分在 60—100 分，且样本量较大，教学评价得分近似服从正态分布，其均值为教师平均得分。使用 Z 值标准化的方法可以将学生对教师的评分转化为标准正态分布。

3. 划分学生层级

根据标准化之后的分数，便能够很好地描述该学生对教师评分与教师平均得分之间的偏差，并根据标准化处理后的得分进行分类。在标准的正态分布中，数据落在 －1—1 的概率为 68%，－2—2 的概率将近 95%，－3—3的概率为 99%。因此，在对成绩进行分类时将以此为依据。标准化分数的绝对值与对应类别如表 7－18 所示。

表 7－18　　学生分类标准

标准化评分的绝对值范围	分类
小于 0.2	A

续表

标准化评分的绝对值范围	分类
0.2—0.3	B
0.3—1	C
1—3	D
大于3	E

4. 根据层级进行打分

对A、B、C类的学生进行评分，根据各位学生对于教师评分与平均评分之间的差距，即标准化得分的均值，按照最大最小标准化的方法给予相应分值。具体方法如下：

首先，取标准化得分的绝对值，并用此来衡量学生教学评分与平均评分的差距，该种转化方式下，无论是高分还是低分均被记为具有差异性。

其次，使用最大最小标准化的方法确认该差异的位置，例如，若差异值为0.6，最大差异值为1，则该差异所处位置为60%，将该得分映射到长度为40的区间内，即60% ×40 =24（分）。

最后，使用100分减去上一步中的得分，即可得到该名学生的最终评分，即100 -24 =76（分）。

对于D类学生评分为60分

对于E类学生评分为0分。

5. 评分演示

以教师甲《统计学》和教师乙《供应链金融理论与应用》课程为例，进行分析并得到以下结果，如表7 -19所示。

表7 -19　　教师甲《统计学》评分的描述统计（N =41）

项目	最小值	最大值	均值	标准差
最终评分	60	100	95.83	8.964

《统计学》课程共41人评分，评分最小值为60分，最大值为100分，平均打分为95.83分。

由表7 -20可知，A、B、C三类学生累计占比为92.7%，D、E两类学生较少，仅有3人。

表 7－20　　学生分类情况

分类	频率	百分比	有效百分比	累计百分比
A	1	2.4	2.4	2.4
B	10	24.4	24.4	26.8
C	27	65.9	65.9	92.7
D	1	2.4	2.4	95.1
E	2	4.9	4.9	100.0
总计	41	100.0	100.0	

由表 7－21 和图 7－9 可知，教师甲《统计学》课程，90—100 分有 1 人，80—90 分有 10 人，70—80 分有 25 人，60—70 分有 3 人，60 分以下有 2 人。

表 7－21　学生得分分布情况

成绩分组	频数
60 分以下	2
60—70 分	3
70—80 分	25
80—90 分	10
90—100 分	1

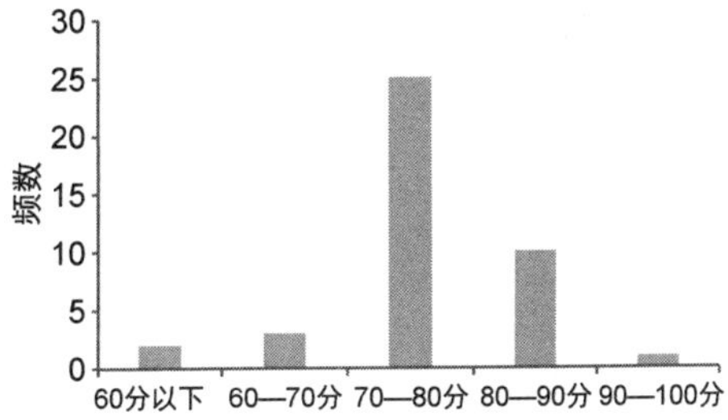

图 7－9　《统计学》课程学生得分情况

如表 7－22 所示，教师乙《供应链金融理论与应用》课程共 91 人参与评分，评分最小值为 60 分，最大值为 100 分，评分均值为 93.26 分。

表 7－22　教师乙《供应链金融理论与应用》描述统计（N＝91）

项目	最小值	最大值	均值	标准差
最终评分	60	100	93.26	6.296

由表 7－23 可知，A、B、C 三类学生累计占比为 85.7%，D、E 两类学生有 13 人。

表 7－23　　学生分类情况

分类	频率	百分比	有效百分比	累计百分比
A	15	16.5	16.5	16.5
B	13	14.3	14.3	30.8

续表

分类	频率	百分比	有效百分比	累计百分比
C	50	54.9	54.9	85.7
D	11	12.1	12.1	97.8
E	2	2.2	2.2	100.0

由表7－24和图7－10可知，教师乙《供应链金融理论与应用》课程，90—100分有28人，80—90分有24人，70—80分有22人，60—70分有15人，60分以下有2人。

表7－24　学生得分分布情况

成绩分组	频数
60分以下	2
60—70分	15
70—80分	22
80—90分	24
90—100分	28

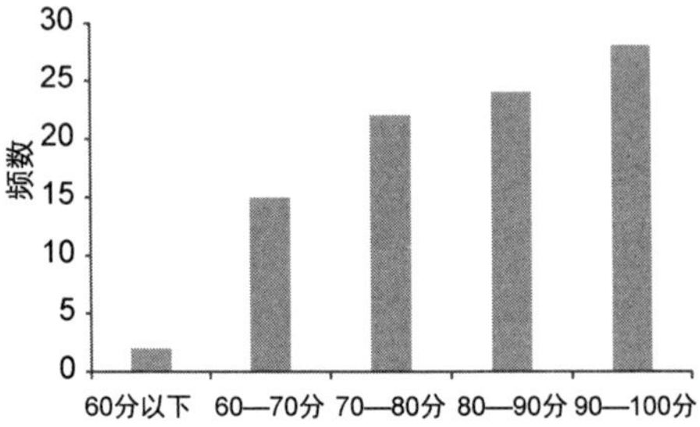

图7－10　《供应链金融理论与应用》课程学生得分

三、基于聚类分析的课堂教学评价模型

聚类是指对一批没有标出类别的模式样本集，按照样本之间的相似程度分类，相似的归为一类，不相似的归为另一类，这种分类称为聚类，也称为无监督分类。

聚类是根据样本间的相似性测度进行划分的，这里的相似性一般是以样本点间的距离来衡量的。具体来说，把整个模式样本集的特征向量看成是分布在特征空间中的一些点，点与点之间的距离即可作为模式相似性的测量依据。

例如，现有两位学生A和B，希望根据他们的身高和体重进行相似度聚类。假设A的身高和体重分别为1.7m，70kg。B的身高和体重分别为1.8m，80kg。那么A和B这两个样本就称为模式，$A=[1.7, 70]$与$B=[1.8, 80]$分别称为样本A与样本B的特征向量，特征向量所处的二维空间称为特征空间。衡量样本间的相似性就是通过衡量样本对应特征向量间的距离来决定的。

欧氏距离是比较常见的距离测量方法，欧氏距离又称欧几里得距离，是最常用的距离测度方法。假设两个样本 x、y 的特征向量分别为：

$x = [x_1, x_2, \cdots, x_n], y = [y_1, y_2, \cdots, y_n]$

则它们的欧氏距离定义如下：

$$d(x,y) = \sqrt{(x-y)^T(x-y)} = \sqrt{\sum_{i=1}^{n}(x_i - y_i)^2}$$

案例：学生评价数据

对表 7－25 中的数据进行聚类分析，可得如下聚类结果，如图 7－11 所示。

表 7－25　　学生评价数据

ID	讨论	课堂练习	……	课堂提问	案例	小组设计	实践
1	1	1	……	3	1	1	0
2	1	1	……	3	1	1	0
3	1	3	……	3	1	1	1
……	……	……	……	……	……	……	……
n－3	1	2	……	2	1	1	1
n－2	1	2	……	3	0	1	1
n－1	1	1	……	3	1	1	1
n	0	1	……	1	0	0	0

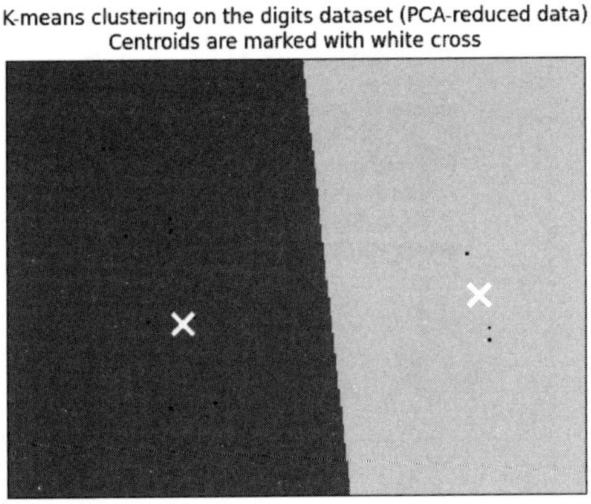

图 7－11　学生评价数据聚类分析图

四、基于词云分析的课堂教学评价模型

词云图又叫文字云，是对文本数据中出现频率较高的关键词予以视觉上的突出，形成“关键词的渲染”就类似云一样的彩色图片，从而过滤掉大量的文本信息，使人一眼就可以领略文本数据的主要表达意思。

案例：数据集

对表 7－26 中的关键词进行统计并画出词云图，如图 7－12 所示。

表 7－26　　数据集

关键词 1	关键词 2	关键词 3	关键词 4
选择语句	关系代数	谓词	选择语句
数据库查询	数据库插入语句	数据库删改	select
数据	操作	select	select
选择语句	关系代数	谓词	选择语句
……	……	……	……
独孤九剑	蚂蚁金服	思维	独孤九剑
假设检验	原假设和备择假设	假设检验的两类错误	p－值规则

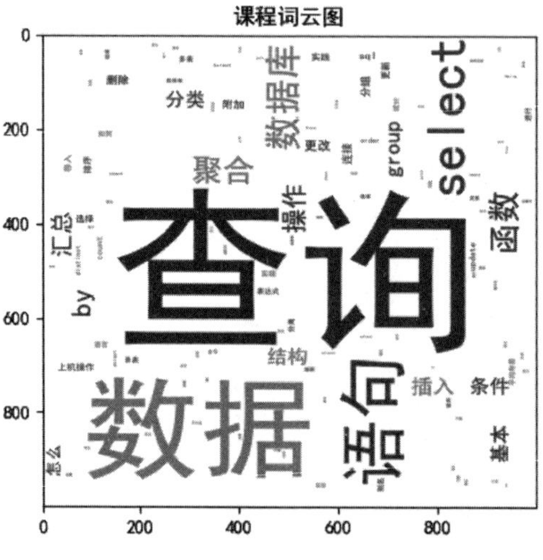

图 7－12　学生评价数据词云分析图

五、课堂教学师生成长模型

“以师生发展为中心，构建师生成长共同体”，在注重知识、方法、思维教授的同时，也强调学生主体性的发挥、实践能力的培养，更注重师生情感的表达、交流与融通，以此有效提高资源利用的效率，顺应师生在课堂上共同影响和共同进步，旨在打造一种“应然”的高效课堂。

“构建师生成长共同体”的实施者和参与者都是参与课堂教学的主体，同时也是课堂教学的客体。这就意味着，参与课堂教学的师生不仅具有享受课堂教学成果的权利，而且还有对课堂教学的组织、开展负责的义务，从而呈现出课堂教学的“双主体”及“双客体”性。因此，对参与课堂教学的师生提出了更高的要求，即参与要有主体性，师生活动参与都必须是自觉、自主、自愿的，并且必须切实融入课堂教学活动中去，作为成长共同体整体必不可缺的一员。

为了提高教学质量，进而对师生参与课堂教学的效果进行评估，下面利用数据分析和量化模型对师生的课堂教学成长过程进行客观、准确的呈现。

（一）模型指标的设定

1. 反映教师授课班级整体水平

$$\bar{c} = \frac{1}{ns}\sum_{i=1}^{n} c_i, c_i = \frac{1}{s}\sum_{j=1}^{s} c_{ij}$$

这里，$\bar{c}$ 表示教师授课所在班级在学生 n 次课堂评价后所得平均分，c_i 表示教师授课所在班级在第 i 次课堂评价后所得平均分，c_{ij}表示第 j 个学生在第 i 次评价后的成绩，s 表示教师授课所在班级的总人数。

2. 反映第 j 个学生在第 i 次评价后相对全班 n 次评价后的学习状态

$$r_{ij} = \frac{c_{ij}}{\bar{c}}$$

这里，r_{ij}的值越大，表明第 j 个学生在第 $i-1$ 次到第 i 次的学习状态水平有所提升。

（二）构建师生成长模型

1. 构建学生单次评价的成长程度函数

在实际的课堂教学过程中，学习方法和习惯、个人理解认识能力、知识的难度与广度等因素对学生相对分数 r_{ij}的增长起着一定的阻滞作用。一般而言，随着相对分数 r_{ij} 的增加，阻滞作用就会越明显。因此，假设由低阶的学习状态到高阶的学习状态所付出的努力程度表示为相对分数 r_{ij} 增加的难度系数 f。当难度系数处于低水平阶段时，随着 f 的增加，相对分数 r_{ij} 的增长幅度亦是增大的；当难度系数处于高水平阶段时，随着 f 的增加，相对分数 r_{ij} 的增长幅度是逐渐下降的。从上面的分析可知，随着相对分数 r_{ij} 的值不断增加，难度系数 f 是呈 S 型增长变化的。

为了更加直观地描述相对分数 r（这里参数 r 表示变量，而并非具体数值，即 r 表示为 f 的函数 $r(f)$ 与难度系数 f 之间的关系，故采用阻滞增长模型比较贴切，从而建立如下的微分方程：

$$\frac{\mathrm{d}r}{\mathrm{d}f} = \lambda r\left(1 - \frac{r}{r_m}\right),\ r(0) = r_0$$

这里，参数 λ 是固有增长率，表示相对分数很低时（理论上是相对分数 r 等于零）的增长率。r_0 表示学生低阶学习状态的下确界，r_m 表示学生高阶学习状态的上确界（也称为相对分数的容量）。其中，因子 λr 体现了相对分数自身的增长趋势，因子 $(1 - r/r_m)$ 体现了学习方法和习惯、个人理解认识能力、知识的难度与广度等因素对相对分数 r 增长的阻滞作用。显然，相对分数 r 越大，因子 λr 就越大，因子 $(1 - r/r_m)$ 就越小，从而也就起到了一定的阻滞作用。事实上，利用微分方程求解的方法可以得到函数 $f-r$：

$$r(f) = \frac{r_m}{1 + \left(\frac{r_m}{r_0} - 1\right)e^{-\lambda f}}$$

这里，当 $r \to r_m$ 时，表明难度系数 $f \to +\infty$，此时学生进步难度最大；当 $r \to r_0$ 时，表明难度系数 $f \to 0$，此时学生要想进步几乎不存在难度。

2. 构建学生单次评价成长程度函数的反函数

为了更加合理有效地评价学生在两次测评之间的成长情况（成长可能是从低阶状态到高阶状态，亦可能是从高阶状态到低阶状态），也就是说，随着相对分数 r 增加，难度系数 f 也会逐渐增大。因此，这里采用函数 $f-r$ 不能有效描述实际的变化情况，而采用 $f-r$ 的反函数 $r-f$ 更为合理。由函数 $f-r$ 推导可得：

$$r = \frac{r_m}{1 + \left(\frac{r_m}{r_0} - 1\right)e^{-\lambda f}} \Leftrightarrow \frac{r_m}{r} = 1 + \left(\frac{r_m}{r_0} - 1\right)e^{-\lambda f} \Leftrightarrow \frac{r_m}{r} - 1 = \left(\frac{r_m}{r_0} - 1\right)e^{-\lambda f}$$

$$\Leftrightarrow e^{\lambda f}=\frac{\frac{r_m}{r_0}-1}{\frac{r_m}{r}-1}\Leftrightarrow f=\frac{1}{\lambda}\ln\left[\frac{\frac{r_m}{r_0}-1}{\frac{r_m}{r}-1}\right]$$

从而得到学生单次评价成长程度函数的反函数为：

$$f(r)=\frac{1}{\lambda}\ln\left[\frac{\frac{r_m}{r_0}-1}{\frac{r_m}{r}-1}\right]$$

3. 构建学生两次评价之间的成长程度函数

对于某位学生先后两次评价，记前一次评价的相对分数为 r_{i-1j}，后一次评价的相对分数为 r_{ij}，前后两次评价的相对分数变化量为 Δr_{ij}。当 $\Delta r_{ij}>0$ 时，表明学生的学习状态有所成长；当 $\Delta r_{ij}=0$ 时，表明学生的学习状态无变化；当 $\Delta r_{ij}<0$ 时，表明学生的学习状态有所下滑。为了直观刻画学生在两次评价之间的成长程度，则应用积分可得：

$$G_{ij}=\int_{r_{i-1j}}^{r_{ij}}f(r)\,\mathrm{d}r$$

注：当 $r_{i-1j}<r_{ij}$ 时，$G_{ij}>0$ 表明学生从 r_{i-1j} 到 r_{ij} 的学习努力程度；当 $r_{i-1j}>r_{ij}$ 时，$G_{ij}<0$ 表明学生从 r_{i-1j} 到 r_{ij} 的学习懈怠程度。

4. 构建学生 n 次评价的总体成长程度函数

对于学生 n 次评价，共由 $n-1$ 个阶段成长函数组成，则总体成长程度函数为：

$$G_{\cdot j}=\sum_{i=2}^{n}G_{ij}$$

5. 构建教师的成长程度函数

对某位教师所教班级全体的总体成长程度函数进行叠加，从而得到全班学生的总体成长水平，亦即反映教师的执教水平，则该位教师的成长程度函数为：

$$G=\sum_{j=1}^{s}G_{\cdot j}$$

第八章
高校教学评价与过程考核一体化应用系统研发

第一节　基于大数据共识机制的教学评价系统需求分析

满足用户需求，更好地支撑用户业务是软件开发的最终目标。因此需求分析是软件开发中的第一步，也是非常关键的一步。在需求分析阶段，需要准确地理解客户的需求，即解决系统应该实现哪些功能这一关键问题。系统需求分析的最终呈现结果包括功能需求分析、性能需求分析和数据模型分析。

一、功能需求分析

功能需求分析主要是为了确定系统所能实现的主要功能。本系统的功能主要分为系统管理、评测管理和系统应用三大部分，具体介绍如下：

（一）系统管理部分

系统管理部分主要负责本系统的用户和权限管理、日志、系统监控等内容，主要包括教师管理、学生管理、权限管理、日志管理、系统监控等功能。

（二）评测管理部分

评测管理部分主要负责对系统业务所需的指标、题目、问卷及评测过程进行管理和维护，主要包括指标维护、题目维护、题目指标关系管理、问卷维护、发放管理等功能。

（三）系统应用部分

系统应用部分主要是对前期收集到的伴随式数据利用教学评价模型进行分析、可视化及相关应用，主要包含业务统计及可视化、模型管理、模型接口管理、模型结果查看及可视化、预警管理、排行榜、积分系统、画像定制等功能。

二、性能需求分析

性能需求分析是系统需求分析中除功能需求分析外的最重要组成部分，其主要内容是确定维持系统正常运行的非功能性指标，主要包括系统的易用性、可靠性、安全性、可移植性和可维护性等方面的具体要求。

（一）易用性

一个合格的系统必须能给用户提供良好的使用体验，提升用户的工作效率，即具备较高的易用性。这主要包括简洁友好的用户图形界面（GUI）、简单明了的文字提示、可视化的数据交互、完善的数据格式检查等。

（二）可靠性

系统可靠性一般是指在规定的时间和工况下，系统完成规定功能的能力或概率。一般来说，系统越复杂，功能越多，系统的可靠性问题越突出。对于现代软件系统，需要保证在规定的时间和工况下，系统能够完成规定功能的概率达到指定值以上；同时还要保证系统在遇到电力中断、系统宕机等意外故障时能够保持系统和数据的完整性，在条件允许后能够及时恢复工作状态。

（三）安全性

系统在运行时可能面临来自内部和外部的各种威胁。来自外部的威胁主要包括外部的主动攻击行为、恶意的数据窃取行为等；来自内部的威胁主要包括各种未经授权的访问等。系统必须能够抵御这些威胁并记录相应的日志，在必要时推送给系统管理员。

（四）可移植性

可移植性是指软件从某一运行环境迁移到另一运行环境时的难易程度，是软件质量的重要体现。高可移植性的软件可以显著提升软件的生命周期，降低软件的维护成本。

一般来说，可移植性与软件开发所使用的语言和运行时所需的环境相关，与底层的关联性越弱的语言，其可移植性会越高。

（五）可维护性

系统的可维护性主要包括系统修复和扩展时的难易程度以及所需的成本。设计良好的系统可以在遇到故障或突发状况时及时保存系统的运行状态和相关数据，并在故障解除后能够较快地恢复正常功能。同时，具有优秀可扩展性的系统可以在条件或需求发生变化时，比较方便地增加新功能或对现有功能进行改进，还可以方便地与其他关联系统进行对接。

三、数据模型分析

数据模型分析的主要作用是在系统需求分析阶段，从系统功能角度分析系统中涉及的各种数据项（Data Items）以及数据结构，为后续系统的设计和开发奠定基础。

数据模型分析的结果是建立一个系统的数据模型，用于描述从用户需求角度出发，反映用户实际的使用场景。该数据模型通常情况下由三部分组成，分别是数据对象、数据对象的属性和数据对象间的关系。

数据对象是数据模型中的最重要组成部分。数据对象包括外部实体（在本系统中具体指题目、问卷和测试）、事务（在本系统中对应测试的生成和答案保存等）、行为（在本系统中对应测试下发和回收等）和角色（任课教师、学生、评审员和系统管理员）等。数据对象中仅仅包含数据自身，而并不包含对数据的操作。

数据对象的属性用来描述数据对象的特性。为了区分同类数据对象的不同个体，数据对象至少要包含一个键值属性，该属性能够确保每个个体在这一属性上具有一个特定的值，该值仅与至多一个个体相关联。这个键值属性又被称为“关键字”。

数据对象间的关系描述不同种类数据对象个体间的关系。通常数据对象不是孤立存在的，而是彼此之间存在着对应关系。这种对应关系通常有三种类型：一对一关系（1∶1）、一对多关系（1∶N）、多对多关系（M∶N）。根据实际情况，关系上也可能会存在一些属性，这些属性用来描述关系的特性。

数据模型通常会使用实体关系图（Entity－Relationship Diagram，简称为E－R图）来表示。E－R图中包含实体（即数据对象）、关系和属性三种基本成分。在E－R图中，通常用矩形框代表实体，用连接实体的菱形框表示关系。用椭圆形或圆角矩形表示实体（或关系）的属性，用直线连接实体（或关系）与其属性。E－R图通常用来表示数据模型分析的结果，由于E－R图与人们对系统的理解方式近似，因此成为用户与软件设计和开发人员之间的有效交流工具。

在本系统中，首先应具有用户实体、课程实体、问卷实体、评测实体和指标实体。其中用户实体又包括任课教师、学生、评审员和系统管理员。

课程实体中包含课程的基本信息。每次评测中一般应包含至少一个问卷，除此以外，还应包含评测的一些基本属性。问卷中包含有不定数量的问题，问题中包含有不定数量的选项，问题和选项与指标体系中特定的指标相联系。为便于数据管理，在问卷中抽取出问题实体，在问题中抽取出选项实体。对问卷进行作答会产生作答记录，因此系统还应包含作答记录实体。

综上所述，本系统应包含任课教师实体、学生实体、评审员实体、系统管理员实体和课程实体、评测实体、问卷实体、指标实体、题目实体、选课实体和作答记录实体。

系统中涉及的主要实体如图8－1至图8－9所示。

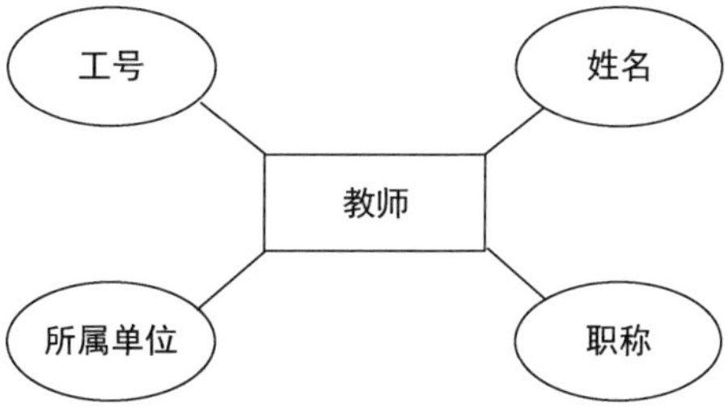

图8－1　教师实体图

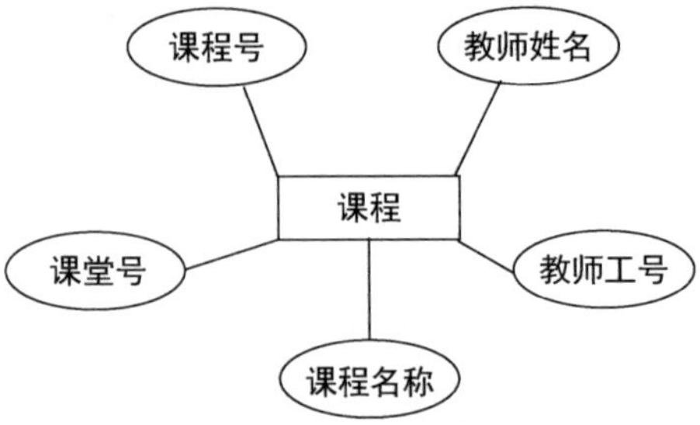

图 8－2　课程实体图

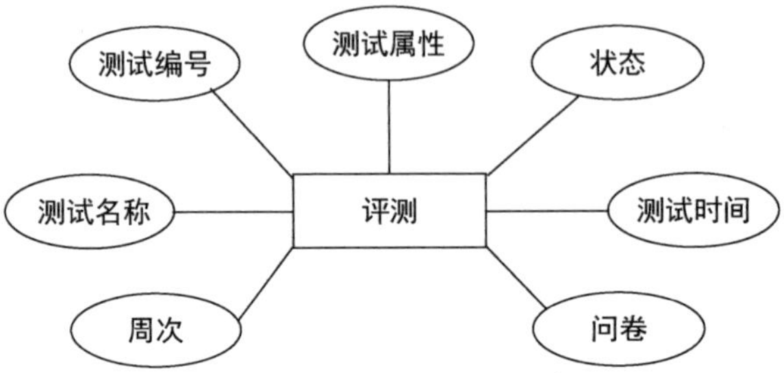

图 8－3　评测实体图

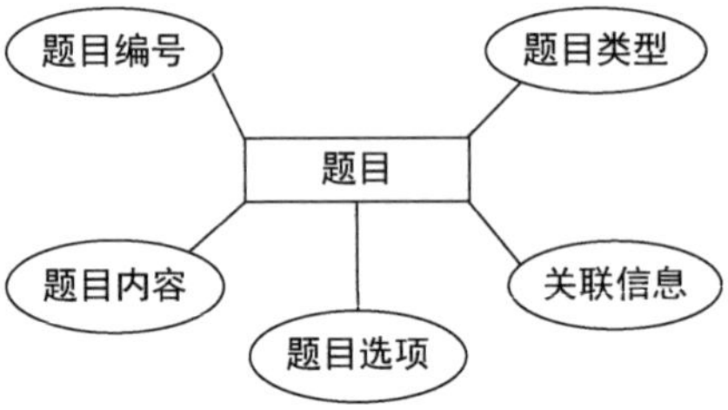

图 8－4　题目实体图

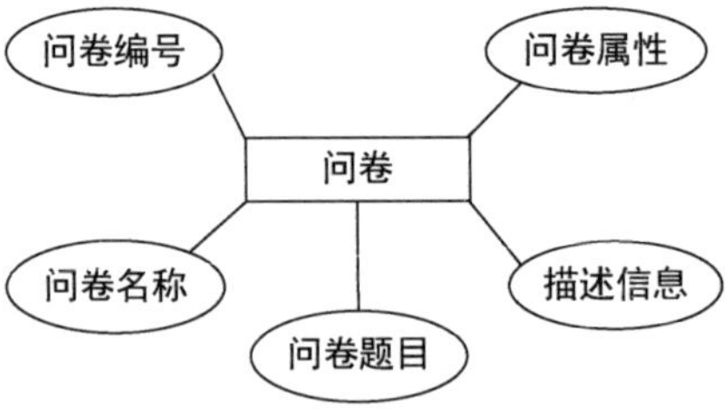

图 8－5　问卷实体图

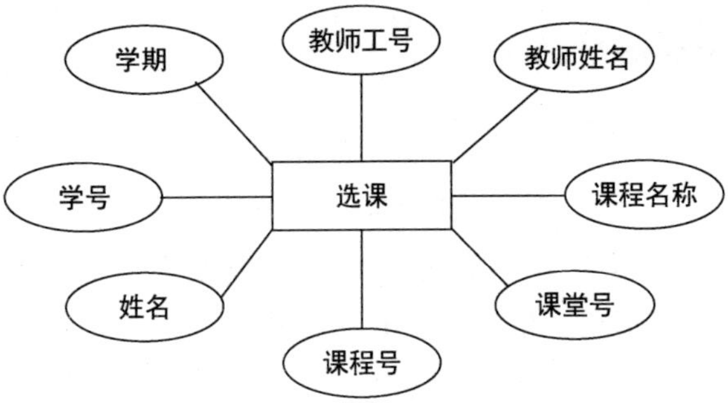

图 8－6　选课实体图

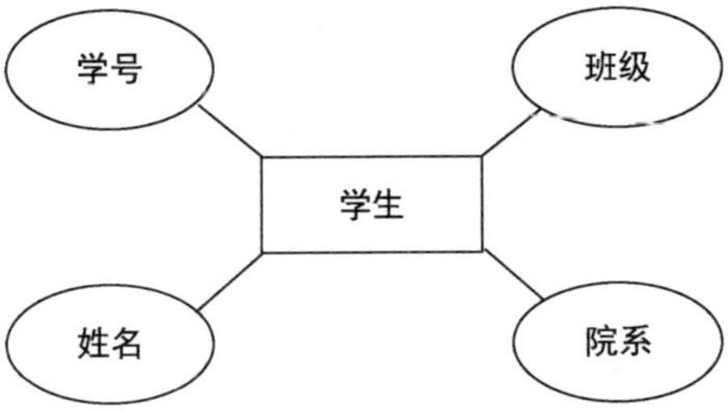

图 8－7　学生实体图

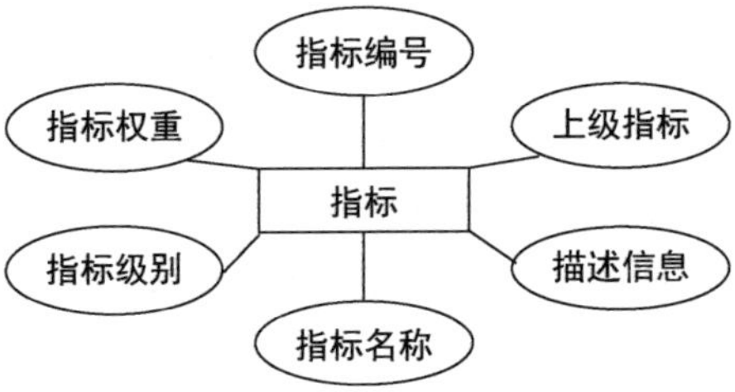

图 8－8　指标实体图

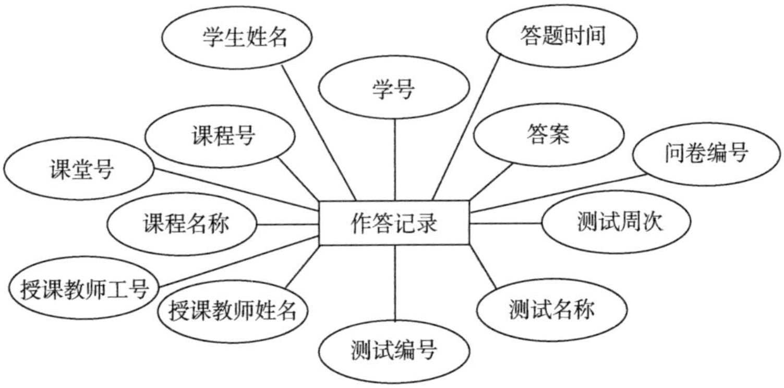

图 8－9　作答记录实体图

四、需求分析总结

本部分的主要内容是对系统进行需求分析，主要包含功能需求、性能需求以及数据需求三个方面。功能需求分析明确了本系统要实现的功能；性能需求分析从易用性、可靠性、安全性、可移植性和可维护性五个方面阐述了可能对系统运行产生影响的非功能性需求；数据需求分析描述了本系统中用到的数据模型，包含实体、实体属性以及实体间的关系三个部分，为后续的系统设计及开发工作奠定了基础。

第二节　基于大数据共识机制的教学评价系统设计

一、教学评价系统整体设计方案

（一）系统整体架构和功能模块

基于大数据共识机制的教学评价系统主要包括系统管理、评测管理和系统应用三大部分。其中，系统管理部分主要负责本系统的用户和权限管理、日志、系统监控等内容，主要包括教师管理、学生管理、权限管理、日志管理、系统监控等模块。以教师管理模块为例，其中又包含了添加教师、批量添加、教师信息编辑、教师状态维护、删除教师、教师操作日志以及教学关系管理等功能。

评测管理部分主要负责对系统业务所需的指标、题目、问卷及评测过程进行管理和维护，主要包括指标维护、题目维护、题目指标关系管理、问卷维护、发放管理等模块。以问卷维护模块为例，其中又包含选题设置、问卷属性设置、关联模型设置、题目乱序维护和选项乱序设置等功能。

系统应用部分主要是对前期收集到的伴随式数据利用教学评价模型进行分析、可视化及相关应用，主要包含业务统计及可视化、模型管理、模型接口管理、模型结果查看及可视化、预警管理、排行榜、积分系统、画像定制等模块。其中，业务统计及可视化模块主要包括对系统中使用的指标、题目和试卷进行统计和可视化，以及对测评问卷答案的统计和可视化。模型管理模块主要是对系统中用到的教学评价模型进行管理，这些模型按照是否在线可以分为在线模型和离线模型，按照部署方式可以分为本地模型和云模型。

其他模块的功能在此不再赘述。系统整体架构如图 8－10 所示。

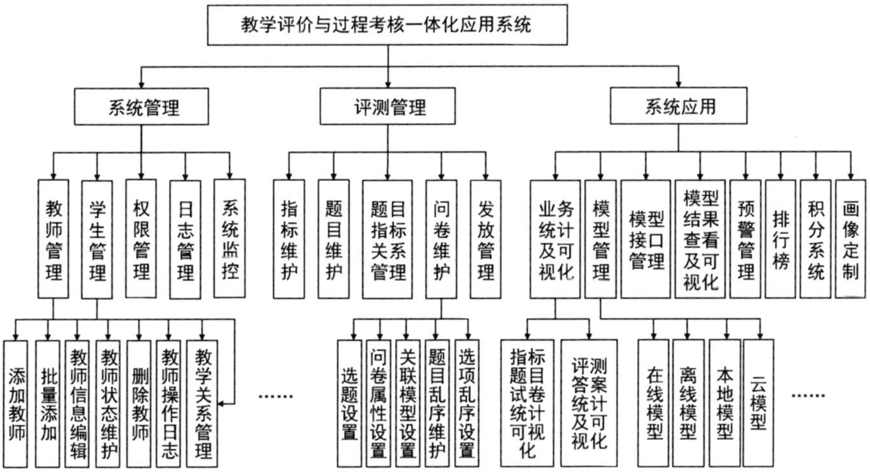

图 8－10　系统整体架构图

（二）用户角色及功能权限设计

从用户角色角度分析，系统中的用户主要可以分为任课教师、学生、评审员和系统管理员四大类。其中，任课教师的主要功能包括评测的管理和结果查看，评测管理又可以细分为问卷的选择和推送，评测对象的选择，设置评测开始、结束及延时等。学生的主要功能是完成评测问卷和对自己的分析结果进行查看。评审员的主要功能是查看指标、题目、问卷和评测等基本信息，对答卷结果进行统计和可视化展示，以及对全体学生的模型分析结果进行查看。系统管理员的主要功能包括对教师、学生、评审员的管理，对选课信息的管理，对教学评价指标的管理，对题目的管理，对问卷的管理，对评价分析模型（包括数据交互接口）的管理等。

二、教学评价系统数据存储设计方案

本系统采用星际文件系统（IPFS）与 MongoDB 数据库相结合的方式进行存储方案的设计。对于评价相关的业务数据，采用星际文件系统进行存储，对于系统中的元数据，采用 MongoDB 非关系型数据库进行存储。

（一）星际文件系统存储设计

星际文件系统（Interplanetary File System，IPFS）是一种可对内容寻址、版本化、点对点的分布式存储、传输协议。星际文件系统中的每个文件及文件中所有的块都对应于一个哈希函数生成的唯一哈希值。星际文件系统中，会通过网络删除具有相同哈希值的文件以达到降低冗余、优化存储的目的，并可以跟踪每个文件的历史版本。

在本系统中，当用户通过某个节点上传文件时，星际文件系统首先会将文件分解为若干块并通过构建默克尔树，将生成的每个子块进行连接并用一个唯一的 ID 进行标识。每个块中的数据会被保存在本地存储中，而并不立即上传到星际文件系统网络。每当有用户通过当前节点试图获取上述文件时，节点首先从本地存储中查找请求的文件，如果存在则返回，查询结束；否则，当前节点会向其他所有连接的节点发出请求，通过查找对应的哈希值找到拥有该文件的节点并返回，同时将拷贝一份副本存储于本地，这样整个系统中该文件的副本数量就会增加一个。当文件被请求的次数增多时，存储有该文件副本的节点数量就会增加，这样该文件的丢失和对该文件进行篡改的可能性就变得很小。该方法与传统的 HTTP 协议的架构具有显著区别，二者对比如图 8 – 11 所示。

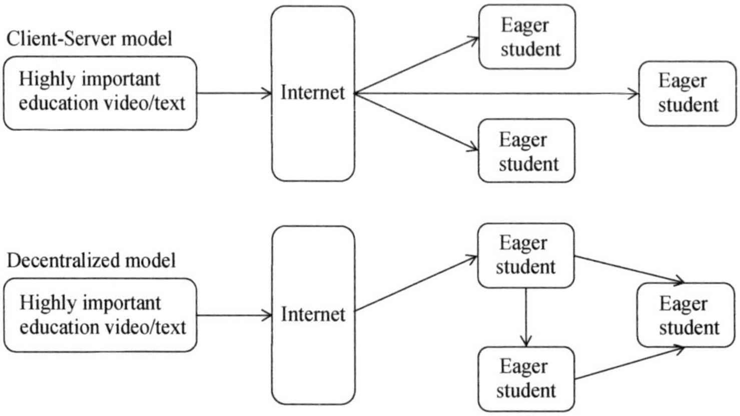

图 8 – 11　星际文件系统（IPFS）与 HTTP 协议对比图

（二）MongoDB 数据库存储设计

MongoDB 是一种基于文档的非关系型数据库，其主要特点是为上层应用提供可扩展的数据存储解决方案。从存储特性上看，MongoDB 是一种文档存储系统，将信息采用松散的 bson 格式进行存储，而关系型数据库则将信息存储在严格监管的表和列中。这里的主要区别在于 bson 是非结构化的，有时称为无模式。这意味着 MongoDB 实例（集合和文档）的结构不是预定义的，可灵活适应放入其中的任何数据。MongoDB 还可以支持复杂的查询，可以覆盖大部分关系型数据库的应用场景，在这一点上 MongoDB 又非常像关系型数据库。

MongoDB 数据库、集合和文档的结构如图 8 – 12 所示。

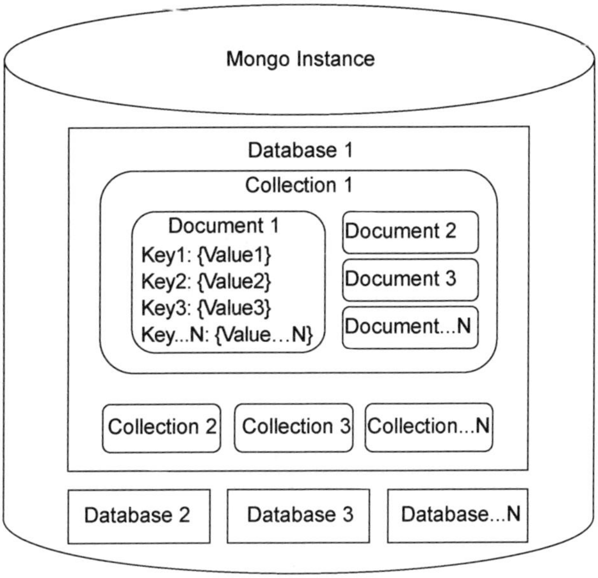

图 8 – 12　MongoDB 数据库、集合和文档结构示意图

文档是一个键值集，其行为与 JavaScript 等代码中的对象非常相似：它的结构根据放入其中的数据而变化。这使得针对 MongoDB 等数据存储系统进行编程比针对关系数据存储系统进行编程来得更容易、更灵活。简而言之，应用程序代码和文档数据存储系统之间的交互感觉更自然。这种类型的数据建模继承的灵活性意味着可以在更加按需使用的基础上处理数据，从而实现此处所述的性能优势。

MongoDB 面向文档结构的一个强大特性是文档可以嵌套。对于一些复杂的数据结构，可以创建嵌套文档，而不是创建另一个关联的表。

此外，MongoDB 为可扩展性和分布式部署而设计。它完全能够处理大规模工作负载。MongoDB 公司在 MongoDB Atlas 中提供了多云数据库集群解决方案。MongoDB Atlas 就像一个托管数据库，可以横跨不同的云平台，包括监控和容错等企业功能。由于 MongoDB 的重要性，AWS 的 Amazon DocumentDB 产品将 MongoDB 兼容性作为主要卖点。微软的 Azure Cosmos DB 遵循类似的模式，支持 MongoDB API。总体来说，MongoDB 是一种领先的 NoSQL 解决方案，它实现了灵活的数据存储模式。可使用面向几乎各种编程语言的高级驱动程序，也可以利用众多部署选项。

教学评价系统涉及的数据种类繁多，数据结构复杂，既有结构化数据也有非结构化数据，对于系统性能也有较高的要求。基于此，系统选用 MongoDB 数据库存储系统中的元数据。

系统中设计的表结构主要分为两大部分，即基础信息部分和评价信息部分。

在基础信息部分，主要有 tsso－student（用来存储学生的基础信息）、tsso－teacher（用来存储教师的基础信息）、tsso－course（用来存储课程的基础信息）、tsso－scourse（用来存储学生选课信息）四张表，如表 8－1 至表 8－4 所示。

表 8－1　　student 表

tsso－student 表			
字段名称	字段描述	字段类型	备注
_id	系统 ID		
sid	学号	string	
sname	姓名	string	
sclass	班级	string	
department	院系	string	

表 8－2　　teacher 表

tsso－teacher 表			
字段名称	字段描述	字段类型	备注
_id	系统 ID		
tid	工号	string	

续表

tsso – teacher 表			
字段名称	字段描述	字段类型	备注
tname	姓名	string	
department	所属单位	string	

表 8 – 3　　course 表

tsso – course 表			
字段名称	字段描述	字段类型	备注
_id	系统 ID		
cid	课程号	string	
ccid	课堂号	string	
cname	课程名称	string	
tnames	任课教师姓名	string	
tids	任课教师工号	string	

表 8 – 4　　scourse 表

tsso – scourse 表			
字段名称	字段描述	字段类型	备注
_id	系统 ID		
semester	学期	string	
sid	学号	string	
sname	姓名	string	
cid	课程号	string	
ccid	课堂号	string	
cname	课程名称	string	
tnames	任课教师姓名	string	
tids	任课教师工号	string	

在评价信息部分，主要有 tsso – question（用来存储问卷中的问题）、questionnaire（用来存储问卷）、survey（用来存储一次测试的信息）、answer（用来存储每份答卷的信息）四张表。其中部分文档含有嵌套文档结构。

各张数据表包含的具体字段及其含义如表 8 – 5 至表 8 – 13 所示。

表 8－5 question 表

tsso－question 表			
字段名称	字段描述	字段类型	备注
qid	题目编号	string F	
qtype	题目类型	int F	
qtext	题目内容	string F	
options	选项	array T	嵌套选项信息
relations	关联信息	object T	

表 8－6 嵌套选项信息表

选项信息			
字段名称	字段描述	字段类型	备注
opid	选项内部 ID	int	
optext	选项内容	string	
relations	选项关联信息	object	

表 8－7 questionnaire 表

questionnaire 表			
字段名称	字段描述	字段类型	备注
qnid	问卷编号	string F	
qnname	问卷名称	string F	
questions	问卷题目	array F	嵌套问卷题目
description	描述信息	string T	
props	问卷属性	object T	

表 8－8 嵌套问卷题目表

问卷题目			
字段名称	字段描述	字段类型	备注
qid	题目编号	string	
qtype	题目类型	int	
qtext	题目内容	string	
options	选项	array	

表 8－9　　survey 表

survey 表			
字段名称	字段描述	字段类型	备注
svid	测试编号		
svname	测试名称		
svweek	周次		
questionnaire	问卷		
when	测试时间		嵌套测试时间
status	状态		
props	测试属性		

表 8－10　　嵌套测试时间表

测试时间			
字段名称	字段描述	字段类型	备注
start	开始时间	timestamp	
end	结束时间	timestamp	

表 8－11　　answer 表

answer 表			
字段名称	字段描述	字段类型	备注
sid	学号	string F	
sname	学生姓名	string F	
cid	课程号	string F	
ccid	课堂号	string F	
cname	课程名称	string F	
tnames	授课教师姓名	string T	
tids	授课教师工号	string T	
tname	评测教师姓名	string T	
tid	评测教师工号	string T	
svid	测试编号	string F	
svname	测试名称	string F	
svweek	测试周次	int F	
qnid	问卷编号	string F	
answers	答案	object T	嵌套答案
atime	答题时间	datetime T	

表 8－12 嵌套答案表

答案			
字段名称	字段描述	字段类型	备注
qid	题目编号	string	
qtype	题目类型	int	
qtext	题目内容	string	
avalue	答案	array	嵌套选项

表 8－13 嵌套选项表

选项			
字段名称	字段描述	字段类型	备注
opid	选项编号	string	
optext	答案内容	string	

三、数据中台设计方案

在教学评价系统建设和使用的过程中，需要和学校内部各个部门以及学校外部的教育管理部门既有的业务系统进行数据交互。此时，既有系统间数据割裂形成的信息孤岛就成为阻碍教学评价数据产生更大价值的桎梏。通过使用数据中台技术，结合星际文件系统实现集群存储的转化，可以将包括教学评价数据在内的一系列业务数据进行抽象和共享，形成聚合数据接入、集成、清洗加工、建模处理、挖掘分析的能力，并以共享服务的方式将数据提供给业务端使用，从而与业务端产生联动，结合业务系统的数据生产能力，最终实现基于数据中台的数据生产——消费——再生的完整闭环。数据中台的位置和主要技术架构如图 8－13 所示。

数据中台将数据服务化之后提供给上层的业务系统，其主要功能包括数据的汇聚整合、提纯加工、服务可视化和数据增值等，并可根据系统需要进行扩展，下面对这些功能进行概述。

（一）汇聚整合

数据中台需要对包括评价数据和外部系统数据在内的所有数据进行整合和完善，提供适用、适配、成熟、完善的大数据平台。在简便有效的基础上，实现对数据的采集、交换等任务的配置、监控和管理。本系统的数

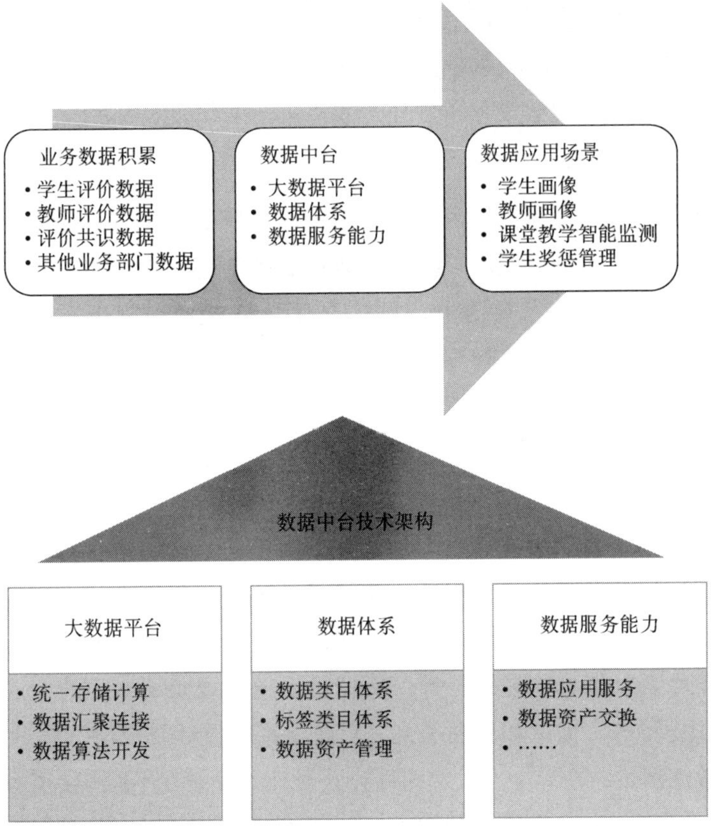

图 8－13　数据中台技术架构图

据中台需要能够接入、转换、写入或缓存来自内外部系统的多种数据来源，协调不同部门更好地检索、理解和使用数据。

（二）提纯加工

数据提纯的过程就是数据价值化、资产化的过程。数据中台围绕能产生价值的数据资产进行建设，推动业务数据向具有价值的数据转化。在此过程中，数据中台必须连通全域数据（包括学校内部各个业务部门的系统数据和学校外部教育管理部门的系统数据），通过统一的数据标准和质量体系，对全域数据进行提纯加工后形成标准的数据资产体系，满足各个业务部门对数据的需求。

（三）服务可视化

数据中台需要提供便捷、快速的数据服务能力，使相关人员能够迅速基于数据开发上层应用，以响应不同业务部门的需求变化。此外，数据中台还应该提供包括实时流数据分析、预测分析、机器学习、自然语言处理等更高级的服务，为学校教学管理的数字化转型赋能。

（四）数据增值

数据中台通过打通学校内部、外部不同系统的数据，可以提供以前单个部门或者单个业务单元难以提供的数据服务能力，以便更好地提升数据的价值。在此基础上，数据中台可以帮助学校更好地管理数据和应用数据，将对数据的理解变成指导学校各项业务决策的重要依据，真正实现数据的最大价值。

四、前后端分离设计方案

系统采用了前后端分离的设计方案。该设计方案将整个系统划分为前端子系统和后端子系统两大部分。前端子系统主要负责与用户的交互和页面展示，在本系统中主要包括登录和注册、答题界面展示和交互、答案提交和结果查看、指标试题维护等；后端子系统主要负责数据存储、业务逻辑和性能支持等。前端和后端子系统只需在系统设计阶段协调好通信协议、接口和数据格式，在后期开发中即可独立设计开发，互不影响。系统开发的效率大大提高，同时系统的可靠性和可维护性、可扩展性也得到了保障。

前后端分离架构示意图如图 8 – 14 所示。

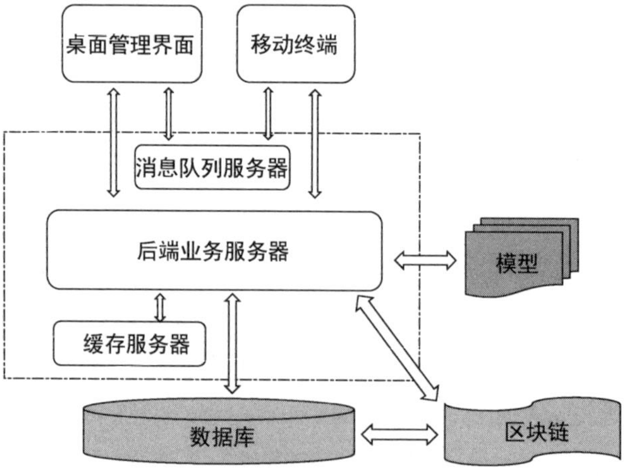

图 8 – 14　前后端分离架构示意图

在系统前端（评测终端）方面，系统采用基于 uni－app 的多终端开发技术路线。uni－app 是一个使用 Vue. js 开发前端应用的框架，uni－app 框架具有平台能力不受限，支持原生代码混写和原生 sdk 集成、加载速度更快、自动 diff 更新数据等特点。App 端支持原生渲染，可支撑更流畅的用户体验，小程序端的性能优于市场其他框架。uni－app 框架实现了一套代码，同时运行到 iOS、Android、H5、微信、支付宝小程序、百度小程序等多个平台。该技术方案在开发者数量、案例、跨端抹平度、扩展灵活性、性能体验、周边生态、学习成本、开发成本等关键指标上拥有更强的优势。uni－app 架构如图 8－15 所示。

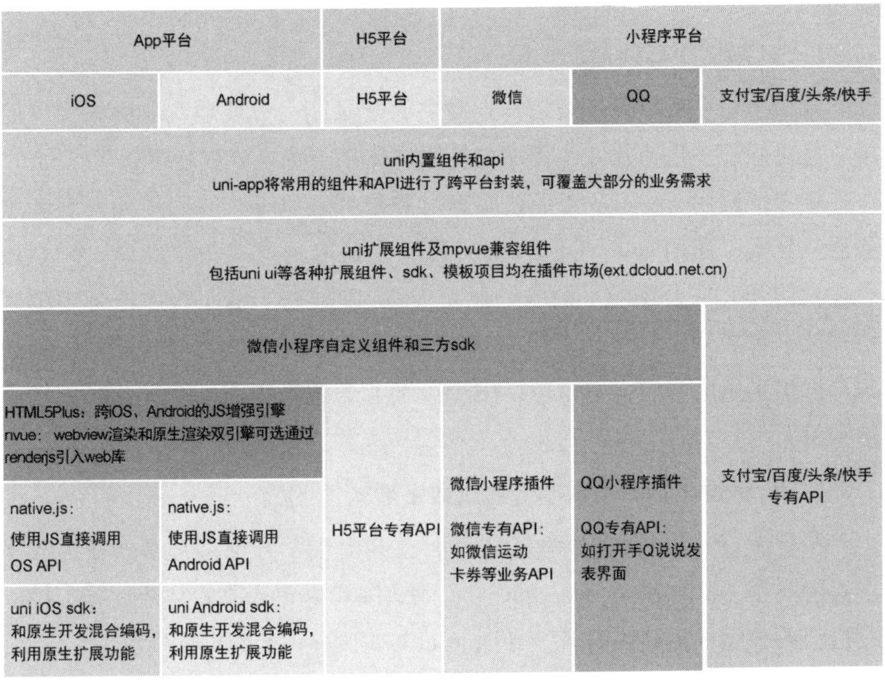

图 8－15 uni－app 架构图

本系统采用 uni－app 技术方案，同时支持微信公众号、微信小程序、安卓/IOS 平台 App 及 Web 端等多种不同形式，方便不同应用场景下教学评价的需要。前端 App 的实现采用 GraceUI 和自定义组件，GraceUI 是对 uni－app 的再度封装。前端的组件包括选择框、按钮、滑动条等。基本布局为三段布局，分为 template、script 和 style。全部的页面代码都要在

page. json 中备份，否则软件找不到相应的代码，运行会报错。所有封装好的组件在 GraceUI 中，使用时在 script 里通过 import 导入相关组件后，即可直接使用组件。

第三节　基于大数据共识机制的教学评价系统开发与测试

一、系统开发中的关键技术问题与解决方案

（一）微信接口调用及登录

微信小程序可以通过微信官方提供的登录能力方便地获取微信提供的用户身份标识，快速建立小程序内的用户体系。登录流程时序如下。

首先，调用 wx. login（）获取临时登录凭证 code，并回传到开发者服务器。其次，调用 auth. code2Session 接口，换取用户唯一标识 OpenID、用户在微信开放平台账号下的唯一标识 UnionID（若当前小程序已绑定到微信开放平台账号）和会话密钥 session_key。最后，开发者服务器可以根据用户标识来生成自定义登录态，用于后续业务逻辑中前后端交互时识别用户身份。

（二）数据上传时出现学号变成数字形式

在导入 csv 格式的外部教务数据时，会出现学号由字符形式变为数字形式的问题。原做法是：从 sqlite 中，使用 sql 语句从原始复杂数据中抽取有价值的数据，创建临时表，导出 json 文件，导入云数据库中。

经过讨论后，现做法是：使用 python 查询原始数据表，直接生成目标数据表的 json 文件，而后导入。

（三）试题和选项乱序

用户成功登录系统后，为了保证用户答题的准确性和真实性。需要对每位用户获取到的题目和选项做乱序处理。保证每位用户获取到的题目和选项顺序都不同，但总的题目和选项的内容是相同的。

在本系统中所有考生的试卷是一套且只有一份数据，并不是每个考生

都生成了一份试卷，而且要保证每个考生进入考试都看到不一样的顺序，并且考生每次进去之后要与初次进入的乱序结果一致。

解决思路是：在乱序的情况下还要保留原始数据，则需缓存数据，缓存有两个方案：

1. 考虑缓存每个考生试题和选项的乱序顺序数据。

2. 在考生开始考试后存储当前考生所有提交的试题答案数据，一道题一条数据（带有默认空答案）。

具体实现步骤：

1. 考试暂存答案数据关联试卷 id、试题 id，并增加试题当前的顺序和试题对应的选项 id 集合。

2. 每次考生点击开始考试后，存储乱序后的试题和选项。

3. 需要再次获取试卷试题数据时，根据答案数据反向去获取试题和选项数据进行组装。

二、系统测试方法及测试结果

软件测试是软件开发过程中的重要环节。具体是指对软件在规定的条件下进行操作，以找到软件中可能存在的错误和缺陷，方便开发人员及时修正软件缺陷，最终提高软件的质量和稳定性的过程。

（一）软件测试方法

按照对系统内容各个模块代码细节的了解情况不同，软件测试可以分为黑盒测试和白盒测试。按照测试在软件开发流程中所处的不同阶段可以分为单元测试、结构测试、系统测试和验收测试。按照测试内容不同可以分为功能测试和性能测试。

本系统中主要采用黑盒测试方法进行测试。所谓黑盒测试，是指将软件视为一个黑盒，测试者不了解软件中具体的架构和实现细节，而只是通过输入相应的数据或进行相应的操作，观察系统的返回结果是否正确，是否达到预期的各项要求。

（二）测试结果

本系统的测试在以下环境中进行。

1. 服务器端采用阿里云服务器，具体规格如下：

实例：4 核 32G

地域：华北 2（北京）

系统盘：20G ESSD 云盘

带宽：1M

2. 客户端采用微信小程序，手机规格如下：

CPU：Helio 八核处理器，最高 2.0GHz

GPU：PowerVR8320 最高 650MHz

内存：4GB + 128GB

在测试过程中，对本系统中系统管理、评测管理和系统应用三大部分的全部功能模块进行了功能测试和性能测试。经过测试，系统可以达到预期目标。部分测试结果如表 8 – 14 所示。

表 8 – 14　　部分功能测试结果表

编号	测试功能	测试目标	测试结果
1	添加问卷	测试是否能够添加问卷，提示保存信息	正确
2	添加指标	测试是否能够添加指标，提示保存信息	正确
3	添加学生	测试是否能够添加学生，并将学生与课程、教师进行关联	正确
4	维护指标	测试是否能够对指标进行维护，维护后的指标是否能够自动进行完备性校验	正确
5	获取学生评价结果	测试是否能够获得学生评价结果，以及结果是否合理	正确
6	评价结果可视化	是否能够对评价结果进行可视化呈现，呈现是否正确	正确
7	导出评价结果	是否能够成功导出评价结果，导出的结果是否能够正常打开	正确

针对性能测试，选取了 5 个典型的场景进行测试，通过模拟典型的功能操作，在测试环境下分别创建 10000 个虚拟用户进行并发访问，测试并发用户平均事务响应时间。经过测试，大部分事务响应时间在 2 秒以下，可以满足系统需求。

第四节 基于大数据共识机制的教学评价系统运行效果

下面对系统的部分功能进行展示。

一、注册、信息登记、登录

用户可以通过微信端、App或Web端进入首页，新用户需要先进行账户注册绑定。输入学号、姓名、手机号等内容后，即可进行注册及微信绑定，如图8－16所示。

图8－16 注册及微信绑定界面

微信绑定后，需要对个人信息进行完善。点击完善个人信息，进入信息登记界面，其中，信息登记部分包括个人信息、家庭信息、入学前信息等，如图8－17所示。

图 8－17　个人信息完善界面

在注册和信息登记部分都完成之后，就可以通过微信一键登录、手机号验证码或学号密码任意一种方式进行登录，如图 8－18 所示。

图 8－18　登录界面

登录成功之后，就可以进入教学评价系统的界面。

二、教学评价

进入教学评价模块后，就可以看到本学期的课程列表，点击课程后，可以看到该课程下设置的问卷，点击问卷即可填写提交。以第一周教学测评卷为例，如图 8－19 所示，可以展示第一周课程问卷的详细信息。随着教学周的变动，每周的问卷都会呈现不同的内容，以获得更加精准的伴随式数据，达到更好的测评效果。

教学评价界面信息完善，操作简单。在注册登录之后，可以方便使用者调用，能够通过学生对问卷的测评，获取到学生对课堂的伴随式数据，并通过大数据分析模型，利用大数据分析算法，对课堂教学效果和学生的学习效果进行计算和评价。

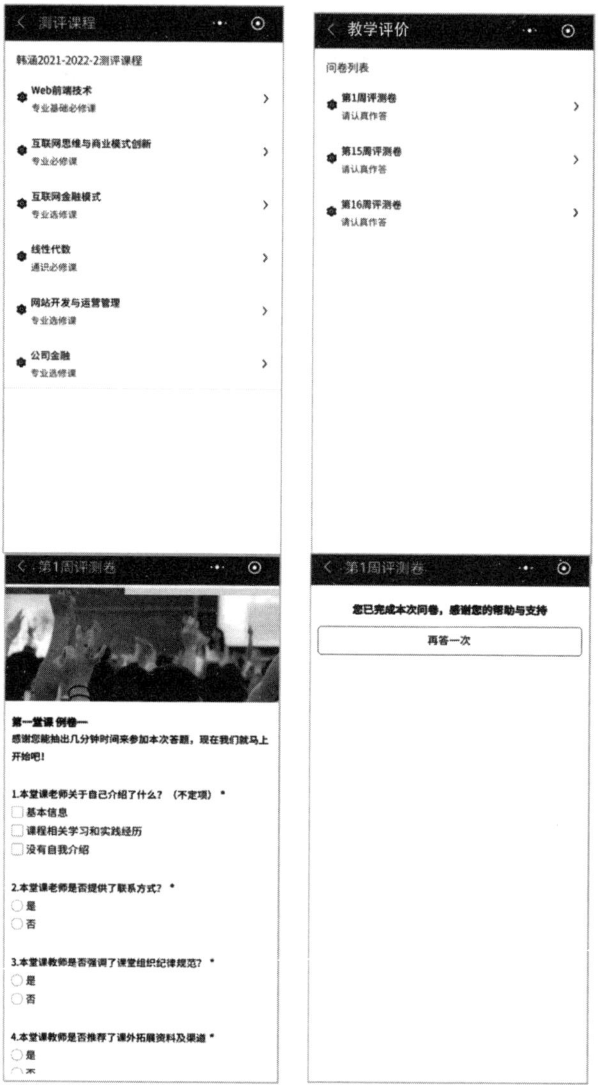

图 8－19　教学评价问卷界面

三、师生画像

作为教学评价过程的重要一环，教师和学生的评价结果呈现，即师生画像是系统中的重要功能之一。师生画像旨在对通过评价模型得出的教师和学生在各个维度上的数据和评价结果进行可视化展示。其中主要可以分为教师画像和学生画像两部分，主要是以 Web 页面的形式呈现。

（一）教师画像

当教学评价系统通过采集的数据经过数学模型计算出教师在各个指标上的表现后，系统会以可视化的形式展示出对教师的评价结果。该结果不是静止的，而是动态的、成长的。这主要体现在教师的评价结果可以按照月份、学期等进行动态展示，这也就意味着教师不但可以通过自身的画像了解自己当前在各项指标中的评价情况，还可以清晰地看到自己的历史评价情况和成长轨迹。并且，该教师画像中的时间间隔、显示形式等均可以动态调整，还可以加入所有教师的平均情况，方便教师根据自己的特点有针对性地进行改进。图 8－20 是教师成长画像的示例。

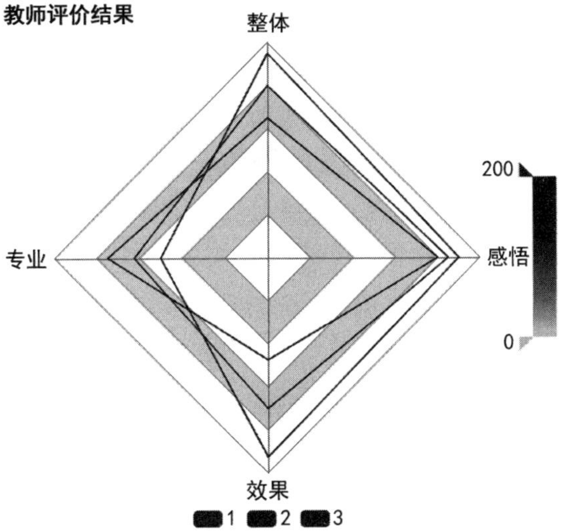

图 8－20　教师成长画像示意图

通过以上做法，基于本系统就可以帮助教师构建一套完善的成长机制，最终提升教师的专业水平和教学能力。

（二）学生画像

对学生的画像展示与对教师的画像展示基本原理较为相似。系统中可以对评价学生的各项一级指标、下层指标及其对应的权重进行清晰的可视化展示，也可以对学生自身通过本系统的评价模型获得的评价进行可视化展示。与对教师评价的可视化展示类似，这种评价不是静态的，而是动态的、成长的。也可以根据学生需要，对任意时间间隔、任意范围的数据以选定的方式进行展示。这样，学生可以通过可视化展示，清晰地看到自己在校期间的优势和不足以及个人的成长轨迹，为学生接下来不断提升自我、弥补不足奠定了坚实的数据基础。图 8 - 21 和图 8 - 22 是学生评价指标体系和学生成长画像的示例。

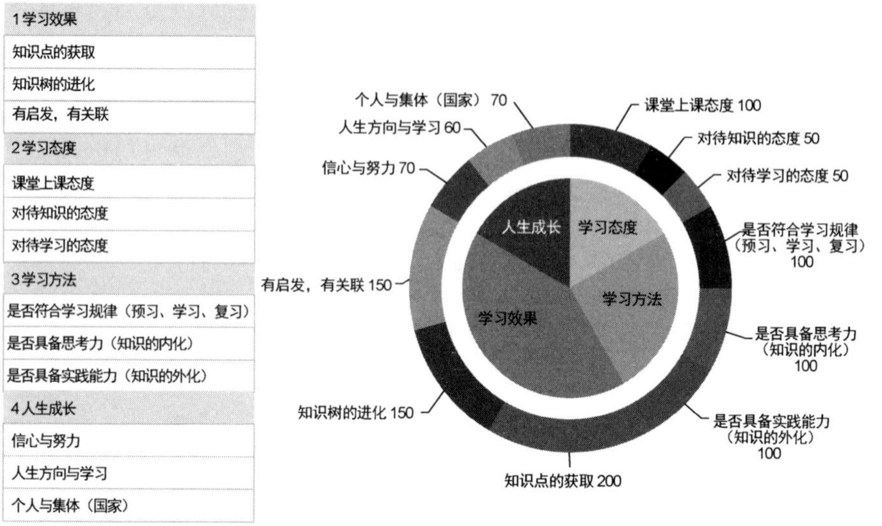

图 8 - 21　学生评价指标体系可视化示意图

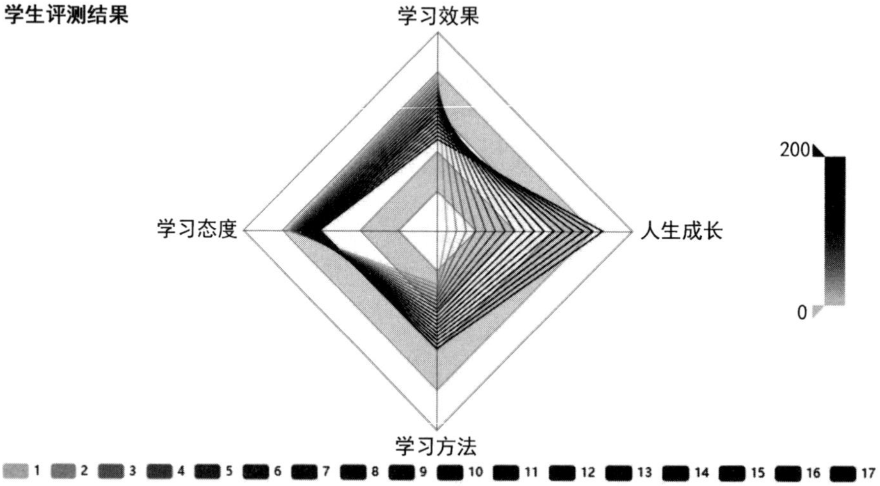

图 8 - 22　学生成长画像示意图

此外，基于本系统所使用的区块链技术，以上所述的画像信息都是经过学校认证且不可篡改的，真正做到了信息的可信、可控共享。在学生毕业后进入其他高校继续深造或者走向工作岗位时，这些信息可以作为衡量学生本科期间学习情况的重要参考依据。

参考文献

安东尼·塞尔登，奥拉迪梅吉·阿比多耶，2019. 第四次教育革命：人工智能如何改变教育［M］. 吕晓志译. 北京：机械工业出版社.

B. S 布卢姆，1987. 教育评价［M］. 丘渊译. 上海：华东师范大学出版社.

孙培青，2009. 中国教育史（第三版）［M］. 上海：华东师范大学出版社.

涂艳国，2007. 教育评价［M］. 北京：高等教育出版社.

刘志军，2018. 教育评价［M］. 北京：北京师范大学出版社.

胡中锋，2016. 教育评价学（第三版）［M］. 北京：中国人民大学出版社.

李雁冰，2002. 课程评价论［M］. 上海：上海教育出版社.

金娣，王鹏，2007. 教育评价与测量（修订版）［M］. 北京：教育科学出版社.

彭斌柏，2022. 新时代教育评价改革政策解析［M］. 北京：北京师范大学出版社.

权麟春，2021. 新时代高校思想政治教育工作质量评价研究［M］. 北京：中国社会科学出版社.

陈玉琨，1993. 中国高等教育评价论［M］. 广州：广东高等教育出版社.

殷伯明等，2001. 教育系统动态测评方法与实践［M］. 上海：华东师范大学出版社.

贾兆帅，史维生，2020. 新时代高等教育内涵式发展研究［M］. 成都：西南交通大学出版社.

田虎伟，2021. 新时代高校目标管理机制研究［M］. 北京：中国社会科学出版社.

李臻，2020. 新时代高校教师胜任力研究［M］. 北京：旅游教育出版社.

蔡晓良，2008. 论马克思主义理论教育评价的本质［J］. 思想理论教育（11）：50－57.

杜瑛，2010. 协商与共识：提高评价效用的现实选择——基于第四代评价实践的分析［J］. 教育发展研究（17）：47－51.

王萍，高凌飚，2009. “教育评价”概念变化溯源［J］. 华南师范大学学报（社会科学版）（8）：39－43.

辛涛，李雪燕，2005. 教育评价理论与实践的新进展［J］. 清华大学教育研究（12）：38－43.

谭玉婷，韦小满，2019. 教育测评视角下科学态度测量工具评述［J］. 内蒙古师范大学学报（教育科学版）（11）：43－50.

张岩，2016. “互联网＋教育”理念及模式探析［J］. 中国高教研究（2）：70－73.

陈玉琨，李如海，2000. 我国教育评价发展的世纪回顾与未来展望［J］. 华东师范大学学报（教育科学版）（1）：1－12.

张燕南，赵中建，2013. 大数据时代思维方式对教育的启示［J］. 教育发展研究（33）：1－5.

赵德成，2013. 教学中的形成性评价：是什么及如何推进［J］. 教育科学研究（3）：47－51.

赵明仁，王嘉毅，2001. 促进学生发展的课堂教学评价［J］. 教育理论与实践（10）：41－44.

李逢庆，韩晓玲，2017. 混合式教学质量评价体系的构建与实践［J］. 中国电化教育（11）：108－113.

罗祖兵，2006. 生成性教学的基本理念及其实践诉求［J］. 高等教育研究（8）：47－53.

刘志军，2004. 教育评价的反思和建构［J］. 教育研究（2）：59－64.

刘凤娟，2014. 大数据的教育应用研究综述［J］. 现代教育技术（24）：13－19.